Thomas Kunze, Thomas Vogel
Von der Sowjetunion in die Unabhängigkeit

W0074581

Thomas Kunze, Thomas Vogel

Von der Sowjetunion in die Unabhängigkeit

Eine Reise durch die 15 früheren Sowjetrepubliken

Ch. Links Verlag, Berlin

Die Basisdaten zu jedem Land beziehen sich auf die jüngsten
verfügbaren statistischen Angaben; in der Regel stammen sie
aus den Jahren 2009/2010.

Die **Deutsche Nationalbibliothek** verzeichnet diese Publikation
in der Deutschen Nationalbibliografie;
detaillierte bibliografische Daten sind im Internet über
www.dnb.de abrufbar.

1. Auflage, Oktober 2011
© Christoph Links Verlag GmbH
Schönhauser Allee 36, 10435 Berlin, Tel.: (030) 44 02 32-0
Internet: www.christoph-links-verlag.de;
mail@christoph-links-verlag.de
Umschlaggestaltung: KahaneDesign, Berlin,
unter Verwendung von Fotos von Martin Kaule (ehemalige sowje-
tische Militärgarnison und Denkmal »Mutter Heimat« in Kiew)
Satz: Andrea Päch, Berlin
Druck und Bindung: Druckerei F. Pustet, Regensburg

ISBN 978-3-86153-644-4

Inhalt

Die 15 ehemaligen Sowjetrepubliken

Norwegen

Dänemark

Schweden

Deutschland

Barentsee

Finnland

Tschechische
Republik   Polen

Ostsee

Estland

Litauen   Lettland

Slowakei

Ungarn

Weißrussland

Rumänien

Moldawien

Ukraine

Schwarzes

Meer

Türkei

Georgien

Armenien   *Kaspisches*

Aserbaidschan

Irak

Meer   *Aralsee*

Kasachstan

Turkmenistan

Usbekistan

Iran

Kirgistan

Tadschikistan

0   500 km   Afghanistan

Pakistan

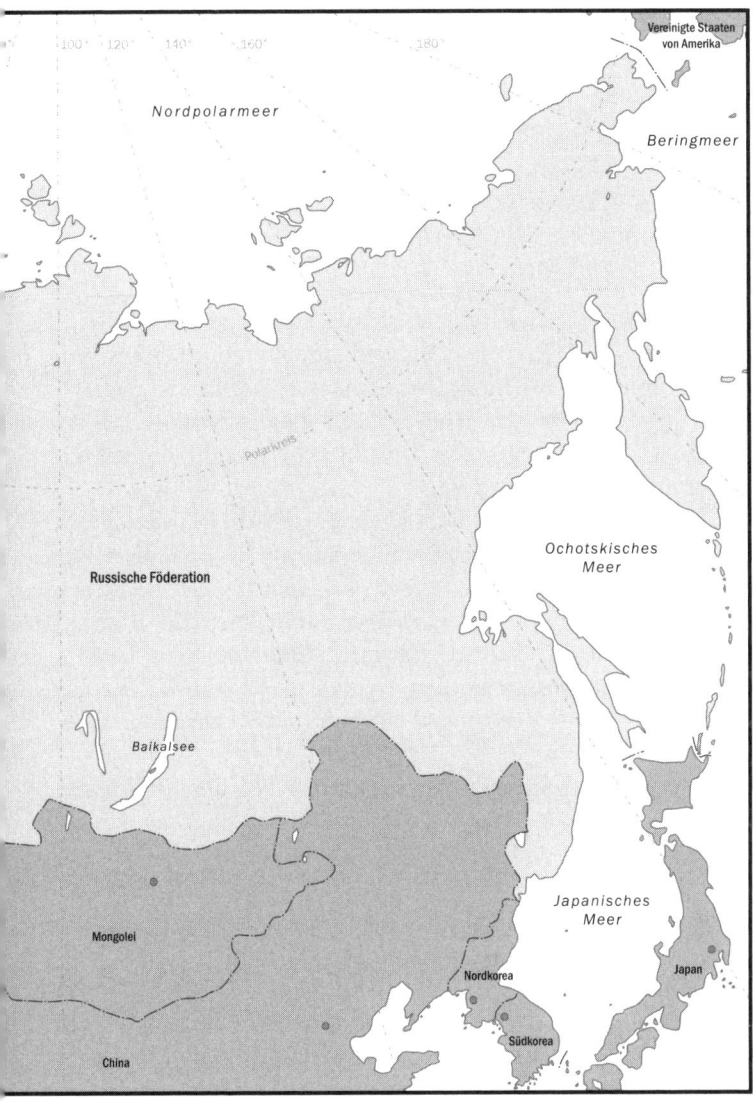

Vorwort

Vor 20 Jahren verschwand die Union der Sozialistischen Sowjetrepubliken (UdSSR) von den Landkarten. Eduard Schewardnadse, ihr letzter Außenminister, erinnert sich: »Es zerbrach das
letzte Imperium des 20. Jahrhunderts, die Sowjetunion, dieses
blutige, utopische, gegen den Willen Gottes und die Gesetze der
Natur entstandene Reich.«[1]

Im Westen bedauerte kaum jemand, dass dieses Riesenreich
verschwunden war. Die Sowjetunion galt als schwerfälliger Koloss, als ein hochgerüstetes Land, von dem für die westlichen
Staaten ein Sicherheitsrisiko ausging. Ein militärischer Konflikt
war niemals ausgeschlossen gewesen. Man fürchtete, dass in
dem Land mit seiner maroden Technik eine SS-20-Rakete aus
Versehen gezündet werden und einen dritten Weltkrieg auslösen
könnte.

In der untergegangenen Sowjetunion waren die Gefühle der
Menschen geteilter. Einerseits freute man sich über die neu ge-
wonnene Freiheit und das Ende der kommunistischen Diktatur.
Andererseits ging für viele die Zeit gesicherter Lebensverhält-
nisse zu Ende, der Glaube an den Erfolg eines einzigartigen
historischen Experiments war gescheitert. Nun zerfiel der Vielvölkerstaat in seine Einzelteile. Die mehr als 286 Millionen
Menschen, die in der Sowjetunion gewohnt hatten, gehörten
über 150 Völkerschaften an. Manche davon waren unterdrückt
worden, aber alle lebten weitgehend friedlich miteinander. Der
Mantel der Sowjetideologie hatte die Völker der UdSSR über
70 Jahre zwangsweise zusammengehalten. Dieses System erwies
sich 1991 als politisch und wirtschaftlich nicht mehr lebensfä-
hig. Die stolze, bis zu den Zähnen bewaffnete zweite Weltmacht
lag am Boden und zerfiel in 15 selbständige Staaten.

Einer von uns beiden Autoren, Thomas Kunze, war im Herbst
1991 Leiter des Ausländeramtes im Kreis Leipzig. Die DDR, ein

Satellitenstaat der Sowjetunion, hatte sich in Luft aufgelöst. Das neue Deutschland war gerade ein Jahr alt, und die meisten Ostdeutschen waren glücklich darüber, der sowjetischen Vorherrschaft entronnen zu sein. In die deutschen Ausländerbehörden kamen die ersten Einwanderungswilligen aus der früheren Sowjetunion, die den katastrophalen ökonomischen Bedingungen dort entfliehen wollten.

Thomas Vogel hingegen, der zweite Autor, hat das Ende der Sowjetunion ganz anders erlebt. Er war damals Redakteur einer Schweizer Wochenzeitung. Wie von einer Bergkuppe herab betrachtete er in Zürich, wie sich die Welt rasant veränderte. Es war spannend, es gab viel zu berichten, die Zeitungen verkauften sich besser denn je. Und das, obwohl die Schweiz als neutraler Kleinstaat wenig von den Umwälzungen betroffen war. Die geheimen Konten der alten KPdSU-Funktionäre kamen in den Besitz der neuen Oligarchen. Es reisten die ersten reichen Russinnen nach St. Moritz, die sich mit Schmuck und Schweizer Uhren eindeckten und im Winter in teuren Pelzmänteln ihren Champagner schlürften.

Geboren in der ehemaligen DDR und in der Schweiz, hatten wir Anfang der 1990er Jahre einen sehr unterschiedlichen Blick auf die Sowjetunion. Ostdeutsche verband mit Russen, Ukrainern, Litauern, Georgiern, Kasachen oder Usbeken eine gemeinsame Sozialisation. Für Schweizer war die Sowjetunion ein geheimnisvolles Imperium gewesen, über das im Westen ziemlich klischeehaft berichtet wurde.

Der Schweizer Journalist reiste nach 1991 viel in die neuen Staaten des ehemaligen Sowjetimperiums und lernte die Realität vor Ort genauer kennen. Thomas Kunze lebt und arbeitet seit 2002 in diesen Ländern.

Im Laufe der Jahre hat sich unser beider Blick immer mehr angenähert. Gemeinsam sind wir durch die frühere UdSSR gereist. In diesem Buch beschreiben wir die vergleichbaren und die unterschiedlichen Wege, welche die 15 Republiken, die einst die Sowjetunion bildeten, seit 1991 gegangen sind.

Thomas Kunze und Thomas Vogel
Taschkent/Zürich, 2011

Ein Koloss am Ende
Der Zusammenbruch der Sowjetunion

Mit Gorbatschow in München

Im Juli 2009 trafen wir Michail Gorbatschow, den früheren
Generalsekretär des ZK der KPdSU, zu einem Fernsehinterview
in München. Es war eines der seltenen Interviews, die der letzte
Präsident der Sowjetunion überhaupt noch gibt. Die unge-
bremste Popularität, der er sich nach wie vor in Deutschland
erfreuen kann, macht ihn zufrieden, aber auch müde. In München tagte gerade der »Petersburger Dialog«, ein deutsch-russi-
sches Forum unter Schirmherrschaft des russischen Präsidenten
und der deutschen Bundeskanzlerin.

Bis 2008 war Gorbatschow gemeinsam mit dem letzten Ministerpräsidenten der DDR, Lothar de Maizière, Vorsitzender
dieses Gremiums, dann wurde er durch den früheren russischen
Ministerpräsidenten Wiktor Subkow abgelöst.

Gorbatschow kam gemeinsam mit seinem langjährigen Mitarbeiter und Vertrauten Karen Karagesian zum vereinbarten
Ort, einem für das Interview vorbereiteten Zimmer im Hotel
»Bayerischer Hof«. Er hatte Rückenprobleme, das Gehen machte ihm an diesem Tag Schwierigkeiten. Im bequemen Sessel
wollte Gorbatschow nicht sitzen, sondern bat um einen einfachen Stuhl. So könne er sich besser konzentrieren. Uns interessierte 20 Jahre nach dem Fall der Berliner Mauer Gorbatschows
rückblickende Bewertung dieses Ereignisses, denn im Verlauf
der darauffolgenden Monate veränderte sich nicht nur Europa,
sondern die Sowjetunion verschwand von der politischen Landkarte, und es entstand eine neue Weltordnung. Bei der Frage,
was er am Tag des Mauerfalls gefühlt habe und vor allem, ob es
an diesem Tag noch möglich gewesen wäre, den Lauf der Geschichte zu ändern, und ob er auch nur einmal daran gedacht
habe, Panzer rollen zu lassen, wollte Gorbatschow das Gespräch beinahe abbrechen. Nur, wenn auf seinem Posten ein
Abenteurer gesessen hätte, erwiderte er erregt, wäre der Mauer-

Die Autoren Thomas Vogel und Thomas Kunze mit Michail Gorbatschow und Karen Karagesian (v. r. n. l.)

fall und all das, was ihm folgte, noch zu verhindern gewesen, sonst nicht. Energisch setzte er hinzu: »Man muss Verantwortungsbewusstsein haben für sein Land und die Welt. Sonst ist man fehl am Platz.«[1]

Gorbatschow hatte in den Umbruchjahren 1989–1991 Verantwortungsbewusstsein gezeigt. Er war kein Abenteurer, nur in zwei tragischen Momenten erlag er dem Druck konservativer Hardliner im Politbüro des Zentralkomitees der KPdSU: Im April 1989 gingen Truppen des sowjetischen Innenministeriums (OMON) gegen Demonstranten in der georgischen Hauptstadt Tiflis vor, wobei 19 Menschen starben, und im Januar 1991 segnete Gorbatschow einen Militäreinsatz in den baltischen Staaten ab, der in Litauen 14 und in Lettland vier Todesopfer forderte. Doch der Zerfall der Sowjetunion war damit nicht mehr aufzuhalten.

Breschnew – Andropow – Tschernenko – Gorbatschow – Perestroika

Michail Gorbatschow, der 1931 in einem Dorf in der Nähe von Stawropol (Nordkaukasus), der Hauptstadt des gleichnamigen Gebietes, geboren wurde, gelangte durch Juri Andropow nach

Moskau. Andropow, der gleichfalls aus Stawropol stammte und der von November 1982 bis zu seinem Tod im Februar 1984 Generalsekretär des ZK der KPdSU war, unterstützte den jungen Gorbatschow nach Kräften. Wie später Michail Gorbatschow, unternahm auch er schon erste Versuche, den verkrusteten Sozialismus der Breschnew-Ära zu reformieren. Andropow starb aber nach wenigen Monaten im Amt. Ihm folgte der schon sieche Reformfeind Konstantin Tschernenko, der nach 13 Monaten Amtszeit verstarb. Breschnew (gestorben am 10. November 1982), Andropow (gestorben am 9. Februar 1984) und Tschernenko (gestorben am 10. März 1985) – Staats- und Regierungschefs aus aller Welt trafen im Jahresrhythmus in Moskau zu Trauerfeierlichkeiten zusammen. Ein Witz über einen angeblichen Aufsager der Nachrichtensendung »Wremja« machte in der Sowjetunion die Runde. Der Nachrichtensprecher erscheint auf dem Bildschirm: »Liebe Genossen! Sie werden lachen, aber ich habe Ihnen wieder eine traurige Nachricht zu überbringen ...«

Die im März 1985 erfolgte Berufung von Michail Gorbatschow zum neuen KP-Chef der Sowjetunion markierte den Anfang vom Ende des sozialistischen Lagers. Nach dem Tod von Tschernenko hatten sich in Moskau die Kräfte durchgesetzt, die durch eine entschlossene Reform einen Ausweg aus der Erstarrung des Sowjetsystems suchen wollten. Die Lähmung des Regimes war seit Beginn der achtziger Jahre unübersehbar. Das innenpolitische Klima in der UdSSR hatte sich durch die Unterdrückung von Kritikern verhärtet, Reformversuche waren steckengeblieben, außenpolitisch stemmte sich die Großmacht gegen jegliche Veränderung, und ökonomisch lag sie am Boden. Der Rüstungswettlauf mit den USA bedeutete für die gesamte sowjetische Volkswirtschaft eine Anstrengung, der sie nicht mehr gewachsen war. Im März 1986 fand in Moskau der XXVII. Parteitag der KPdSU statt. Michail Gorbatschow stellte seine Thesen vor, die unter den Schlagworten »Perestroika« und »Glasnost« in die Geschichte eingegangen sind. Die verdutzten Delegierten und die erstaunte Weltöffentlichkeit vernahmen aus dem Munde des KPdSU-Generalsekretärs Forderungen, die geradezu revolutionär anmuteten. »Jahrelang«, so Gorbatschow in seinem Referat, »blieben praktische Handlungen der Partei- und Staatsorgane (...) hinter den Erfordernissen der Zeit zurück. Die Probleme bei der Entwicklung des Landes wuchsen rascher an, als sie gelöst wurden. Trägheit, verknöcherte Leitungsformen und -methoden, verminderte Dynamik bei der Arbeit, der zunehmende Bürokratismus – all das schadete unserer Sache beträchtlich.«[2] Doch trotz wohlklingender Worte handelte es sich bei dem Umbau (Perestroika) – und so ist es auch in das kollektive Gedächtnis vieler ehemaliger Sowjetbürger eingegangen – zunächst um eine Antialkoholkampagne, verbunden mit Aufrufen an die Bevölkerung, endlich mehr zu arbeiten. Wodka wurde in der Sowjetunion zur Mangelware.

Und auch von Glasnost (»Durchsichtigkeit, Transparenz«) war bei der Katastrophe im Kernkraftwerk von Tschernobyl im März 1986 zunächst wenig zu verspüren. Die Berichterstattung glich altbekannten sowjetischen Mustern, was angesichts des Ausmaßes des Reaktorunfalls besonders gravierend war. Während sich die radioaktive Wolke immer weiter ausbreitete, war der Kreml vor allem damit beschäftigt, durch die Nichtweitergabe von Informationen »kein schlechtes Bild von unserer Ausrüstung« entstehen zu lassen.[3]

Erst als sich die immensen strukturellen Probleme der Sowjetunion mit einem weltweiten Rückgang der Ölpreise paarten und die Sowjetunion in ernsthafte Zahlungsschwierigkeiten geriet, begann Gorbatschow, weiter reichende Reformen anzustoßen. Ein radikaler Umbau der Gesellschaft setzte ein. Das Umstrukturierungsprogramm reichte von der Demokratisierung der Partei über mehr Selbständigkeit für die Betriebe bis hin zu einer Justizreform. 1987 verwarf Gorbatschow die Breschnew-Doktrin[4] und erklärte bei einem Besuch in Prag, dass das gesamte Rahmenwerk der politischen Beziehungen zwischen den sozialistischen Staaten auf Unabhängigkeit basieren müsse. Jede Nation solle ihren Weg selbst wählen und über ihr Schicksal, ihr Territorium und ihre Ressourcen selbst bestimmen. Nicht nur in den Staaten des Warschauer Paktes horchte man auf, auch in den verschiedenen Sowjetrepubliken.

1989: Das Jahr der Entscheidung

Wir, die Autoren des Buches, erlebten die daraufhin folgenden Ereignisse jeweils vor und hinter dem Eisernen Vorhang. Als Schweizer konnte der eine von uns frei reisen, der andere nicht. Aus dem Blickwinkel der Schweiz erschien die Sowjetunion mit ihren Satellitenstaaten jedoch wie ein monolithischer Koloss.

Im Westen war man abgelenkt. Urlaube in Frankreich, Italien oder den USA und all das, was ein freies Leben sonst an Annehmlichkeiten zu bieten hat, ließen einen die Veränderungen im sogenannten Ostblock zwar voller Spannung verfolgen, sie betrafen aber nicht das eigene Leben. Und ohnehin hat vor 1989 niemand vorausgesehen, wie sich die Welt innerhalb weniger Wochen verändern wird. Im Osten verfolgte man die dramatischen Wendungen der Geschichte in der zweiten Hälfte der 1980er Jahre mit großen Erwartungen. All das, was an Veränderungen vor sich ging, brachte das System ins Wanken, in dem man selbst lebte.

Die Sowjetunion hatte durch den 1988 begonnenen Abzug ihrer Truppen aus Afghanistan indirekt zu erkennen gegeben, dass sie nicht mehr zum Erhalt der kommunistischen Regime intervenieren würde. Mit der Aufgabe der Schutzfunktion hatte Gorbatschow das Ende des sozialistischen Weltsystems eingeläutet. Gorbatschows Politik führte in Polen als erstem Land des Ostblocks zu einer Demokratisierung des Systems. Im Juni 1989 errang dort die »Solidarność« bei einer halbfreien Wahl die Mehrheit der Parlamentssitze. Am 19. August 1989 beauftragte Staatspräsident Jaruzelski den katholischen Intellektuellen und Berater von Lech Wałęsa, den Gründer der Gewerkschaft »Solidarność«, Tadeusz Masowiecki mit der Regierungsbildung. Polen wurde damit das erste Land des Warschauer Paktes, das keinen kommunistischen Regierungschef mehr hatte.

Nicht weniger rasant verliefen die Entwicklungen in Ungarn. Am 10. Juni 1989 wurde in Budapest der 1958 hingerichtete ehemalige Ministerpräsident Imre Nagy feierlich umgebettet. Das Begräbnis stellte zugleich eine Rehabilitierung der Aufstandsopfer von 1956 dar. Die Rote Armee hatte den Protest blutig niedergeschlagen. Das ungarische Fernsehen übertrug das Ereignis live. Um 12 Uhr ertönten in ganz Ungarn die Glocken. Am Heldenplatz sangen 250 000 Menschen die Nationalhymne. Die Trauerreden gerieten zur Abrechnung mit dem Kommunismus.

Der amerikanische Präsident George Bush und seine Frau Barbara besuchten im Sommer 1989 Budapest, im strömenden Regen warteten mehrere zehntausend Menschen vor dem ungarischen Parlamentsgebäude auf die Ankunft des Präsidentenpaares. Ein unbeschreiblicher Jubel brach aus, als die Wagenkolonne von George und Barbara Bush eintraf. Bereits zwei Monate früher, am 30. Mai 1989, hatte der US-Präsident seinem sowjetischen Amtskollegen in der wohl wichtigsten Rede seiner Amtszeit das Angebot zur Beendigung des Kalten Krieges und der Teilung Europas gemacht. Im Austausch dafür übernahm er die Verpflichtung, die sowjetischen Sicherheitsinteressen zu respektieren und die wirtschaftliche Zusammenarbeit zu entwickeln. Die Rede hatte für die osteuropäischen Staaten Signalwirkung. Man spürte förmlich, dass mit ihr Weltgeschichte geschrieben wurde. Am 10. September 1989 öffnete Ungarn schließlich als erstes Land den Eisernen Vorhang. Die Sowjetunion ließ es geschehen.

Die Sowjetunion bebt

Als wir mit Michail Gorbatschow in München sprachen, hatten wir das Gefühl, dass er trotz der Angriffe und der Kritik, denen er bis heute in seiner Heimat ausgesetzt ist, stolz ist auf das Erreichte. Aber vielleicht ist es auch nur ein Selbstschutz. Denn das, was der historischen Wende in Osteuropa nachfolgte, der Untergang der Sowjetunion – von Wladimir Putin später als die »größte geopolitische Katastrophe des 20. Jahrhunderts« bezeichnet –, hatte er so niemals gewollt. Er hoffte seinerzeit darauf, die Sowjetunion zu einem besseren, einem demokratischen sozialistischen Staat machen zu können. Doch die Gewährung politischer Freiheiten in einem System, das wirtschaftlich ausgezehrt war und dessen Infrastruktur am Boden lag, musste zu Chaos und zum Ende der Diktatur führen. Gorbatschow war – verglichen mit anderen kommunistischen Machthabern und aus der Innensicht der kommunistischen Diktaturen – ein schwacher Parteichef. Die Kommunisten in China wählten einen anderen Weg. Sie reformierten ihre Wirtschaft grundlegend, aber am Machtmonopol der Kommunistischen Partei ließen sie nicht rütteln.

Gorbatschows Politik führte im weiteren Verlauf der Geschichte zu einer nicht mehr aufzuhaltenden Dynamik. Die durch Perestroika und Glasnost mehr und mehr gelockerten Zügel des Kremls ließen es Ende der 1980er Jahre zunächst in den Randrepubliken der UdSSR gären. Die Armenier waren die ersten, die Gorbatschows Politik für sich zu nutzen suchten. Sie verlangten, dass Berg-Karabach, eine überwiegend armenisch besiedelte Enklave in der Nachbarsowjetrepublik Aserbaidschan, wieder an Armenien angegliedert wird. Den nationalen und religiösen Zwist zwischen den christlichen Armeniern und den muslimischen Aserbaidschanern konnten 60 Jahre Sowjetmacht einst mehr oder weniger zähmen. Jetzt brach der Konflikt offen aus und führte ab 1988 im Südkaukasus zu bürgerkriegsähnlichen Zuständen, wie es sie seit dem Bürgerkrieg infolge der Oktoberrevolution von 1917 nicht mehr gegeben hatte. Mehrfach kam es zu Massakern. Gorbatschow war machtlos. Als sich im Dezember 1988 auch die Naturgewalten gegen ihn verschworen und ein verheerendes Erdbeben in Armenien 25 000 Todesopfer forderte, hatte er im Südkaukasus verloren. Nachdem die billigen sowjetischen Plattenbauten in der am schwersten betroffenen Stadt Leninakan (heute: Gjumri) wie Kartenhäuser zusammengefallen und eine halbe Million Menschen zu Obdachlosen geworden waren, wollte man von ihm Taten sehen, aber keine Perestroika-Predigten mehr hören. Doch es fehlten die Mittel. Im Südkaukasus braute sich noch mehr zusammen. In Georgien nahmen im Herbst 1988 antirussische Demonstrationen an Intensität zu. Hierbei kam es zu Gorbatschows erstem Sündenfall. Er ließ die OMON[5], eine Sondereinheit des sowjetischen Innenministeriums, eingreifen, die am 9. April 1989 Giftgas gegen die Teilnehmer einer Großkundgebung in Georgiens Hauptstadt Tiflis, einsetzte. 14 der insgesamt 19 getöteten Demonstranten starben durch die Wirkung dieses Gases.[6]

Auch in Mittelasien nahmen die Unruhen zu. Im usbekischen Teil des Fergana-Tals kam es im Frühjahr 1989 zu einem Pogrom an der türkischsprachigen Minderheit der Mescheten. Über 100 Mescheten wurden regelrecht hingemetzelt. Im sogenannten Osch-Konflikt zwischen Kirgisen und Usbeken starben im Juni 1990 über 100 Menschen, Tausende wurden verletzt.

In der Moldawischen Sozialistischen Sowjetrepublik forderten Tausende Demonstranten die Zulassung der moldawischen (rumänischen) Sprache als Amtssprache. Und als würde es zusätzlich noch eines furchtbaren Beweises für den wirtschaftlichen Ruin des Sowjetregimes bedürfen, explodierte am 4. Juni 1989 bei Ufa eine verrottete Gaspipeline. Für 575 Passagiere eines Zuges der Transsibirischen Eisenbahn, der in diesem unglücklichen Moment den Ort passierte, kam jede Hilfe zu spät. Sie wurden durch die Wucht der Explosion in den Tod gerissen.

In den baltischen Staaten, die infolge des Hitler-Stalin-Paktes 1940 zwangsweise der UdSSR angeschlossen worden waren, führte der Geist von Perestoika und Glasnost zu den stärksten Unabhängigkeitsbewegungen. Die Esten, Litauer und Letten begannen, sich an ihre während der Sowjetzeit streng verbotenen ehemaligen Nationalhymnen zu erinnern. »Mein Vaterland, mein Glück und meine Freude!«: Am 11. September sangen in Tallinn, der Hauptstadt Estlands, 300 000 Menschen diese alte estnische Hymne. Die baltischen Unabhängigkeitsbewegungen der Perestroika-Jahre gingen als »Singende Revolutionen« in die Geschichte ein.

Die Konservativen im Kreml, allen voran viele Militärs, waren aufs Höchste alarmiert. Für sie war es schlimm genug, dass »ihre« Sowjetunion die Breschnew-Doktrin und damit die Vorherrschaft über das sozialistische Lager aufgegeben hatte. Nun drohte auch noch der von Lenin gegründete und von Stalin mit Blut zusammengeschweißte eigene Vielvölkerstaat zu zerfallen. Als im März 1989 der Kongress der Volksdeputierten gewählt und erstmals zwei Drittel der Sitze frei vergeben wurden, folgte eine weitere Katastrophe für viele hohe Staatsfunktionäre und Militärs: Sie erhielten keine Sitze mehr in dem Gremium.

Die verkehrte Welt

Einer von uns beiden arbeitete damals als Journalist beim *Luzerner Tageblatt*. Der andere studierte in Leipzig und erlebte die Revolution dort hautnah mit. Verkehrte Welt: Während man Gorbatschow im Westen zum Helden stilisierte, wurden in der DDR sowjetische Zeitschriften verboten. Vorbei waren die Zeiten, in denen die DDR-Medien die Politik des »großen Bruders« Sowjetunion feierten und die Generalsekretäre der KPdSU hofierten. Kurt Hagers »Tapetenvergleich«[7] bestimmte nun die SED-Linie. Über die Wahl zum Volksdeputiertenkongress berichtete man im März 1989 zurückhaltend-kühl, während westliche Zeitungen über eine Wahl in der Sowjetunion jubelten: »Sowjetische Wahlen mit mehreren Kandidaten. Der Dissident Andrej Sacharow, der bis 1986 in Verbannung gelebt hatte, wird Mitglied des Volkskongresses«[8], titelte z.B. die *Neue Zürcher Zeitung*.

Der Atomphysiker und Friedensnobelpreisträger Sacharow hatte bis 1986 in der Verbannung im russischen Gorki leben müssen. Im Dezember 1989, während einer Tagung des neuen Volkskongresses, griff er Gorbatschow, der seine Verbannung aufgehoben hatte, verbal offen an und verlangte noch radikalere Reformen als bisher, darunter die Aufhebung des Machtmonopols der Kommunistischen Partei. Zu diesem Zeitpunkt war die Berliner Mauer bereits gefallen. Auch das Ende der Sowjetunion war nur noch eine Frage der Zeit. Gorbatschows konservative Gegenspieler im Politbüro spürten das, und sie merkten, wie ihnen die Macht entglitt. Ihre Töne wurden immer aggressiver. Jede Begeisterung, die Gorbatschows Auftritte im Westen begleitete, vor allem die Verleihung des Friedensnobelpreises an ihn im Jahre 1990, war für sie eine Bestätigung dafür, einen schwachen Generalsekretär, wenn nicht einen Verräter an der Spitze der KPdSU zu haben.

Erste Unabhängigkeitserklärungen von Sowjetrepubliken

Die wirtschaftliche und soziale Lage war in der Sowjetunion zum Ende des Jahres 1989 bis zum Äußersten angespannt. In Sibirien streikten Bergarbeiter für die Zuteilung von wenigstens einem Stück Seife in der Woche. Die Perestroika war in einem Sumpf von Korruption steckengeblieben. Von Gorbatschows marktwirtschaftlichen Reformen schienen lediglich Kriminelle und Schwarzhändler zu profitieren. Sie kontrollierten die Verteilung des dürftigen Warenangebots, das die sowjetische Plan- und Misswirtschaft und das Chaos der Perestroika übriggelassen hatten.

Als im Frühjahr 1990 Litauen (11. März 1990), Lettland (4. Mai 1990) und Estland (8. Mai 1990) ihre Unabhängigkeit proklamierten und Gorbatschow während der traditionellen Maiparade auf dem Roten Platz ausgepfiffen wurde, erkannte er, dass ihm die Zügel entglitten. Im Januar 1990 hatte die KPdSU auf sein Betreiben hin ihr Machtmonopol aufgegeben, so wie die SED einen Monat zuvor. Zwar nannte sich Gorbatschow seit dem 15. März 1990 Präsident der Sowjetunion, ein Amt, was es vorher nicht gab, doch er war Präsident eines Staates in Auflösung. Im April 1990 beschloss der Kongress der Volksdeputierten der Russischen Sozialistischen Sowjetrepublik, also der größten und wichtigsten Teilrepublik der UdSSR, die Souveränität Russlands über seine natürlichen Ressourcen sowie den Vorrang von russischem über sowjetisches Recht. Einen Monat später wurde der als Radikalreformer geltende Boris Jelzin, einst Zögling Michail Gorbatschows, Vorsitzender des Obersten Sowjets der RSFSR und damit zum wichtigsten Gegenspieler Gorbatschows. Es folgte am 12. Juni 1990 die Souveränitätserklärung Russlands.

Nur die mittelasiatischen Sowjetrepubliken Kasachstan, Kirgistan, Usbekistan, Tadschikistan und Turkmenistan schwiegen noch, ansonsten befand sich die Union in Auflösung. Gorbatschow versuchte mit aller Kraft, zumindest einen neuen Unionsvertrag zustande zu bekommen, der die auseinanderbrechende Sowjetunion dadurch retten sollte, dass die Teilrepubliken mehr Autonomie erhielten. Parallel zu diesen Versuchen versagte die zentralistische Planwirtschaft. Im Juli 1990 musste ein sozialistisches Heiligtum, der Brotpreis, angetastet werden. Er stieg, begleitet von Massenprotesten, um 100 Prozent. Der Stillstand des Jahres 1989 ist »in eine für die sowjetische Nachkriegsgeschichte einmalige Rezession« übergegangen,[9] telegrafiert die Deutsche Botschaft in Moskau vertraulich nach Bonn. Das (sowjetische) Nationaleinkommen schrumpfte um vier Prozent, die Arbeitsproduktivität um drei Prozent.

De facto hing Moskau am Tropf der Bundesrepublik. Es flossen Milliarden. Die Wiedervereinigung war noch nicht unter Dach und Fach, und der deutsche Bundeskanzler Helmut Kohl tat alles, um Gorbatschow zu stützen. Nachdem Kohl 1986 in einem amerikanischen Magazin einen verunglückten Vergleich zwischen Gorbatschows und Goebbels gezogen hatte,[10] war der Kreml-Chef zunächst nicht gut auf Kohl zu sprechen. Die beiden freundeten sich erst im Juni 1989 bei einem Besuch Gorbatschows in Bonn an. Ein Jahr später, im Juli 1990, kam es im Kaukasus zum legendären »Strickjacken-Treffen«[11] der beiden Politiker. Gorbatschow stimmte dort nach lukrativen finanziellen Angeboten Kohls der Wiedervereinigung und der »vollen und uneingeschränkten Souveränität Deutschlands« zu. Dazu gehörte auch die Ausdehnung des NATO-Gebietes auf Gesamtdeutschland. Am 12. September 1990 wurde in Moskau der »Vertrag über die abschließende Regelung in Bezug auf Deutschland« unterzeichnet und am 3. Oktober feierten die Deutschen ihre Einheit.

Die Pawlow'sche Geldreform

Nach der Vereinigung Deutschlands existierte die Sowjetunion nur noch ein reichliches Jahr, und dieses Jahr 1991 war sowohl innen- als auch außenpolitisch ein Schicksalsjahr für die Russen und die anderen Völker des Riesenreiches UdSSR. Wie kaum ein anderer Monat hat sich dabei der Januar fest in das kollektive Gedächtnis der Bürger eingeprägt.

So auch bei Alexej Borisowitsch Zlobin, einem Freund aus Moskau, 1963 in Kabul geboren, im usbekischen Taschkent aufgewachsen, nach dem Zusammenbruch der Sowjetunion zunächst in Riga, dann in Wladiwostok und schließlich in Moskau gelandet, verkörpert er einen Russen, dessen Schicksal die ungewöhnlichen Wege ehemaliger »Sowjetbürger« seiner Generation widerspiegelt. Andrej besitzt noch alle seine früheren Pässe, ein Wunder, wie er es in all den bürokratieversessenen Staaten schaffen konnte, sie beim Gültigkeitsablauf nicht abgeben zu müssen. In dem sowjetischen, dem usbekischen und dem russischen Pass wurde als Geburtsort Taschkent angegeben. Die Behörden wollten und wollen nicht, dass »Kabul« erscheint, wo seine Eltern in den 1960er Jahren an der sowjetischen Botschaft arbeiteten: Geheimhaltung geht vor. 1993 nutzte Alexej, der in Taschkent Musik studiert und danach ein Theater geleitet hatte und sehr geschäftüchtig war, die neuen Freiheiten. Zunächst versuchte er, im lettischen Riga Fuß zu fassen, siedelte aber nach einem geschäftlichen Fehlschlag nach Wladiwostok und dann nach Moskau um, wo er eine Werbeagentur gründete und heute viel Geld verdient. Das braucht er auch, denn seine in Taschkent verbliebenen Eltern waren im Januar 1991, wie die meisten ehemaligen Sowjetbürger, de facto enteignet worden.

Walentin Pawlow, von Gorbatschow als neuer Ministerpräsident der Sowjetunion eingesetzt, ließ am Abend des 22. Januar 1991 bekanntgeben, dass ab 23. Januar 1991, also dem Morgen des kommenden Tages, auf dem Gebiet der gesamten Sowjetunion Banknoten mit einem Nennwert von 50 und 100 Rubel nicht mehr akzeptiert werden. Diese Maßnahme war laut den Behörden gegen »nicht erarbeitete Einkünfte« der Bürger, gegen Bestechungs- und Falschgelder und gegen die »Schattenwirtschaft« gerichtet und sollte die Inflation eindämmen.[12] Die Bürger der Sowjetunion hatten genau drei Tage Zeit, die weitverbreiteten alten Scheine gegen neue Banknoten umzutauschen.

Der Geldumtausch verlief chaotisch, vor den Filialen der Staatlichen Sparkasse (Sberbank) bildeten sich kilometerlange Schlangen, es kam zu Schlägereien. Zudem durften maximal 1000 Rubel in bar umgetauscht werden. »Meine Eltern«, so Alexej, »hatten für sowjetische Verhältnisse immer gut verdient. Das meiste ersparte Geld bewahrten sie zu Hause auf. Das war damals so üblich, und in vielen Familien ist es bis heute so geblieben. Unsere Familie verlor damals über 12 000 Rubel, fast unser ganzes Erspartes.« Der 2003 verstorbene Walentin Pawlow ist bei der Generation der Betroffenen bis heute ein verhasster Mann. Die von Gorbatschow als Präsident abgesegnete Pawlow'sche Geldreform führte de facto zur Enteignung weiter Bevölkerungskreise und untergrub das noch vorhandene restliche Vertrauen in die Politik der Führung. Sie markierte zugleich den Anfang der tiefsten Krise der Sowjetunion seit Beginn ihres Bestehens.

Perestroika gegen Gorbatschow

Gorbatschows Perestroika-Kurs war 1991 endgültig dabei, sich gegen ihren »Erfinder« zu wenden. Der erste Mann der Sowjetunion konnte sich nicht mehr gegen seine konservativen Gegenspieler wehren, die sich gemeinsam zu organisieren begannen. Allen bisherigen Prinzipien zum Trotz segnete er im Januar 1991 sogar die Anwendung militärischer Gewalt im Baltikum ab. Doch die Unabhängigkeit der baltischen Staaten von der Sowjetunion war nicht mehr aufzuhalten.

Auch in Russland, dem sowjetischen Kernland, wollte man nicht mehr zurück zu sowjetischen Verhältnissen. Trotz eines Demonstrationsverbotes und aufgefahrener Militäreinheiten demonstrierten im März 1991 über 100 000 Menschen im Moskauer Zentrum für weitere Reformen. Gorbatschows Reformen meinten sie damit nicht. Viele von ihnen sahen schon in Boris Jelzin, der im Juni 1991 zum ersten frei gewählten Präsidenten Russlands wurde, den künftigen starken Mann. Gorbatschows Ansehen in der Bevölkerung schwand trotz der außenpolitischen Erfolge, die er damals noch feiern konnte. Ende Juli 1991 besuchte US-Präsident George Bush Moskau, um mit ihm den START-Vertrag über die Vernichtung von 7000 strategischen Atomwaffen zu unterzeichnen. Doch im Inneren wurde die Sowjetunion immer instabiler.

Am 19. August 1991 hielt die Welt den Atem an. Am frühen Morgen meldete die amtliche sowjetische Nachrichtenagentur TASS, dass Michail Gorbatschow erkrankt sei. Vizepräsident Gennadi Janajew habe die Amtsgeschäfte übernommen. Es handelte sich um einen Putsch orthodox-kommunistischer Kräfte. Sie setzten Gorbatschow, der sich gemeinsam mit Frau und Tochter in seiner Urlaubsdatscha auf der Krim aufhielt, dort unter Hausarrest. Janajew, ein landesweit bekannter Freund des Wodka, und die anderen Verschwörer, darunter Ministerpräsident Walentin Pawlow, der Vorsitzende des Obersten Sowjets, Anatoli Lukjanow, Innenminister Boris Pugo, Verteidigungsminister Dmitri Jasow und KGB-Chef Wladimir Krjutschkow, verhängten den Ausnahmezustand und bildeten ein Notstandskomitee, das die Macht in der Sowjetunion übernahm. Doch der Putsch war nicht nur erbärmlich schlecht vorbereitet worden, die Putschisten hatten auch die Stimmung der Bevölkerung falsch eingeschätzt. In Moskau und Leningrad kam es zu Massendemonstrationen gegen die Putschisten. Soldaten und Offiziere verweigerten der Gruppe um Janajew die Gefolgschaft.

Der Einsatz des russischen Präsidenten Jelzin ließ den Umsturzversuch am 21. August 1991 scheitern. Er kletterte auf einen Panzer vor seinem Amtssitz, dem Moskauer »Weißen Haus«, und rief zum Generalstreik auf. Nach drei Tagen war der Spuk vorbei. Die Putschisten wurden verhaftet, und Gorbatschow konnte nach Moskau zurückkehren. Doch spätestens ab jetzt war er ein Präsident auf Abruf. Boris Jelzin nutzte die Gunst der Stunde, um nach der ganzen Macht zu greifen. Als russischer Präsident übernahm er immer mehr sowjetische Kompetenzen, und er demontierte, wo immer er nur konnte, öffentlich den amtierenden Noch-Präsidenten der Sowjetunion.

Michail Gorbatschow trat Ende August 1991 als KPdSU-Generalsekretär zurück. Im November 1991 verbot Boris Jelzin die KPdSU für das Gebiet Russlands. Gorbatschow, der immer noch auf einen neuen Unionsvertrag hoffte, musste tatenlos zusehen, wie Boris Jelzin, Leonid Krawtschuk und Stanislaw Schuschkewitsch, die Führer der drei Unionsrepubliken Russland, Ukraine und Weißrussland, am 8. Dezember 1991 in einem weißrussischen Erholungsheim mit der »Erklärung von Beloweschsk« die neue Gemeinschaft Unabhängiger Staaten (GUS) aus der Taufe hoben.

Nach dem Putsch gegen Gorbatschow ruft Russlands Präsident Boris Jelzin am 20. August 1991 in einer dramatischen Rede vor dem Regierungssitz die Bevölkerung zum Generalstreik auf.

Gorbatschow führte einen Kampf auf verlorenem Posten. Noch am 18. Dezember 1991 richtete er einen Brief an die Führungen der verbliebenen Sowjetrepubliken, in dem er vorschlug, die Sowjetunion zwar aufzulösen, aber als Rechtsnachfolger eine zu schaffende »Gemeinschaft europäischer und asiatischer Staaten« zu gründen. Damit wollte er überstaatliche Strukturen schaffen und sich selbst das politische Überleben sichern. Doch Jelzin, Krawtschuk und Schuschkewitsch hatten kein Interesse mehr daran. Am 21. Dezember 1991 trafen sie sich mit den Führern acht weiterer Sowjetrepubliken in der kasachischen Hauptstadt Alma-Ata (heute: Almaty). In einem dort verabschiedeten Dokument hieß es nunmehr offiziell: »Die unabhängigen Staaten: die Aserbaidschanische Republik, die Republik Armenien, die Republik Weißrussland, die Republik Kasachstan, die Republik Kirgistan, die Republik Moldawien, die Russische Föderation, die Republik Tadschikistan, Turkmenistan, die Republik Usbekistan und die Ukraine, geben folgende Erklärung ab: (...) Mit der Schaffung der Gemeinschaft Unabhängiger Staaten hört die Union der Sozialistischen Sowjetrepubliken auf zu existieren.«[13]

Alle Teilrepubliken der Sowjetunion, die den Status einer »Sowjetrepublik« hatten, wurden offiziell aus dem Verbund der

23

UdSSR entlassen. Besagten Status hatten neben der heutigen Russischen Föderation 14 weitere Republiken: Estland, Lettland, Litauen, Ukraine, Weißrussland, Moldawien, Georgien, Armenien, Aserbaidschan, Usbekistan, Turkmenistan, Kasachstan, Tadschikistan, Kirgistan. Am 24. Dezember 1991 wurde die Russische Föderation Rechtsnachfolger der UdSSR im Sicherheitsrat der Vereinten Nationen.

»Ich wünsche Ihnen alles Gute!«
Michail Gorbatschow wandte sich am 25. Dezember 1991 in einer Fernsehansprache letztmals als sowjetischer Präsident an das »Sowjetvolk« und verkündet sichtlich betroffen die Auflösung der UdSSR und seinen Rücktritt: »Verehrte Landsleute! Mitbürger! Angesichts der Situation, die nach der Gründung der Gemeinschaft Unabhängiger Staaten entstanden ist, beende ich meine Tätigkeit als Präsident der UdSSR. (…) Die Linie der Zerstückelung und Auflösung des Landes hat sich durchgesetzt. (…) Ich verlasse meinen Posten mit Besorgnis. Aber auch mit der Hoffnung und dem Glauben an Sie, Ihre Klugheit und geistige Stärke. Wir sind die Nachkommen einer großen Zivilisation. Und es hängt jetzt von uns allen und von jedem Einzelnen ab, dass diese Zivilisation zu einem neuen und ihr würdigen und zeitgemäßen Leben erwacht. (…) Ich wünsche Ihnen alles Gute.«[14]

Am selben Tag um 19.30 Uhr wurde am Kreml die rote Fahne der Sowjetunion eingeholt und die russische Trikolore gehisst. Der Kreml, einst der Regierungssitz der UdSSR, wurde zum russischen Regierungssitz.

»Es war das einzige Mal«, so sagte unser Freund Alexej, »dass ich meinen Vater habe weinen sehen. Papa war in der späten Stalin-Zeit im Lager, er hat sich danach nie wieder von der Tuberkulose erholt. Aber ihm hat selbst das nicht den Glauben an das Gute der Sowjetmacht genommen«, erzählt er. Es sind Geschichten, wie man sie oft in der früheren Sowjetunion hört. Als der totalitäre Staat verschwunden war und sich mit Beginn der 1990er Jahre in den neuen unabhängigen Republiken mit rasender Geschwindigkeit kapitalistische Gepflogenheiten entwickelten, trauerten viele einstige Sowjetbürger festen Regeln und kollektiver sozialer Sicherheit nach.

Parallele Entwicklungen
Vom Sowjetmenschen zu neuen nationalen Identitäten

»Schurkenstaaten?«

»Duschanbe, Aschgabat, Bischkek, Chişinău? Um was handelt es sich? Hauptstädte? Von welchen Ländern denn?« Wenn man als Journalist in der Schweiz lebt und arbeitet und von hier aus die beiden vergangenen Jahrzehnte postsowjetischer Entwicklung in den früheren Sowjetrepubliken verfolgt, stößt man zwangsläufig auf Unwissen und Stereotype über jene 15 Republiken, die einst die Sowjetunion bildeten. Gehören einige der ehemaligen sowjetischen Republiken nicht sogar zu den vom ehemaligen amerikanischen Präsidenten George Bush senior als »Schurkenstaaten« (»rogue states«) bezeichneten Ländern, die die Stabilität ganzer Regionen untergraben? Die Vorstellungen, die man mancherorts über diese Länder hat, sind kurios bis abwegig.

Zur Zeit des Kalten Krieges konnte man an Universitäten in Ländern vor dem Eisernen Vorhang »Sowjetologie« studieren. Condoleezza Rice, zwischen 2005 und 2009 Außenministerin in der Administration von US-Präsident George W. Bush, war so eine »Sowjetologin«. In der alten Bundesrepublik Deutschland gab es im Geschäftsbereich des Bundesinnenministeriums sogar ein »Institut für Sowjetologie«.[1] Nach 1991 trugen nicht selten »Sowjetologen« mit ihrer unverändert ideologischen Sichtweise von einst dazu bei, dass vor allem Russland, so wie man das aus der Zeit des Kalten Krieges gewohnt war, in schwarzen und weißen Farben gemalt wurde und differenzierte Betrachtungen nur sehr langsam gewohnten Stereotypen Platz machten.

Wie aus dem Nichts tauchten 1991 die neuen Staaten auf der politischen Weltkarte auf. Ihre »Mutter«, die Sowjetunion, war über lange Zeit so abgeschottet gewesen, dass für viele von uns (vor dem Eisernen Vorhang) die Sowjetunion einfach »russisch« war. Die Vielfalt des Riesenreiches, die sich bei dessen Zerfall 1991 Bahn brach, wurde erst langsam sichtbar. Bis heute gelten die meisten der früheren Sowjetrepubliken nicht als bevorzugte Reiseländer, und es kommt vor, dass sich ausländische Touristen wundern, wenn in Aserbaidschan, Turkmenistan oder Usbekistan kein Russisch gesprochen wird. Vor einiger Zeit standen wir gemeinsam mit zwei Engländern und zwei Tschetschenen im Aufzug eines Moskauer Hotels. Die beiden tschetschenischen Männer, typische Nordkaukasier mit dunklen Augen und schwarzen Haaren, unterhielten sich. Als sie den Fahrstuhl auf ihrer Etage verließen und wir mit den beiden Engländern weiter in die Lobby fuhren, sagten diese zueinander: »Russen sehen doch alle irgendwie gleich aus.«

Die russische Sprache in den früheren Sowjetrepubliken

Die Sowjetunion war ein abgeschottetes Land, und so wie die beiden Briten Mühe hatten, Russen und Tschetschenen zu unterscheiden, gibt es heute viele Ausländer, die in den Ländern der einstigen UdSSR unterwegs sind und die vor allem die Sprachenvielfalt verwirrt. Noch immer verbindet die Länder der früheren Sowjetunion die russische Sprache, auch wenn deren Einfluss durch die Sprachenpolitik einzelner Staaten deutlich zurückgegangen ist. In der Ukraine und in Weißrussland kann man sich mit Russisch nach wie vor problemlos verständigen, für Russland versteht sich das von selbst. Ohnehin sind die drei slawischen Sprachen Russisch, Weißrussisch und Ukrainisch ähnlich und werden zu einem guten Teil gegenseitig verstanden. Moldawien ist zweisprachig. Hier existieren Rumänisch (Moldawisch) und Russisch mehr oder weniger gleichberechtigt nebeneinander. Anders sieht das in Mittelasien und im Südkaukasus aus. Obwohl viele der dortigen neuen Führungsfiguren die Titularsprache nur unzureichend beherrschen, werteten sie sie im Zuge der Unabhängigkeit und der Nationalstaatsbildung deutlich auf. Sie wurden in den Rang von Staatssprachen erhoben – und das in Missachtung der sprachlichen Realität. Durch die Russifizierungspolitik der Sowjetunion war die russische Sprache bis 1991 in jedem Winkel des Großreiches präsent. Die Alphabetisierung vieler Völker der Sowjetunion in den 1920er und 1930er Jahren erfolgte mittels der russischen Sprache und nicht durch die einzelnen Nationalsprachen.

20 Jahre nach der Unabhängigkeit bietet sich ein sehr buntes Bild. Einerseits führte die Sprachenpolitik der neuen Republi-

ken zur Stärkung der eigenen nationalen Identität. Andererseits wanderten Hunderttausende Russen, die zur Sowjetzeit Führungspositionen in Bereichen wie Technik, Kultur, Wissenschaft und Verwaltung besetzten, aus diesen Ländern ab und hinterließen intellektuelle Lücken. Hinzu kam, dass die Aufwertung der Titularsprachen andernorts überstürzt und konzeptionslos erfolgte.

Immer dann, wenn wir beim Reisen mit dem Auto, vor allem im Südkaukasus und in Mittelasien, nach dem Weg fragten – die Abwesenheit von Hinweisschildern ist ein verbindendes Erbe der Sowjetzeit –, haben wir uns ausschließlich an ältere Leute gewandt. Jugendliche in Tadschikistan, Kirgistan oder Aserbaidschan verstehen kein Russisch mehr. Es ist seit Jahrzehnten die erste Generation, die nicht mehr zweisprachig aufgewachsen ist, ein Verlust, der nicht wieder aufzuholen sein wird. Dennoch: Zählt man die in Russland lebenden Russen, die Zweitsprachler und die russische Diaspora zusammen, kommt man weltweit immer noch auf etwa 280 Millionen Russischsprecher.

Luxuskliniken und Medizin für Arme
Zwischen all den Ländern der vormaligen UdSSR gibt es nach wie vor viel Verbindendes, das auf die gemeinsame sowjetische Vergangenheit und auf die russische Kolonialisierung davor zurückzuführen ist. Andererseits könnten in einigen Bereichen die Unterschiede nach 20 Jahren Unabhängigkeit größer kaum sein. Zwischen Erstarrung und moderner Entwicklung klafft eine enorme Lücke. Allein ein Blick auf die Zahl der heutigen Internetnutzer in den Ländern der einstigen Sowjetunion zeigt den enormen Vorsprung, den die baltischen Staaten gewonnen haben. Während in Estland 66 Prozent, in Lettland 60 Prozent und in Litauen 55 Prozent der Einwohner über einen Internetanschluss verfügen, sind es in Russland 32 Prozent und in Turkmenistan 1,5 Prozent.[2] Eng mit der wirtschaftlichen ist die soziale Entwicklung verbunden, die sich unmittelbar auf die Lebenserwartung auswirkt. Sie ist in den baltischen Staaten und im Südkaukasus am höchsten. In Aserbaidschan werden Männer im Durchschnitt 70,9 Jahre und Frauen 76,1 Jahre alt. In Litauen sterben Männer durchschnittlich mit 67,5 und Frauen mit 78,6 Jahren. Schlusslicht bildet auch hier Turkmenistan mit einer Lebenserwartung von 58 Jahren bei Männern und 67 Jah-

ren bei Frauen. Auch Russland liegt mit 61,8 Jahren (Männer) und 74,2 Jahren (Frauen) auf den hinteren Plätzen.[3]

Gesundheitsvorsorge und die Versorgung im Krankheitsfalle haben sich in den meisten Ländern der ehemaligen Sowjetunion im Vergleich zu früher deutlich verschlechtert. Kostenlose medizinische Versorgung existiert zwar auf dem Papier, aber in der Praxis funktioniert sie nicht. Natürlich gibt es in Moskau und anderen Großstädten der GUS Kliniken, die selbst im Westen ihresgleichen suchen: Neben dem Empfangstresen in einer Moskauer Luxusklinik zupft eine klassisch ausgebildete Konzertharfenistin ihr Instrument. Im Hintergrund plätschert ein beleuchteter Springbrunnen. Würdig auf schweren Teppichen dahinschreitende Assistentinnen begleiten die Patienten nach der Anmeldung in die entsprechende Abteilung. In den Warteräumen stehen komfortable Ledersessel. Dienstbare Krankenschwestern reichen kühle Getränke. Es gibt Kliniken, die eher den Eindruck von Luxushotels als von Krankenhäusern hinterlassen. Meist ist dort auch die Behandlung erstklassig. Man verfügt über beste Medizintechnik aus dem Westen. Die Wartezeiten sind gering. Der Preis ist exorbitant.

Aber es gibt auch andere Einrichtungen. 2008 besuchten wir unseren Bekannten Alexej. Er lag in einem Krankenhaus im Moskauer Randbezirk Textilschtschiki. Ihm war der Blinddarm entfernt worden. Wer in einem bestimmten Stadtbezirk registriert ist, hat das Recht, sich dort, aber auch nur dort, in einer staatlichen Klinik kostenlos behandeln zu lassen. Als wir zu den streng festgeschriebenen Besuchszeiten bei Alexej eintrafen, herrschte Chaos. Alle Zimmer waren bis auf das letzte Bett belegt, und da die Anzahl nicht ausreichte, hatte man Betten auf den Gängen der Station aufgestellt. Die Bettwäsche stammte aus sowjetischer Zeit, die meisten Kranken hatten aber sowieso nur alte Wolldecken erhalten. Die Verbände waren oft blutig, die Metallbetten rostig. Alexej lag weder auf dem Gang noch in einem der Massensäle, sondern in einem Dreibettzimmer, ein enormer Luxus, der nur dadurch in Anspruch genommen werden kann, dass man auf sein Recht auf kostenlose Behandlung verzichtet und Ärzten und Schwestern Umschläge mit größeren Geldsummen zusteckt. Ohne Bestechung funktioniert im postsowjetischen Gesundheitssystem nichts. In anderen früheren Ostblockstaaten ist die Situation ähnlich. »Ich gebe den Ärzten jeden Tag einen Tausend-Rubel-Schein« (ca. 25 Euro), sagte Alexej, »und zumindest kommt ab und zu eine Schwester vorbei und schaut, wie es mir geht.« Wer nichts bezahlt, hat Pech. Das Essen bringen ohnehin Verwandte, die Küche des Krankenhauses arbeitete nicht. »Draußen auf dem Gang«, so Alexej, »ist gestern Nachmittag eine Frau gestorben. Man hat es heute gegen zehn Uhr bemerkt. Das hätte es früher nicht gegeben.« Fast unisono klagen die ehemaligen Sowjetbürger über die verlorengegangene gute und flächendeckende ärztliche Versorgung in der UdSSR, die für das riesige Reich eine wahre Errungenschaft war. Die medizinische Ausbildung und Forschung sowie das Gesundheitssystem in der Sowjetunion konnten sich selbst im internationalen Vergleich sehen lassen.

Nach 1991 ist auf dem Gebiet der einstigen UdSSR nicht nur das Gesundheitswesen zusammengebrochen. Mit der Wissenschafts- und Forschungslandschaft ging es allgemein bergab, genauso mit dem Bildungswesen. Wie in jedem totalitären Staat war es während der Sowjetzeit ideologisch überfrachtet, aber jenseits der Ideologie existierten Strukturen, die eine grundlegende Allgemeinbildung sicherten. Von alldem blieb in vielen neuen Republiken nicht viel übrig. Die Korruption erreicht auch im Bildungsbereich fast überall Ausmaße, wie sie in der UdSSR unvorstellbar gewesen wären. Je weiter man auf der Landkarte des postsowjetischen Raums nach Süden schaut, umso mehr bestätigt sich dieser Befund.

Der Sowjetmensch und die »kommunistischen Gene«

»Dem Sowjetmenschen geht es zu gut«,[4] titelte *Die Welt* im Jahre 2001 und bezog die Ostdeutschen gleich mit ein. Ein Autor bescheinigte den Menschen, die einst hinter dem Eisernen Vorhang lebten, »Sklavenmentalität«: »Der Sowjetmensch war zur Eigeninitiative unfähig, er passte sich den vom Staat geschaffenen Rahmenbedingungen an, von dem er vor allem ökonomische Sicherheit erwartete. Für die Loyalität gegenüber dem kommunistischen Regime konnte (…) er ein Leben führen, in dem seine ökonomische Sicherheit von der Eigenleistung weitgehend abgekoppelt war. An diesem Leben hat sich nach dem Umbruch (…) gar nicht so viel geändert.«[5] Die *Neue Zürcher Zeitung* schrieb 2010: »Die Sowjetunion ist lange untergegangen, und doch leben ihre inneren Strukturen fort. (…) Der einfache Bürger schimpft, passt sich aber an. – Es gibt ihn nach wie vor, den ›homo sovieticus‹.«[6]

Den Begriff »Homo sovieticus« erfand der russische Schriftsteller, Logiker und Dissident Alexander Sinowjew (1922–2006). Sein gleichnamiger Roman, in dem Sinowjew den von kommunistischen Ideologen versprochenen »neuen Menschen« beschreibt und der in der UdSSR nicht veröffentlicht werden durfte, erschien 1978 in deutscher Übersetzung und schließlich 1982 auf Russisch in einem Exilverlag. »Sie haben es tatsächlich geschafft, einen neuen Menschen zu züchten«, so Sinowjew. »Aber was für einen? Eine feige, egoistische, verlogene und initiativlose Kreatur – das Gegenteil des Projekts neuer ›Mensch‹.«[7]

Zu Alexejs Freundeskreis gehören viele Theatermacher, Filmregisseure und Schauspieler, die den Verhältnissen während der Sowjetzeit kritisch gegenüberstanden. Einige von ihnen gehörten zur Dissidentenszene. Früher waren sie alle »Sowoky«. Die Russen erdachten die Abkürzung »Sowok« (für Sowjetski tschelowek – Sowjetmensch), unter der sich all das zusammenfassen ließ, was sie mit ihrem Leben in der Sowjetunion verbanden. Das war für sie nicht nur Negatives. Es war ihre Jugend, und es war der Traum von einem »besseren« Sozialismus.

Dissident und Sowjetmensch. Im Westen, wo der Begriff »kommunistische Gene«[8] zur Metapher geworden ist, passt diese Paarung nicht in vorgegebene Klischees. Doch sie trifft den Nerv einer ganzen Generation, und sie beschreibt die Empfindungen vieler Angehöriger der einstigen sowjetischen »Intelligenzia«.

Was den Sowjetmenschen bis heute verbindet: Stalin und Afghanistan

Egal ob Este, Litauer, Russe, Ukrainer, Georgier, Armenier, Usbeke oder Tadschike: Wer in der Sowjetunion aufwuchs, ist trotz unterschiedlichster und oft auch miteinander unvereinbarer sozialer Entwicklung durch viele Bande miteinander verbunden geblieben.

Da ist zum einen die Erinnerung an die Stalin-Zeit. Stalinistischer Terror eliminierte große Teile des eigenen Volkes. Es war unerheblich, ob es sich um Vertreter der alten Gesellschaftselite oder um Anhänger des Bolschewismus handelte. In den Gefängnissen und GULags der Sowjetunion starben unter unvorstellbaren Bedingungen Arbeiter, Bauern, Intellektuelle, Soldaten

Die »Maske der Trauer« in Magadan

und Offiziere der Roten Armee, bolschewistische Führer und schließlich selbst die treuesten Henker des Systems.

Das Schreckenswort GULag stand als Abkürzung für Hauptverwaltung der Arbeits- und Erziehungslager der Sowjetunion. Das GULag-System überzog die Sowjetunion in ihrer ganzen Ausdehnung: vom Polarkreis bis nach Mittelasien und von der Ukraine bis an die Küsten des Pazifik. Mit brutaler Zielstrebigkeit, und ohne vor der Zahl der Opfer zurückzuschrecken, peitschte Stalin Sowjetrussland in die industrielle Moderne.

Als er am 5. März 1953 starb, hinterließ er ein anderes Land. Insgesamt hatten Zwangskollektivierung, Hungerkatastrophen und roter Terror zwischen zehn und 20 Millionen Menschen das Leben gekostet.[9] 18 Millionen Menschen hatten die Lager des GULag durchlaufen. Weitere sechs Millionen waren verbannt worden.[10]

In Magadan, einem Zentrum des stalinistischen Terrors im Fernen Osten Russlands, erinnert seit 1996 an einem Berghang die »Maske der Trauer«, ein 15 Meter hohes Monument des Bildhauers Ernst Njeiswestnyi, an die Opfer der Stalin'schen Repression. Es gibt nicht viele solcher Mahnmale in Russland, schon gar nicht im Vergleich zu der Unmenge an Lenin-Denkmälern, die man nach wie vor auf den Hauptplätzen fast aller Städte findet. Die Aufarbeitung der Geschichte des GULag-Systems ist in Russland nach 1991 nur langsam in Gang gekommen. Wie in den meisten anderen Sowjetrepubliken auch, gab es keinen Elitenwechsel, und Verdrängungsmechanismen funktionieren gut. Der Sieg der Sowjetunion im »Großen Vaterländischen Krieg« – die übliche Bezeichnung für den Zweiten Weltkrieg – gehört zur den historischen Ereignissen, aus denen die Sowjetunion Selbstbewusstsein und Patriotismus schöpfte. Heute vereint der 9. Mai, der »Tag des Sieges über den Hitlerfaschismus«, Russland nach wie vor mit anderen vormaligen Sowjetrepubliken, in denen er als Feiertag begangen wird. Da tritt zuweilen in den Hintergrund, dass durch Stalin Millionen eigener Landsleute Repressionen ausgesetzt waren oder ihr Leben lassen mussten. Ausländer, die heute in Wolgograd, dem ehemaligen Stalingrad, das Monument »Mutter Heimat« besuchen, das die Stadt überragt und an die gefallenen sowjetischen Soldaten in der Schlacht bei Stalingrad erinnert, wundern sich über die Kontinuität der Zurschaustellung sowjetischer Geschichte. Viele Menschen, die in der Sowjetunion groß geworden sind, haben damit kein Problem. Nach wie vor gilt Stalin nicht nur als Diktator, sondern auch als großer Kriegsherr und Modernisierer der UdSSR.

Und das, obwohl man wohl bis heute auf dem Gebiet der einstigen kommunistischen Weltmacht kaum eine Familie trifft, deren Vorfahren nicht in irgendeiner Weise von den Ereignissen dieser Schreckensperiode betroffen waren.

Nicht nur Stalin, sondern auch Hitler erfreut sich in den postsowjetischen Ländern einer gewissen Popularität. Dies zugegebenermaßen nicht bei der Generation, die den Zweiten Weltkrieg und die Verbrechen der Nationalsozialisten in der UdSSR miterlebt hat, aber bei deren Nachkommen und bei vielen jungen Menschen. Dutzende Male wurde uns gesagt, wie sehr man Hitler bewundere. Egal ob im heutigen Russland, im Kaukasus oder in Mittelasien: Eine Neigung zu autoritären Führungsfiguren ist unverkennbar.

Außer der Erinnerung an die Stalin-Epoche und ihre nachwirkenden Folgen verbindet die Sowjetmenschen ein Ereignis aus der letzten Epoche der Sowjetunion: der Afghanistankrieg. Zwischen 1979 und 1989 verloren 12 000 sowjetische Soldaten dort ihr Leben. Oft wurden sie in aller Heimlichkeit beigesetzt.

Reste eines Straflagers im Fernen Osten

Im usbekischen Taschkent besuchten wir 2011 den Städtischen Friedhof Nr. 2. Nach russisch-orthodoxem Brauch sah man auf den Grabsteinen Bilder der Bestatteten. Auf Hunderten von ihnen schauten wir in die Gesichter blutjunger Männer, manche von ihnen hatten mit 18 Jahren ihr Leben geben müssen. Die Sterbedaten lagen alle in den 1980er Jahren. Die Jungen waren im Kampf gegen die von den USA mit Geld und Waffen ausgestatteten Mudschaheddin, aus denen später die Taliban hervorgingen, gefallen.

Der Feldzug war unpopulär gewesen. »Während des afghanischen Krieges habe ich zum ersten Mal an unseren Massenmedien gezweifelt«, sagte ein Afghanistanveteran. »Nicht nur ich, sondern die meisten Offiziere. Unsere Soldaten starben oder wurden verletzt, und die Zeitungen schrieben, dass wir an den Kampfhandlungen nicht teilnehmen. (...) Es war unmöglich, unseren Soldaten zu erklären, warum wir da waren.«[11] Bei einer Umfrage der populären Moskauer Zeitung *Komsomolskaja Prawda* im Jahr 1989 antworteten 46 Prozent der Befragten, der Krieg sei eine »nationale Schande« gewesen. Nur zehn Prozent antworteten: »Es war unsere internationale Pflicht.«[12]

Als der Regisseur Fjodor Bondartschuk im Jahre 2005 erstmals einen Film in die Kinos brachte, der sich mit dem sowjetischen Krieg in Afghanistan auseinandersetzte, wurde er von Tallinn über Moskau nach Taschkent zum Verkaufsschlager. Die brutalen Bilder in »9 Rota« (»Die neunte Kompanie«) handeln von einer Einheit, die am Hindukusch gegen die Mudschaheddin kämpft. Eine Gruppe junger Freiwilliger wird zunächst mit Drill und Schikanen zu Soldaten ausgebildet und schließlich nach Afghanistan entsandt. Hier erleben die jungen Männer die Grausamkeit eines blutigen Partisanenkrieges. In einer abgelegenen Stellung im Gebirge wird ihr Lager von den Mudschaheddin gestürmt. Verstärkung trifft erst ein, als nur noch ein einziger Soldat übriggeblieben ist. Der Pilot eines Kampfhubschraubers erzählt dem Überlebenden, dass der Krieg zu Ende sei.

16 Jahre nach dem Kriegsende: Besuch eines Filmtheaters in Uljanowsk, dem einstigen Simbirsk. Simbirsk war 1924 nach seinem berühmtesten Sohn, Wladimir Iljitsch Uljanow (Lenin), benannt worden. Im Kino lief bereits die sechste Woche »9 Rota«. Der Kinosaal war bis auf den letzten Platz ausverkauft. Im Zwischengang saß ein Mann Mitte 40 in einem Rollstuhl. Er hatte keine Beine mehr, und sein rechter Arm war bis zum Ellenbogen amputiert. Nach dem Film erzählte er, dass er bis 1987 als Unteroffizier der Sowjetarmee in Afghanistan im Einsatz gewesen war. Dann sprengte eine Mine sein Militärfahrzeug in die Luft. Drei seiner Kameraden verloren dabei ihr Leben, er wurde zum Krüppel. Es sei das erste Mal, dass er sich diesen Film ansehe, sagte er. Sechs Wochen habe er mit sich gekämpft, dann sei er zum Kino gefahren. Er hasste Afghanistan, doch er wollte sich beweisen, für diesen Film nicht zu schwach zu sein.

Wyssozki und Salat »Oliwje«

Neben Stalin und Afghanistan, kommunistischer Ideologie und Krieg, sind die Menschen, die heute in den Nachfolgerepubliken der Sowjetunion leben, aber auch durch Gewohnheiten und Erinnerungen aus den Nischen der Sowjetdiktatur miteinander verbunden geblieben. Von der Ukraine bis nach Kirgistan hört man die gleiche Musik, mag die gleichen Filme, pflegt die gleichen Bräuche und versteht die gleichen Witze, wobei sich die sogenannten Radio-Jerewan-Witze besonderer Beliebtheit erfreuten und erfreuen. Bei ihnen stellen interessierte Bürger einer fiktiven Rundfunkstation in Armenien Fragen, die dann scheinbar kompetent beantwortet werden: »Ist es wahr, dass es ein Wettrennen zwischen Chruschtschow und Kennedy gegeben hat?« Antwort: »Im Prinzip ja. Genosse Chruschtschow belegte einen ehrenvollen zweiten Platz, wohingegen Kennedy Vorletzter wurde. Oder: »Ist es wahr, dass der Kapitalismus am Abgrund steht? Im Prinzip ja, aber der Sozialismus ist schon einen Schritt weiter!« Die Witze blieben bis heute erhalten, teilweise wurden sie unpolitischer, teilweise setzen sie sich mit neuen Absurditäten in den neuen Republiken auseinander: »Darf man Pilze aus Tschernobyl wieder essen?« – »Im Prinzip ja, aber nur, wenn die Toilette nicht an die öffentliche Kanalisation angeschlossen ist.«

Aus dem kollektiven Gedächtnis der früheren Sowjetbürger nicht wegzudenken ist der Liedermacher, Regimekritiker, Schauspieler und Dichter Wladimir Wyssozki. Er starb im Sommer 1980 einen frühen und einen sehr russischen Tod. Mit nur 42 Jahren erlag er einer Kehlblutung. Jahrelanger, exzessiver Alkoholgenuss und die Überanstrengung der Stimme hatten seinem Körper die Kraft genommen. Seine Musik ist dagegen legendär geblieben. Wladimir Wyssozki gehörte zum Ensemble des berühmten Moskauer Taganka-Theaters. Wenn er dort auftrat, aber vor allem bei seinen Live-Konzerten, lagen ihm die Menschen zu Füßen. Das Regime hatte Angst vor seinen Liedern. Sie waren kritisch, anklagend und melancholisch zugleich. Aber es war eigenartig, selbst Funktionäre schienen sie zu lieben. Im Taganka-Theater standen Studenten rund um die Uhr, sich gegenseitig ablösend, nach Karten an. Wyssozki galt als einer von ihnen: Ein Russe, ein Sowjetmensch und ein kritischer Geist mit unwahrscheinlich viel Seele und Gefühl.

Als er starb, fanden in Moskau gerade die Olympischen Spiele statt. Sie standen durch den Afghanistan-Krieg ohnehin unter einem ungünstigen Stern, die meisten westlichen Länder boykottierten sie. Am liebsten hätten die sowjetischen Behörden Wyssozkis Tod bis zum Ende der Spiele verschwiegen, doch die Nachricht verbreitete sich in der gesamten UdSSR wie ein Lauffeuer. Alexej erinnert sich: »Die Menschen weinten auf den Straßen.« Wyssozkis Beisetzung auf dem Moskauer Wagankower Friedhof geriet zur ersten nicht staatlich genehmigten Großdemonstration. Das Taganka-Theater umgab ein wahres Meer von Blumen, und in den Jahrzehnten, die nach Wyssozkis Tod vergangen sind, hat es vermutlich keinen Tag gegeben, an dem keine Blumen an seinem Grab niedergelegt worden sind.

Früher wurde Wyssozkis Musik beim Plattenverlag »Melodia« verlegt. Die wichtigste Verbreitungsquelle waren aber umständlich angefertigte Kopien von Tonbandmitschnitten seiner Live-Konzerte. Heute, über 30 Jahre nach seinem Tod, kann man seine Musik nach wie vor auf jedem der Tausenden wilden CD-Märkte erwerben, die es in den postsowjetischen Ländern gibt.

Ein anderer Künstler, Jossif Kobson, manchmal der »russische Sinatra« genannt, wurde nicht mit regimekritischen, sondern mit patriotischen Liedern berühmt. Er konnte seine Karriere ins neue Russland retten. Wenn er heute, mit über 70 Jahren, schwarzer Perücke und vibrierendem Bass die Weite von »Mütterchen Russland« besingt oder wie seit gefühlten 50 Jahren pünktlich an jedem 9. Mai die heimliche sowjetische und russische Hymne, »Djen Pobeda« (»Tag des Sieges«), intoniert, läuft den Menschen zwischen Kiew und Bischkek ein Schauer über den Rücken.

Größter Berühmtheit erfreut sich die zur Popdiva gewordene sowjetische Schlagersängerin Alla Pugatschowa. Aber auch sowjetische Stargruppen bzw. Stars wie Yalla (Usbekistan), Pesniary (Weißrussland) oder Rosa Rymbajewa (Kasachstan), Gunesch (Aserbaidschan) füllen noch heute in jedem beliebigen Land der früheren UdSSR die größten Säle.

Regelmäßig zum Neujahrstag flimmert in Riga, St. Petersburg oder Tiflis »Ironiya sudby, ilis legkim parom!« (»Die Ironie des Schicksals oder genieße dein Bad!«), eine melancholische Filmkomödie von Eldar Rjasanow aus dem Jahre 1975 über die Fernsehbildschirme. Spätestens hier scheinen alljährlich Balten, Russen, Kaukasier und Mittelasiaten für einen kurzen Moment wieder vereint zu sein. Der Film genießt Kultstatus, seine Handlung aus der Sowjetzeit kennt jedes Kind: Überall in der Sowjetunion ähnelten sich die Plattenbauten, und auch die Anzahl der Kommunisten, nach denen man Straßen benennen konnte, war begrenzt. Die Komödie erzählt die tragikomische Geschichte Jewgenis, der nach Moskau fliegen will, um seiner Freundin Nadja einen Heiratsantrag zu machen. Am Vorabend betrinkt er sich mit Freunden, verwechselt den Flug und landet in Leningrad, wo er schließlich in einer Straße, die den gleichen Namen trägt wie die in Moskau, ankommt. Auch das Haus sieht genauso aus wie das, was er kennt. Nur die Frau ist eine andere.

Vereint fühlt man sich in vielen postsowjetischen Staaten auch durch Feiertage, in Traditionen und Gewohnheiten. Am 23. Februar wurde einst offiziell der »Tag der Sowjetarmee« und inoffiziell der »Männertag« gefeiert. Die Sowjetarmee existiert seit 1991 nicht mehr, der »Männertag« ist geblieben. Auch der 8. März, der Internationale Frauentag, hat für die Frauen in den sowjetischen Nachfolgeländern eine besondere Bedeutung und ist genauso präsent wie bei uns der Muttertag. Von Riga bis Taschkent und von St. Petersburg bis Aschgabat werden die Frauen beschenkt, in der Regel ruht die Arbeit. Am 1. Januar, dem Neujahrstag, wird der »Jolka« (Neujahrstanne) als krönende Spitze oft heute noch ein roter Stern aufgesetzt.

Viele Essgewohnheiten haben – nicht immer im Interesse der Gesundheit – die Sowjetunion überlebt. Mayonnaise gehört zu den Grundnahrungsmitteln, und den sowjetischen Salat »Oliwje«, ein kalorienreicher Fleisch-Kartoffel-Salat, kennt vom Polarmeer bis an die afghanische Grenze und vom weißrussischen Bresk bis nach Sachalin jeder Bewohner. Die bekannteste und beliebteste Schokoladenmarke ist für Russen, Ukrainer, Usbeken und Armenier auch nach dem Ende der Sowjetzeit noch »Roter Oktober« (»Krasny Oktjabr«). Borschtsch und Soljanka, populäre russische Vorsuppen, mag man nicht nur in Russland, sondern überall in der ehemaligen Sowjetunion. In Moskau ist die frühere UdSSR zumindest gastronomisch noch intakt. Hier findet man Restaurants aus allen einstigen Teilrepubliken, wobei die georgische und die usbekische Küchen die populärsten sind.

Wer gern im Restaurant isst und dazu Wert auf gute Tischsitten legt, sollte sich bei Reisen im postsowjetischen Raum dennoch ab und zu Enthaltsamkeit auferlegen. Natürlich gibt es heute in allen Großstätten edle Restaurants, die europäischem Standard nicht im Mindesten nachstehen. Aber gerade in den Provinzen, egal ob in Russland, der Ukraine, Weißrussland oder der Moldawien, und egal ob im Südkaukasus oder in Mittelasien, findet man eine Unmenge von »gastronomischen Einrichtungen«, in denen sich eine ganz eigene Kultur durchgesetzt hat. Sänger versuchen, mit Synthesizer und Stimme die obligatorisch laufenden Fernseher zu überstimmen. Kellner servieren mit verschwitzten Hemden zeitgleich kalt gewordene Vor- und Hauptgerichte, und die Kunden lassen es sich gut schmecken, indem sie – die Gabel in der rechten und ein Stück Brot in der linken Hand, ihr Haupt in Richtung Teller neigen und manchmal auch gut hörbar ihre Zufriedenheit zeigen. Wem durch den Besuch der sanitären Anlagen der Appetit nicht verdorben worden ist, bleibt in der Regel nur, die mittlerweile überall recht ordentlichen Biere zu genießen.

»Ein besseres Bier als Wodka gibt es nicht!«, besagt ein Sprichwort. Wodka, davon sind die meisten früheren Sowjetbürger überzeugt, hat heilsame Wirkung. Er hilft nicht nur bei Stimmungstiefs, sondern auch bei Krankheiten. Bei Erkältungen reibt man sich mit Wodka ein. Bei Magenverstimmungen trinkt man ihn mit viel Salz, und ohne Salz trinkt man ihn zur besseren Verdauung oder einfach so. Wodka ist wegen seines noch geringen Preises und der vergleichsweise großen »Wirkung« nach wie vor eines der bevorzugten Getränke auf dem Gebiet der früheren Sowjetunion.

Alexejs Eltern haben vor kurzem in Taschkent einem jungen Straßenhund das Leben gerettet. Als das Tier einmal krank wurde, riefen sie einen Tierarzt. Dessen Rezept war einfach: Wodka. Ihm wurde die Schnauze aufgehalten und drei Esslöffel eingeflößt. Am nächsten Tag, so der Arzt, sollte man die Prozedur aber nicht wiederholen, dann sei Rotwein angebracht. Dem Tier bekam es gut!

In den muslimisch geprägten Regionen der ehemaligen UdSSR nimmt man es mit dem vom Propheten Mohammed verordneten Alkoholverbot nicht allzu ernst. Mit einem befreundeten Imam in Mittelasien tranken wir manchmal Wodka. Wichtig war ihm nur, dass Allah es nicht merkt. Deshalb nannte der gläubige Mann den Wodka »weißen Tee« und schenkte ihn aus einer Teekanne ein.

Entgegen der weitverbreiteten Annahme sind heute aber weder die Russen noch die anderen Völker der GUS Weltmeister im Alkoholverbrauch. Während ein Erwachsener in Deutschland im Jahresdurchschnitt 11,8 Liter und in der Schweiz 10,1 Liter reinen Alkohols zu sich nimmt, sind es in Russland 11,0 Liter. Im postsowjetischen Vergleich liegen die Russen damit hinter Estland mit stolzen 13,8 Litern, Litauen mit 12 Litern und Weißrussland mit 11,2 Liter an vierter Stelle. Ganz am Ende der Statistik finden sich Kasachstan (6,1 Liter), Kirgistan (3,2 Liter), Turkmenistan (2,3 Liter) und Usbekistan (1,6 Liter). Tadschikistan bildet in dieser Hinsicht mit 0,4 Litern Pro-Kopf-Verbrauch das Schlusslicht.[13] Die zunehmende Islamisierung der früheren mittelasiatischen Sowjetrepubliken zeigt ihre Wirkung.

Sowjetnostalgie

Bei einer Umfrage unter der russischen Bevölkerung, durchgeführt von *Radio Moskau* im Dezember 2010, antworteten auf die Frage: »Der Sowjetmensch – War das ein ideologischer Mythos oder eine historische Errungenschaft?«,[14] 94 Prozent mit »eine historische Errungenschaft«. Diese hohe Zustimmungszahl verwundert 20 Jahre nach dem Untergang der UdSSR umso mehr, da sich unter den Befragten vergleichsweise viele junge Leute befanden, die die Sowjetunion aus eigener Anschauung nicht mehr kennen. Diese Befragung korrespondierte mit den Ergebnissen der Umfrage eines bekannten russischen Internetportals aus dem gleichen Jahr. Die Internetnutzer wurden gefragt, ob sie heute gern unter der Sowjetmacht leben würden. Dabei wurde präzisiert, dass »die Sowjetmacht so verstanden wird, wie sie aus Filmen und Wochenschauen, aus Belletristik und aus Dokumenten gekannt wird«, also einschließlich all ihrer Verbrechen. Dennoch antworteten 68 Prozent der Befragten mit »ja«, »nein« sagten lediglich 30 Prozent.[15]

Die Zustimmung zur Sowjetunion ist in Russland am höchsten, aber auch in den anderen Nachfolgerepubliken betrachtet man die Sowjetunion mit nostalgischen Gefühlen. In Litauen, das sich 1990 zuerst und am kraftvollsten von Moskau losgesagt hatte, gaben über 50 Prozent der Litauer an, »dass es zu Sowjetzeiten mehr Demokratie und ein besseres Gesundheitssystem gab und dass Menschenrechte mehr respektiert wurden als heute«.[16] Die Sowjetunion kommt in Litauen wieder in Mode. 120 Kilometer von der litauischen Hauptstadt Wilna entfernt, gibt es den »Stalin-Freizeitpark« (Gruto-Park). Für 20 Litas, ungefähr 2 Euro, können Besucher in die Vergangenheit eintauchen. Auch der »Sowjetbunker«, ein vor den Toren Wilnas gelegenes Theater surft seit 2008 auf einer Welle der Nostalgie. Hier herrscht jedoch ein strenger Ton. KGB-Agenten-Schauspieler brüllen die GULag-Touristen während der Vorstellungen auf Russisch an, zwingen sie zu Liegestützen und sperren sie bei Ungehorsam in Zellen.

In Moldawien sehnt sich fast die Hälfte der Bürger in die Sowjetunion zurück. Das ergab eine vom Institut für Gesellschaftspolitik in Chişinău in Auftrag gegebene Repräsentativumfrage. Die Bewohner der Republik Moldawien wurden befragt, was sie mit ihrer Sehnsucht nach der Sowjetunion verbinden. Die Mehrzahl antwortete, dass es die öffentliche Ordnung und die soziale Sicherheit seien. Sie glaubten, dass man in der Sowjetunion entspannter und komfortabler gelebt hätte.[17]

Selbst in Georgien, dem Präsident Micheil Saakaschwili im Jahre 2008 einen Krieg gegen Russland aufzwang, steht Sowjetnostalgie hoch im Kurs. Das Museum in Stalins Geburtshaus in Gori wird betrieben wie einst in der Sowjetzeit. Änderungen in der Ausstellungskonzeption sucht man vergebens.

In vielen Ländern der früheren Sowjetunion vermisst man soziale Sicherheit und Stabilität, das ist der wesentliche Grund für die Sehnsucht nach alten Zeiten. Nach dem Zusammenbruch der Sowjetunion traf der Kapitalismus, so sehen es die ehemaligen Bürger der UdSSR selbst, auf naive und unvorbereitete Menschen, denen Staats- und Bankenpleiten sowie der Verlust der Arbeit sozial und materiell all das nahm, was sie aus der Sowjetunion mitgebracht hatten. Nur eine schmale Schicht, mit guten Beziehungen zur alten und neuen Macht, und oft mit KGB-, Partei- bzw. Komsomolvergangenheit,[18] konnte sich in der neuen Gesellschaft rasch durchsetzen und bildet die neue Oberschicht der Oligarchen.

Schon vor einigen Jahren wunderten wir uns über Alexejs seltsame E-Mail-Adresse. Die Domaine war weder »ru« für Russland noch war es eine der in Amerika und Europa verbreiteten »com«-Domains. Seine E-Mail-Adresse endete auf »su«, und das steht für nichts anderes als »Sowjetunion«. Die »su«-Domain wurde im September 1990, reichlich ein Jahr vor dem Auseinanderbrechen der SU, eingerichtet. Russland bekam später die Endung »ru«, auch die anderen 14 Republiken erhielten jeweils eigene Endungen. Die Besitzer von »su« weigerten sich jedoch, die Umstellung auf die neuen Domains mitzumachen, und so blieb sie bis heute nicht nur bestehen, sondern sie ist modern geworden. Zunächst wurde die »su«-Domain nur weiter geduldet, es durften jedoch keine neuen Adressen vergeben

In Taschkent stand bis 1992 das höchste Lenin-Denkmal der Sowjetunion. Auf dem Sockel thront heute eine Weltkugel mit den überdimensionalen Umrissen Usbekistans

werden. Allerdings war es technisch möglich, Unteradressen anzulegen, weshalb die Zahl der Webseiten schon in den 1990er Jahren zunahm. 2001 wurden dann alle Beschränkungen aufgehoben. Wir haben es probiert. Es war kein Problem, uns die E-Mail-Adresse »kunze_vogel@e-mail.su« einzurichten. Sie funktioniert.

Leninkult in der früheren Sowjetunion

Um zu erfahren, inwieweit sich die 15 ehemaligen Sowjetrepubliken 20 Jahre nach dem Zusammenbruch der Sowjetunion noch in der Tradition des einstigen kommunistischen Imperiums sehen, reicht es oft, sich auf Reisen anzusehen, wo noch Denkmäler von Wladimir Iljitsch Lenin, dem Gründervater der Sowjetunion, stehen geblieben und wo sie geschliffen worden sind.

Am schnellsten wurde Lenin im Baltikum abgeräumt. Im Südkaukasus blieben einige Denkmäler erhalten, auch in der Ukraine findet man ab und zu noch Lenin im Stadtbild. In Moldawien, in Weißrussland und in Russland geht man versöhnlich mit dem Führer der Oktoberrevolution um. In den meisten Städten stehen Lenin-Denkmäler nach wie vor auf dem zentralen Platz.

Das größte Lenin-Denkmal auf dem Territorium der früheren UdSSR stand in Taschkent. 40 Meter ragte es auf dem heutigen

Kommunisten demonstrieren 2009 in Moskau gegen Pläne, Lenin aus dem Mausoleum umzubetten.

Platz der Unabhängigkeit gen Himmel. 1991 wurde es abmontiert, nur der Sockel blieb erhalten. Auf dem thront jetzt eine riesige Weltkugel mit den überdimensionierten Umrissen des unabhängigen Usbekistan. Der Name Lenins verschwand, genauso wie die anderen Namen früherer Sowjethelden, in Usbekistan auch als Straßenname. Ähnlich ist es im Nachbarland Turkmenistan. In den anderen drei mittelasiatischen Ländern, in Kasachstan, Kirgistan und Tadschikistan, war man weniger konsequent. Dort wurden nur wenige Lenin-Denkmäler abgerissen.

Das berühmteste Bauwerk der Sowjetzeit war das Lenin-Mausoleum in Moskau. Während damals Abermillionen Menschen an Lenins Leichnam vorbeidefilierten und sich die Schlange der Wartenden mäandergleich über den Roten Platz zog, ist der Andrang heute geringer. Anfang der 1990er Jahre gab es erstmals Überlegungen, Lenin, die berühmteste Mumie der Sowjetunion, auszulagern und zu bestatten. Das heutige Lenin-Mausoleum ist der dritte Bau an dieser Stelle. So wie es heute dort steht, wurde es im Jahre 1930 nach Entwürfen des Architekten Alexej W. Schtschusew errichtet. Bis dahin lag Lenin in zwei Vorgängerbauten.[19] Als in Russland Diskussionen über die Umbettung Lenins aufkamen, regte sich rasch erstaunlicher Widerstand. Mehr als die Hälfte der Bürger Russlands ist Lenin gegenüber immer noch positiv eingestellt.[20] Boris Jelzin, der 1991 die KPdSU in Russland verboten hatte, schaffte es während seiner gesamten Amtszeit nicht, Lenins Umbettung durchzusetzen. Er ließ 1993 lediglich die Ehrenwachen vor dem Gebäude abziehen. 2007 flackerte die Debatte um die Schließung des Mausoleums erneut auf. Wladimir Koschin, Leiter der Präsidialverwaltung des Kremls, schlug vor, ein Referendum über die Beerdigung Lenins durchzuführen. Die russisch-orthodoxe Kirche spricht sich seit langem für die Schließung des Mausoleums aus: »Die Aufbewahrung der Lenin-Mumie mitten in Moskau ist ›einfach ekelerregend‹.«[21] Die gleiche Meinung vertritt Russlands oberster Mufti. Er rief dazu auf, diesen gottlosen Mann den Kommunisten zu überstellen, die sollten Geld für ein eigenes Mausoleum sammeln, in dem sie den Alten dann ausstellen könnten. Es sei unakzeptabel, dass der Staat noch immer das Aufpäppeln der Leiche finanziere.[22] 2011 wurde erneut über den Verbleib von Lenin im Moskauer Mausoleum diskutiert. Die Debatte brachte diesmal die einflussreichste russische Partei »Einiges Russland« unter ihrem Vorsitzenden Wladimir Putin in Gang. Auf der Internetseite www.goodbyelenin.ru, die von der Partei eingerichtet wurde, können die Russen abstimmen, ob sie »die Idee der weiteren Aufbewahrung des Körpers von W.I.Lenin« unterstützen oder nicht. Ein Ergebnis lag bei Redaktionsschluss dieses Buches noch nicht vor.

Das Mausoleum wird noch bewacht, man kann es an drei Tagen in der Woche besuchen. Nur die Zigaretten rauchenden, gelangweilten und mit Handys telefonierenden »Milizionäre« davor, die seit einem Erlass von Russlands Präsidenten Medwedjew aus dem Jahre 2010 nun ganz europäisch »Polizisten« heißen, bieten ein höchst unsowjetisches Erscheinungsbild.

Die erste Begegnung mit Gorbatschow

Bevor Thomas Vogel und ich 2009 mit Michail Gorbatschow in München sprachen, hatte ich ihn in Moskau kennengelernt, wo ich bis 2007 das Büro der deutschen Konrad-Adenauer-Stiftung leitete.

Ich wohnte in Moskau in der Romanow-Gasse in einer Wohnung mit historischem Hintergrund. Bis Ende der 1920er Jahre hatte hier Lenins Bruder Dmitri Uljanow gelebt, danach zog der

»zweite Mann« der Sowjetunion ein: Wjatscheslaw Molotow, Stalins langjähriger Premier und Außenminister, der unter Nikita Chruschtschow in Ungnade fiel. Die Hausverwaltung untersteht nach wie vor einem »Kommandanten«, eine passende Bezeichnung für die resolute Dame, die einst als Verwaltungsdirektorin im Bolschoi-Theater gearbeitet hatte. Ihr wiederum unterstehen Dutzende von »Deschurnajas«: Rentnerinnen, die rund um die Uhr in den kleinen Zimmerchen sitzen, die es in jedem Hausaufgang gibt und die das Kommen und Gehen der Bewohner und ihrer Gäste beobachten. Mit meinem Wunsch, an einem der Wohnungsfenster eine Satellitenanlage anzubringen, machte ich mich von Beginn an nachhaltig verdächtig. Die Bearbeitung meines Antrages durch die »Kommandantin« nahm zwei Wochen in Anspruch, schließlich wisse man ja nicht, was ich vorhätte, und der Kreml läge nur 300 Meter entfernt. Tamara Alexandrowna, so ihr Name, beschimpfte meinen Fahrer, warum er als Russe für »einen deutschen Spion« arbeite.

Im Mai 2007 hatte sich der letzte DDR-Ministerpräsident, Lothar de Maizière, zu einem Besuch in Moskau angesagt, um den »Petersburger Dialog« vorzubereiten. An einem Abend war er bei mir zu Hause zu Gast. Ich hatte auch Gorbatschow eingeladen, und zu meiner Freude sagte er zu. Kurz vor seinem Eintreffen erschienen einige Polizisten mit Hunden, die die Wohnung abschnüffelten, aber insgesamt wurde für den Mann, der einst die Welt veränderte, wenig Aufwand getrieben. Ihm steht als ehemaligem Präsidenten noch ein Auto mit Chauffeur zu. Ansonsten genießt er keine staatlichen Privilegien, und er sucht sie auch nicht. Heute ist für ihn die »Internationale nichtstaatliche Stiftung für sozialwirtschaftliche und politische Forschung«, auch Gorbatschow-Stiftung genannt, am wichtigsten. 1992 hat er sie ins Leben gerufen. Vortragsreisen führen ihn vor allem nach Europa und in die USA, er lebt gut davon. Nach dem Tod seiner über alles geliebten Frau Raissa, die 1999 starb, begleitet ihn meist seine Tochter Irina.

Tamara Alexandrowna, die »Kommandantin«, die über seinen Besuch bei mir zu Hause über ihre »Kanäle« vorab informiert worden war, machte gute Mine zum bösen Spiel. Zwar sagte sie ihren »Deschurnajas«, dass er ein »Verräter an der Sowjetunion« sei, wenn er käme, solle man sich aber dennoch etwas besser anziehen als sonst.

Der »Antiheld«

Michail Gorbatschow hat während seiner Amtszeit als KPdSU-Generalsekretär und Staatsoberhaupt der Sowjetunion begonnen, mit den Verbrechen des Stalinismus abzurechnen. Sowjetische Geheimarchive wurden erstmals zugänglich gemacht. Die Bevölkerung dankte es ihm nicht. »War die Perestroika ein Ausweg aus einer Sackgasse oder eine Katastrophe?«, fragte Radio Moskau im Dezember 2010 in der gleichen Sendung, in der es auch über den Sowjetmenschen diskutierte. Nur für sieben Prozent der Zuhörer bedeutete Perestroika ein »Ausweg aus der Sackgasse«, 93 Prozent sagten, es sei »eine Katastrophe« gewesen.[23]

Da uns diese Zahl erstaunlich hoch erschien, schauten wir uns die »Beliebtheitsstatistiken« russischer bzw. sowjetischer Politiker genauer an. In der russischen Fernsehshow »Der Name Russlands« wählten die Zuschauer 2008 Alexander Newski, Peter den Großen und Josef Stalin zu den bedeutendsten Personen der russischen Geschichte.[24] Auf den ersten zehn Plätzen waren ansonsten keine Personen vertreten, welche die Entwicklung der Sowjetunion und Russlands in den letzten 50 Jahren gestaltet hatten. Insgesamt waren von den Redakteuren der Fernsehshow 500 Personen nominiert worden. Der Name Michail Gorbatschow tauchte in der Liste gar nicht erst auf.[25]

Als Gorbatschow 1985 an die Macht kam, wurde der für einen kommunistischen Funktionär ungewöhnlich eloquente Politiker rasch beliebt. Durch seine Jugendlichkeit hob er sich von seiner Umgebung ab. Selbst nach den wirtschaftlich schweren Jahren wurde Gorbatschow im April 1989 von 55 Prozent der sowjetischen Bevölkerung noch als »Mann des Jahres« gefeiert.[26] Danach begann sich die öffentliche Meinung zu ändern, und seine Beliebtheit nahm in rasantem Tempo ab. Dafür ausschlaggebende Faktoren waren die immer stärker werdenden wirtschaftlichen Probleme, Spannungen zwischen ethnischen Bevölkerungsgruppen sowie ein schlechter Umgang mit den aus Afghanistan heimkehrenden Soldaten.[27] Die Kritik am Führungsstil Gorbatschows wuchs. Die Sowjetbürger vermissten eine »starke Hand«.

Heute erinnern sich in Russland, Weißrussland und der Ukraine die wenigsten gern an Gorbatschow.[28] Natürlich gibt es Ausnahmen und große Verehrer, doch wird er von den meisten als

Totengräber des Sowjetimperiums, Landesverräter und Kollaborateur mit dem Westen gesehen. Dies lässt sich bis zur »Dolchstoßlegende« fortführen, wonach hinter Gorbatschow eine »hinterhältige Verschwörung des Westens« stand, der die Sowjetunion, »im Felde unbesiegt«, zum Opfer fiel.[29]

Im Westen hingegen erfreut sich Michail Gorbatschow nach wie vor großer Beliebtheit. Das Schweizer Fernsehen hatte eine überdurchschnittlich hohe Einschaltquote, als 2009 das in München gedrehte Interview mit ihm ausgestrahlt wurde. Auch ein Blick auf die Liste an Auszeichnungen, Orden und Preisen, die Gorbatschow in den letzten 25 Jahren bekommen hat, zeigt den Kontrast zum postsowjetischen Raum. Die überwiegende Mehrheit der Ehrungen kommt von westlichen bzw. internationalen Organisationen, nur einige wenige von russischer Seite.[30] Das *Time Magazine* schrieb 1989 in seiner Begründung für die Wahl Gorbatschows zum »Mann des Jahrzehnts«, dass er mit seiner »kraftvollen, zunehmenden und symbolischen Präsenz«[31] die Wahrnehmung der Weltöffentlichkeit für sich gewonnen habe. Er symbolisiert für den Westen das Ende des Ost-West-Konflikts und die friedliche Wiedervereinigung Deutschlands. Gerade für die Deutschen ist der Name Gorbatschow mit dem Ende der Teilung Deutschlands und neuerlangter Freiheit verbunden. Sein Land jedoch liebt ihn nicht. Als Michail Gorbatschow im März 2011 seinen 80. Geburtstag beging, feierte er ihn nicht in Moskau, sondern in London.

Von Lenin zu Manas: Neue nationale Identitäten

Die Sowjetunion war Ende 1991 von der Weltkarte verschwunden. Ihre Symbole und ihre Ideologie gab es nicht mehr. Manche Sowjetrepubliken fanden sich erstmals mit einer eigenen Staatlichkeit wieder. Um ein selbständiges Nationalbewusstsein zu begründen und ihre eigene nationale Identität zu legitimieren, griffen sie auf Personen, Volksgruppen oder Reiche zurück, die vormals auf ihrem Staatsgebiet existierten. Ihre neue Unabhängigkeit untermauern sie mit dem Verweis auf »Goldene Ären«, die es früher einmal gab. Oftmals stießen die postsowjetischen Republiken auf Schwierigkeiten, an eine frühere Identität anzuknüpfen, da die Grenzen der heutigen Staaten zumeist einzig und allein auf die Grenzziehungs- und Nationalitätenpolitik der Sowjetunion zurückzuführen ist. Zur Legitimation des neuen

Nationalstaates mussten deshalb manchmal fragwürdige historische Rückgriffe vorgenommen oder einfach die nötigen Traditionen erfunden werden. Orte, Symbole und Ereignisse wurden mitunter aus dem historischen Kontext gerissen und in eine nationale Geschichte eingerückt. Doch ohne Rückgriff auf Mythen oder Legenden und ohne Zukunftsvisionen wäre es nicht möglich gewesen, ein neues Zugehörigkeitsgefühl zu einem neuen Staatsvolk zu schaffen.

Für Russland als Nachfolgestaat der Sowjetunion war die Suche nach nationaler Identität und nach dem Konzept eines neuen Staatsverständnisses besonders schwierig. Die Russische Föderation stand nicht nur innenpolitisch und ökonomisch vor enormen Transformationsaufgaben. Geopolitisch musste sich die einstige Weltmacht damit abfinden, diese Rolle auf Jahre, wenn nicht Jahrzehnte verloren zu geben, was bei russischen Eliten, aber auch bei der Mehrheit der Bevölkerung, eine Art psychologisches Trauma auslöste. Nach dem Zusammenbruch der Sowjetunion wurde bereits in der Jelzin-Ära der Ruf nach Rückerlangung verlorener Stärke und Macht laut. Viele haben Jelzin aber vor allem wegen seines Alkoholkonsums und einiger peinlicher Auftritte im Ausland in Erinnerung. Unter seiner Präsidentschaft schlitterte Russland von einer Krise in die nächste. Vom Westen als Demokrat gefeiert, betrachten die meisten Russen die 1990er Jahre unter Jelzin im Rückblick als eine Zeit, in der sie durch einen De-facto-Staatsbankrott im Jahre 1998 nicht nur ihr Hab und Gut verloren, sondern Clanwirtschaft und Oligarchentum entstanden. Jelzins Nachfolger, Wladimir Putin, schaffte es im 21. Jahrhundert, Russland ein Stück weit wieder zu konsolidieren. Unter ihm wurde das Land zu einem ernster zu nehmenden Akteur auf der Weltbühne. Die Popularität, die er in Russland genießt, verdankt er auch geschickten Rückgriffen auf die Sowjetvergangenheit. Als er für die von Jelzin verbannte Nationalhymne der Sowjetzeit 2001 einen neuen Text dichten und sie wieder zur Hymne der Russischen Föderation erheben ließ, waren ihm die meisten Russen zutiefst dankbar. Mit dieser Hymne verbanden sie nicht nur Heimat, sondern auch Größe. Sergej Michalkow, der Textdichter der letzten Sowjethymne, schrieb bereitwillig auch die neuen Verse.

Das ideologische Vakuum, das es nach dem Ende der Sowjetunion gab, wird in Russland zunehmend von der russisch-orthodoxen Kirche ausgefüllt. Der 1990 von der Heiligen Synode zum Patriarchen und damit Kirchenoberhaupt gewählte Alexej II., ein Kirchenmann mit vermuteter KGB-Vergangenheit, wurde trotz dieses Hintergrundes zu einem Symbol der Wiedergeburt der Orthodoxie und des Christentums nach der langen Zeit der inneren Diaspora während des Kommunismus. Als deutscher Stiftungsvertreter traf ich mich mehrmals mit dem Metropolit Kyrill, seinem »Außenminister«. Kyrill war nicht nur für die Außenbeziehungen des Patriarchats der russisch-orthodoxen Kirche zuständig, er war ihr intellektueller Vordenker. Während einer gemeinsamen Reise nach Berlin lernte ich ihn näher kennen: eine charismatische Persönlichkeit, genauso sehr Machtpolitiker wie Kirchenmann, und fest in der Überzeugung, dass Russland seine moralische Stärke wiedergewinnen wird und der Westen, den er mittlerweile eher für schwach hält, die Allianz mit Russland in absehbarer Zukunft braucht. Als Alexej II. im Jahr 2008 starb, wurde Kyrill sein Nachfolger.

Überall im Land werden Kirchen restauriert. Das Bild russischer Städte wird heute mehr und mehr von goldenen Kirchenkuppeln geprägt. Kyrill spart aber auch nicht an Geld für Kirchen in den anderen früheren Sowjetrepubliken, deren russisch-orthodoxe Gemeinden seinem Patriarchat unterstehen. An Schulen lässt er den Religionsunterricht wieder einführen. Auf diese Weise wird eine Brücke zum vorrevolutionären Russland geschlagen und die Kontinuität der russischen Nation untermauert. Auf weltlicher Seite dienen historische Figuren wie Alexander Newski, Dmitri Donskoi, Peter der Große und Katharina II. diesem Ziel. Die monströse Skulptur Peters des Großen am Ufer der Moskwa, geschaffen vom georgisch-russischen Bildhauer und Maler Surab Zereteli, hätten die Moskauer aber wohl lieber nicht als Ausdruck ihrer neuen nationalen Identität haben wollen. Sie wurden jedoch nicht gefragt. Zereteli war der Lieblingskünstler des ehemaligen Moskauer Bürgermeisters Juri Luschkow. Trotz der Symbolkraft Peters des Großen für die russische Geschichtsschreibung kann zumindest dieser Versuch, ein neues Nationalbewusstsein aus Kupfer zu gießen, als gescheitert betrachtet werden.

Solche Probleme sind in Weißrussland unbekannt. Dort mussten die sowjetischen Denkmäler erst gar nicht neuen Standbildern weichen. Lenin weist nach wie vor an seinem ange-

Besuch von Boris Jelzin im Dreifaltigkeitskloster beim Oberhaupt der orthodoxen Kirche, Patriarch Alexej II., 1992

stammten Platz, direkt vor dem Regierungssitz, den Weg in die Zukunft. Zunächst gab es nach der Unabhängigkeit in Weißrussland Bemühungen, sich bei der nationalen Selbstfindung auf das Großfürstentum Litauen zu berufen, das bis 1791 Teile des heutigen Weißrusslands umfasste. Zwischen 1991 und 1995 führte Weißrussland die »Pahonja«, das Staatswappen dieses alten Reiches, wieder ein. Doch dann beschloss Alexander Lukaschenko, der autoritäre Präsident Weißrusslands, keine grundsätzliche Abkehr vom sowjetischen Geschichtsverständnis zuzulassen. Während in den anderen postsowjetischen Staaten die Verschiedenheit zur Sowjetzeit betont wird, knüpfte Lukaschenko direkt an die alte Symbolik an. Die in einem Referendum im Jahr 1995 eingeführte neue Staatsflagge entspricht exakt der Flagge aus der Zeit der Weißrussischen Sowjetrepublik, einzig und allein Hammer und Sichel wurden entfernt.

In der Ukraine schwanken einige nationalistische Politiker, Journalisten, Schriftsteller und Historiker seit 1991 zwischen den Extremen. Manche sehen in der Kiewer Rus keinen russischen, sondern einen ukrainischen Staat und beschreiben damit das heutige Russland indirekt als Nachfolger eines ukrainischen Staatsgebildes. Andere wollen generell alles Russische verbannt

sehen. 2008 wurde die Forderung erhoben, russische Fernseh-
kanäle aus den Standardnetzen der Kabelfernsehfirmen in der
Ukraine zu entfernen. In einem Land, wo Russisch im Gegensatz zur Staatssprache Ukrainisch als Mutter- oder als Zweit-
sprache von allen Bewohnern gesprochen und verstanden wird,
ein absurdes Anliegen.[32] Da die Ukraine kulturell in einen sehr
russlandfreundlichen Ost- und einen ukrainischstämmigen, eher
europaorientierten Westteil zerrissen ist, konnten sich solch extreme Forderungen nicht durchsetzen.

»Viele Länder haben sich mit ihren neuen Ideologien hoffnungslos übernommen. Man kann doch nicht von heute auf
morgen eine neue Nation sein wollen«, sagte uns Alexej, als wir
uns in seiner Heimatstadt Taschkent das Denkmal von Amir Timur – im Westen bekannt als Timur Lenk oder Tamerlan –, dem
Nationalhelden des neuen Usbekistan, anschauten. Vorher hatten auf dem gleichen Sockel zunächst der zaristische General-
gouverneur für Turkestan, Konstantin von Kaufmann, danach
Josef Stalin und dann Karl Marx gethront. Alexej berichtete,
wie 1991, als in Usbekistan die marxistisch-leninistische Geschichtsschreibung verschwand, in allen Teilen des Landes Historiker gesucht wurden, die sich mit der Geschichte der Timu-
riden-Zeit auskannten. Derer gab es nicht viele. Tamerlan, der
blutige Mongolenführer aus dem 14. Jahrhundert, der nun der
Nationalheld des neuen Usbekistan werden sollte, hatte nicht zu
den Arbeiterhelden der Sowjetgeschichtsschreibung gehört.

Bei einem Besuch in Turkmenistan, im Frühjahr 2005, stand
dort noch die 40 Meter hohe Statue des neuen turkmenischen
Nationalhelden, »Turkmenbaschi«, auf einem zentralen Platz
der Hauptstadt Aschgabat. Ihr architektonisch zweifelhafter
Unterbau ähnelte einer Raketenabschussrampe. Darauf drehte
sich ein vergoldeter Mann sonnengottähnlich um die eigene
Achse und breitete seine Hände segnend über sein geliebtes
Volk. Turkmenbaschi (»Führer der Turkmenen«) war niemand
Geringeres als der damals noch lebende turkmenische Präsident
Saparmurat Nijasow. Als KP-Chef hatte er das Land schon zu
Sowjetzeiten regiert. Mangels anderer verfügbarer turkmeni-
scher Nationalhelden entschied er sich, diesen Platz selbst ein-
zunehmen.

In Kirgistan diente der sagenumwobene Volksheld Manas zur
Neu-Identifikation. Die persischsprachigen Tadschiken betrach-

ten sich als arisches Volk und pflegen diesen Kult. Selbst ein »Haus der Arier« ist zu besichtigen. In Georgien dreht sich alles um den heiligen Georg, den Schutzpatron des Landes. Seit 2005 zieren fünf sogenannte Georgskreuze die Nationalflagge des südkaukasischen Landes. Dort, wo solche Anknüpfungspunkte nicht möglich schienen, griff man zu neuzeitlichen Methoden. Den größten finanziellen Aufwand zur Stärkung der nationalen Identität seines Landes trieb dabei der kasachische Präsident Nasarbajew mit der kompletten Verlegung der kasachischen Hauptstadt in die Steppe im Jahr 1999. Für mehrere Milliarden Dollar wurde die neue Metropole Astana mit futuristischer Architektur zum Zentrum Eurasiens und Mittelpunkt des kasachischen Heimatlandes stilisiert.

»Landsleute«: Die russische Diaspora

Russland verfügt aufgrund des Zerfalls der Sowjetunion heute über die weltgrößte Diaspora. Über 25 Millionen Russen leben im Ausland, die Mehrheit von ihnen, ca. 16–17 Millionen, in den GUS-Staaten. Die Russen bezeichnen ihre Diaspora mit dem schönen Wort »Landsleute« (Sootetschestweniki). Für Russland ist die Diaspora aus zwei Gründen wichtig. Innenpolitisch gilt es, einer demografischen Krise zu begegnen, und die Rückführung der Landsleute kann dabei helfen. Russlands Bevölkerung, 1992 noch 149 Millionen stark, schrumpfte bis ins Jahr 2010 auf 142. Selbst wenn sich die Sterbeziffer in Russland vermindern und die Geburtenzahl steigen sollte, werden im Jahr 2025 nach demografischen Berechnungen nur noch 129 Millionen Menschen in Russland leben. Im Jahr 2050 sollen es gerade einmal noch 110 Millionen sein.[33] Auch außenpolitisch, vor allem in den Beziehungen zu den Nachfolgestaaten der Sowjetunion, kommt der Diaspora eine besondere Bedeutung zu. Sie gilt als »Ressource« im Ringen um Macht und Einfluss Moskaus im »nahen Ausland«. In den letzten Jahren bemüht sich die russische Regierung, ihre Diaspora gezielt zu unterstützen und die russische Sprache und Kultur in den ehemaligen Sowjetrepubliken zu fördern.

Wjatscheslaw Nikonow, Enkel von Molotow und einflussreicher Politologe mit Kreml-Zugang, erzählte uns, dass für diesen Zweck eine Art »Russisches Goethe-Institut« gegründet worden ist. Es trägt den Namen »Mir« (»Die Welt«). Nikonow ist dessen Chef. In den nächsten Jahren will er den Einfluss Russlands in den ehemaligen Sowjetrepubliken wieder deutlich erhöhen und die russische Sprache fördern.

Russische Minderheiten gibt es in jedem Land der früheren UdSSR. In manchen Staaten bilden sie ein Viertel der Bevölkerung. Nach Russland leben prozentual die meisten Russen in der Ukraine, Weißrussland, Lettland und Estland.

Die russische Diaspora in der Ukraine ist mit rund elf Millionen die weltweit größte überhaupt. Die russischstämmige Bevölkerung in Weißrussland beträgt ca. eine Million Menschen, was einem Bevölkerungsanteil von knapp 15 Prozent entspricht. Darüber hinaus sind die Weißrussen selbst in ihrer Mehrheit sprachlich russifiziert.

Die in den Nachfolgestaaten der Sowjetunion ansässigen Russen erhielten nach der Unabhängigkeit die Staatsbürgerschaft der einstigen Sowjetrepublik, in der sie lebten. Sie tauschten die sowjetischen Pässe gegen die neuen tadschikischen, armenischen oder usbekischen Ausweise ein. Das ist in den meisten Ländern, mit Ausnahme des Baltikums, so gehandhabt worden. In Lettland und Estland leben Russen als Bürger zweiter Klasse, mit Pässen für Staatenlose.[34]

Eine doppelte Staatsbürgerschaft war lange Zeit in Turkmenistan und einigen anderen Ländern möglich, mittlerweile dulden dies die neuen Republiken aber nicht mehr.[35] Mehrheitlich von Russen bewohnt ist der Nordteil Kasachstans. Dort ist die russischstämmige Bevölkerung gut integriert.[36]

Nach dem Zerfall der UdSSR wollten viele Russen nicht mehr in den Ländern, in denen sie geboren worden sind, leben. Eine zunehmende Islamisierung wie in Mittelasien, ethnische Konflikte wie im Südkaukasus oder rechtliche Benachteiligungen wie im Baltikum führten dazu, dass allein in den 1990er Jahren sieben Millionen Russen in die Russische Föderation umsiedelten. Den Höhepunkt stellte das Jahr 1994 mit allein 1,7 Millionen Umsiedlern dar.[37]

Politische Initiativen des Mutterlandes

Ein Gesetz der Russischen Föderation aus dem Jahre 1991 bescheinigte jedem Bürger der ehemaligen Sowjetunion unabhängig von seiner Nationalität das Recht, auf Antrag die russische Staatsangehörigkeit zu erhalten. Für nichtrussischstämmige ehemalige Sowjetbürger war es jedoch in der Folgezeit schwer bis aussichtslos, einen russischen Pass zu bekommen. Die russische Diaspora in den GUS-Staaten und im Baltikum wird dagegen massiv unterstützt. Für Russland ist der Schutz der Landsleute zur Prestigefrage geworden. Moskau kritisiert die ungenügende Vertretung der Russen in Verwaltungen und Gerichten in den Nachbarländern; auch würden die Landsleute aus Leitungspositionen in den Bereichen Kultur, Wissenschaft, Bildung und Gesundheitswesen verdrängt. Die Schrumpfung des russischsprachigen Raumes ist aus russischer Sicht besorgniserregend. In Ländern wie Georgien, Armenien, der Ukraine und Tadschikistan verringere sich drastisch die Zahl der russischen Schulen und Unterrichtsstunden auf Russisch. Bereits vollständig aufgelöst ist das System der Hochschulausbildung in russischer Sprache in den baltischen Staaten. Mit einem 2006 veröffentlichten Programm zur »Erleichterung der Einreise von russischen Landsleuten nach Russland« versuchte die russische Regierung, mehrere Probleme zu lösen. Danach soll gezielt die Einreise und Einbürgerung von Landsleuten aus dem Ausland in die Russische Föderation vereinfacht und die Probleme der demografischen Krise gemildert werden. Gleichzeitig hoffte man auf Synergieeffekte für die russische Wirtschaft. Bei einem Entschluss zum Umzug sollen finanzielle Hilfen für die Umsiedlung gezahlt werden. Der Kreml hoffte vor allem darauf, dass sich Umsiedlungswillige in den Gegenden Russlands ansiedeln, wo in den letzten Jahrzehnten ein Bevölkerungsaderlass stattgefunden hat: im hohen Norden und im Fernen Osten. Dorthin locken besondere staatliche Zuschüsse.

Doch das gesamte Programm erwies sich in der Praxis als höchst korruptionsanfällig. Wir haben nicht einen einzigen Russen aus dem »nahen Ausland« kennengelernt, der in den Genuss der Angebote der russischen Regierung, so wie sie auf dem Papier stehen, gekommen ist. Ohne Geld, in den meisten Fällen handelt es sich um mehrere Tausend Euro, ist das Übersiedeln nach Russland nur mit einem ungeheuren Kraftaufwand und einem beinahe übermenschlichen Maß an Geduld im Umgang mit den russischen Behörden sowie den russischen Botschaften in den GUS-Staaten möglich.

Das Baltikum auf dem Weg nach Europa

Sonderrolle Baltikum

Die baltischen Sowjetrepubliken genossen innerhalb der UdSSR den Ruf, etwas Besonderes zu sein. »Als ich klein war«, erzählte Alexej, »und meine Eltern über die Gewerkschaft ihre jährlichen Sommerurlaubsreisen beantragten, versuchten sie immer, einen Flug in eine der drei baltischen Republiken zu bekommen. Dort war zwar das Wetter nicht so schön wie auf der Krim, oft regnete es im Sommer sogar, aber mein Vater meinte, im Baltikum sei das Leben freier. Dort gebe es außerdem Sachen zu kaufen, die bei uns in Taschkent, aber auch in Moskau, nicht zu bekommen waren. Es sei dort eben ›fast wie im Westen‹.«

Die sowjetische Führung hatte allen Grund, dafür zu sorgen, dass es im Baltikum nicht rumorte. Seitdem Lettland, Litauen und Estland 1940 ihrer Selbständigkeit beraubt und an die Sowjetunion angeschlossen worden waren, galt das Baltikum als ein potentieller Unruheherd. Nur durch die Ansiedlung einer starken russischen Minderheit gelang es Stalin, dort die Macht der Sowjets durchzusetzen. Parallel dazu kam es zu Massendeportationen der Balten. Die Geschichte der Litauer, Letten und Esten wurde uminterpretiert und ihre Kultur mehr und mehr zurückgedrängt. Das Verhältnis der Balten zu den Russen blieb entsprechend gespannt.

Der Hitler-Stalin-Pakt als bleibende Wunde

Kein Datum ist für die Haltung der Balten zu Russland so maßgebend wie der 23. August 1939. Dieser Tag der Kooperation zwischen Stalins Union der Sozialistischen Sowjetrepubliken und Hitlers Großdeutschem Reich hat sich tief in die Geschichte eingegraben. Entgegen weitverbreiteten Annahmen sah Stalin in Deutschland lange keinen Hauptfeind. Zwar kannte er Hitlers Buch »Mein Kampf« und wusste um dessen Ziele im Osten. Doch sein ansonsten sicherer politischer Instinkt schien durch eine gewisse Faszination für Programm und Vorgehensweise des deutschen Reichskanzlers getrübt zu sein. Als in Deutschland nach dem sogenannten Röhm-Putsch 1934 die »Nacht der langen Messer« stattfand, sagte er: »Hitler, das ist ein toller Bursche! So muss man mit politischen Gegnern umgehen.«[1] Im März 1939 sprach Stalin in einer Rede vor den Delegierten des XVIII. Parteitages der KPdSU von einem bevorstehenden »Krieg zwischen den imperialistischen« Staaten, unterstellte Deutschland aber keine eigenen Aggressionsabsichten gegen die Sowjetunion. Die Gefahr sei lediglich, dass Frankreich, Großbritannien und die USA Deutschland »anstacheln wollten, weiter nach Osten vorzudringen«.[2] Vor diesem Hintergrund unterzeichneten die Sowjetunion und das Deutsche Reich am 23. August 1939 einen Nichtangriffs- und Neutralitätspakt. Die Unterzeichnung dieses Pakts durch die beiden Außenminister Joachim von Ribbentrop und Wjatscheslaw Molotow[3] schlug wie eine Bombe ein. Damit waren nicht nur die britisch-französischen Bemühungen gescheitert, die Sowjetunion in eine »große Allianz« gegen Hitler-Deutschland einzubeziehen, sondern auch die westliche Appeasement-Politik gegenüber dem »Dritten Reich«.

In einem geheimen Zusatzprotokoll zum Pakt, dessen Existenz von der Sowjetunion bis zum Beginn der 1990er Jahre strikt geleugnet wurde,[4] steckten die beiden Vertragspartner ihre Interessensphären[5] ab. Danach fielen die drei baltischen Staaten, Bessarabien (das heutige Moldawien), Finnland und Teile Polens an die Sowjetunion. Hitler besaß durch den Pakt die »carte blanche« zum Überfall auf Polen. Am 1. September 1939 überschritt die deutsche Wehrmacht die polnische Westgrenze. Am 17. September 1939 überquerten sowjetische Truppen die polnische Ostgrenze. Am 22. September fand in Brest-Litowsk eine gemeinsame deutsch-sowjetische Siegesparade statt. Sechs Tage später legten Deutschland und die Sowjetunion in einem Grenz- und Freundschaftsvertrag eine gemeinsame, neue Grenze fest. Der polnische Staat existierte nicht mehr. Die baltischen Staaten wurden 1940 als Litauische, Lettische und Estnische Sowjetrepublik an die Sowjetunion angegliedert.

Die Balten waren die ersten in der sowjetischen Völkerfamilie, die 1989 den »Wind of Change«, den Gorbatschows Perestroika durch das Land blies, nutzten, um den Verbund der UdSSR in Frage zu stellen. Ein Musik-Professor, Vytautas Landsbergis, führte die litauische »Bewegung für Perestroika« (»Sajudis«) an. Er wurde zur prominentesten Figur der antisowjetischen Protestbewegung.

Am 23. August 1989, dem 50. Jahrestag des Hitler-Stalin-Paktes, waren im gesamten Baltikum Hunderttausende Menschen auf den Beinen. Sie trugen Transparente mit Forderungen wie »Red army – go home!«. Sprechchöre forderten die Unabhängigkeit Litauens, Lettlands und Estlands. Als es Abend wurde, bildeten insgesamt zwei Millionen Balten eine Menschenkette, die von Tallinn (Estland) über Riga (Lettland) bis nach Wilna (Litauen) reichte. Die Balten sangen mit Begeisterung ihre alten Volkslieder und gaben damit ihren Revolutionen den Namen: »Singende Revolution«.

Die baltischen Staaten werden unabhängig

Im Februar 1990 fanden in Litauen die ersten freien Parlamentswahlen seit 1940 statt, aus denen »Sajudis« als Wahlsieger hervorging. Vytautas Landsbergis erklärte am 11. März 1990 die Unabhängigkeit seines Landes. Auch in Estland und selbst in Lettland konnte Moskau diesen Prozess nicht mehr aufhalten. Im Frühsommer 1990 sah sich Moskau mit drei baltischen Republiken konfrontiert, die sich nicht mehr der Sowjetunion zugehörig fühlten.

Für den Westen war das eine außerordentlich schwierige Situation. Weder der amerikanische Präsident, George Bush, noch Bundeskanzler Helmut Kohl wollten Gorbatschow schwächen, zumal die deutsche Einheit noch nicht endgültig geregelt war. Die Balten taten ihrerseits alles, um dem sowjetischen Präsidenten Michail Gorbatschow deutlich zu machen, dass der Kreml im Baltikum nichts mehr zu sagen habe.

Nun wurden auch die Töne aus Moskau rauer. »Die Sowjetunion ist zu mächtig, um mit sich spaßen zu lassen«,[6] drohte Anatoli Lukjanow, der Vorsitzende des Obersten Sowjets. Gorbatschow stimmte im April 1990 schließlich einer Wirtschaftsblockade gegen die baltischen Republiken zu, von der Litauen, der Vorreiter der baltischen Unabhängigkeitsbewegung, am stärksten betroffen war. Doch die Litauer gaben nicht nach. Vytautas Landsbergis, der als Präsident des litauischen Parlaments kommissarisches Staatsoberhaupt Litauens war, zeigte sich unversöhnlich.

Zum Jahreswechsel 1990/91 verschärfte sich die Lage. Es schlug die Stunde der Panzer. Auf Befehl Moskaus stürmten Spezialtruppen in der Nacht auf den 13. Januar 1991 den Wilnaer Fernsehturm. Kurz darauf besetzte eine sowjetische Sondereinheit das Innenministerium in der lettischen Hauptstadt Riga. Insgesamt kamen bei den Aktionen 18 Menschen ums Leben. Es war ein letztes Aufbäumen der Sowjetmacht. Nun regte sich auch in Moskau Widerstand gegen das Vorgehen im Baltikum. 116 namhafte Künstler und Intellektuelle, darunter der Historiker Juri Afanjasew, der Filmemacher Eldar Rjasanow, Schachweltmeister Garri Kasparow und der Moskauer Zirkusdirektor Juri Nikulin, wandten sich in einem offenen Brief an die sowjetische Öffentlichkeit. »Die im April 1985 begonnene Perestroika ist in der Nacht zum 13. Januar 1991 erschossen worden«, schrieben sie. »Eine Union der Republiken kann sich nicht auf Bajonetten und Panzern halten. Wir rufen Sie auf, sich zu einer breiten demokratischen Bewegung zusammenzuschließen, die einer heranrückenden Diktatur widerstehen kann. Wir rufen dazu auf, für einen sofortigen Abzug der Strafkommandos aus dem Baltikum zu kämpfen (…)«[7]

Kurz darauf, am 9. Februar 1991, stimmten die Balten in Referenden für die Unabhängigkeit ihrer Länder. In Litauen sprachen sich 90 Prozent, in Estland 83 Prozent und in Lettland 73 Prozent der Wahlberechtigten dafür aus, zukünftig in selbständigen Staaten zu leben.

Auf Initiative von Boris Jelzin erkannte der Staatsrat der UdSSR, der unmittelbar nach dem Augustputsch gegen Gorbatschow gegründet worden war und dem neben Gorbatschow die Präsidenten aller Sowjetrepubliken angehörten, am 6. September 1991 die Souveränität Lettlands, Estlands und Litauens an. Doch für das russische Selbstverständnis bleibt es nach wie vor schwierig, sich mit den Gebietsverlusten nach dem Untergang der UdSSR abzufinden. Die baltischen Staaten betrachtet man als künstliche Gebiete, da sie »fast 200 Jahre lang, mit einer zwanzigjährigen Unterbrechung zwischen den Weltkriegen, Teil des russischen, später des sowjetischen Imperiums waren«.[8] Noch Jahre später bestand der Kreml in offiziellen Erklärungen darauf, »dass sich die baltischen Staaten im Jahr 1940 freiwillig der Sowjetunion angeschlossen hätten«.[9]

Deutsches, dänisches und schwedisches Erbe an der Ostsee

Die drei baltischen Länder liegen an der östlichen Küste der Ostsee. Das nördlichste Land ist Estland, es grenzt südlich an Lettland und dieses wiederum an Litauen. Lettland und Estland sind protestantisch und Litauen ist eher katholisch geprägt. Litauisch und das Lettische sind indoeuropäische Sprachen, sie gehören zur Sprachengruppe der baltischen Sprachen. In ihnen haben sich Elemente der Ursprungssprache stärker überliefert als in anderen indogermanischen Sprachen. Estnisch gehört zu den finnougrischen Sprachen, die man auf dem Gebiet der früheren Sowjetunion mehrfach findet.[10] 1990 beherrschte in Lettland allerdings nur noch jeder Zweite die lettische Sprache, in der Hauptstadt Riga sogar nur noch jeder Dritte. Man verständigte sich fast ausschließlich in Russisch. In Litauen und Estland war Russisch etwas weniger verbreitet.

Wir reisten 1989 und 1991 die ersten Male durchs Baltikum. Zwischen Dünen und kilometerlangen Sandstränden an der Ostsee und zwischen Mischwäldern und Flüssen fuhren wir durch beschauliche Landschaften. Auf den Dörfern sind die alten Holzhäuser oft mit Doppelgiebeln versehen. Überall ist mittelalterliche Geschichte präsent. Der dänische König Waldemar II. besetzte 1219 Estland, die Hanse fasste im Baltikum Fuß, und 1346 entstand der Livländische Staatenbund. Die Stadtkerne Wilnas, Rigas und Tallinns sind geprägt von Baudenkmälern des Hochmittelalters, sowjetisch sind nur die Plattenbauten, die überall um die historischen Stadtkerne herum entstanden sind. Die Hafenstädte an der Ostsee sind durch deutsches, dänisches und schwedisches Erbe geprägt. Zum Ende der Sowjetunion war die Bausubstanz der historischen Zentren einem ähnlichen Zerfallsprozess preisgegeben, wie wir ihn auch aus anderen osteuropäischen Ländern kannten. Bereits ein Jahrzehnt später sollten sie jedoch in neuem Glanz erstrahlen. Das einst sowjetische Baltikum befreite sich dank immenser EU-Unterstützung schnell vom Erbe der Sowjetzeit. Die Unterschiede zwischen den einzelnen baltischen Staaten, die bis 1991 von der russischen Sprache und der Sowjetideologie verdeckt worden waren, traten wieder deutlicher hervor.

Die Esten unterhielten von Beginn ihrer Unabhängigkeit an enge Beziehungen zu den skandinavischen Ländern. Die Litauer hatten aufgrund ihrer Geschichte enge Verbindungen zu Polen, und die Letten blickten auf Deutschland. Mit Stolz demonstrierten baltische Politiker nach 1991 die wiedererrungene Selbständigkeit ihrer Länder. Nicht selten paarte sich dieser Stolz aber auch mit Arroganz gegenüber den Russen. In Lettland und Estland, wo man während des Kampfes um die Unabhängigkeit den dort lebenden Russen noch gleiche Rechte in Aussicht gestellt hatte, wollte sich nun niemand mehr an derartige Versprechen erinnern. Die Sprachenpolitik und die neue Staatsangehörigkeitsgesetzgebung führten dazu, dass Parallelgesellschaften entstanden. Bis heute besitzen viele Angehörige der russischen Minderheit in Lettland und in Estland keine lettischen oder estnischen Pässe.

Als sich der Jahrestag des Endes des Zweiten Weltkrieges 2005 zum 60. Mal jährte und Russland des Ereignisses mit der alljährlichen Militärparade auf dem Roten Platz gedachte, reisten Staats- und Regierungschefs aus aller Welt an. Mit Gerhard Schröder nahm erstmals ein deutscher Bundeskanzler an den Feierlichkeiten teil. Die damaligen Präsidenten Litauens und Estlands, Valdas Adamkus und Arnold Rüütel, schlugen die Einladung des russischen Präsidenten Putin aus.

Die Osterweiterung der NATO und der Europäischen Union

Die Balten hatten Angst, dass ihre Unabhängigkeit nicht von langer Dauer sein könnte. Niemand wusste in den 1990er Jahren, wohin sich Russland entwickeln würde. Der Führer der rechtsnationalistischen Liberaldemokratischen Partei Russlands, Wladimir Schirinowski, meinte beispielsweise, Lettland werde bald wieder ganz zum russischen Staat gehören, während sich Litauen und Estland in »Zwerggebilde, wie etwa Liechtenstein und Andorra, verwandeln« würden. Er erklärte 1995: »Wenn meine Partei an die Macht kommt, wird alles, was mit den baltischen Staaten vereinbart wurde, im Mülleimer landen.«[11] Deshalb drängten Litauen, Lettland und Estland schon in den 1990er Jahren in Richtung NATO und Europäische Union, denen sie 2004 schließlich beitraten.

Für Russland stellt die Erweiterung der NATO nach Osteuropa generell einen eklatanten Bruch von Vereinbarungen dar, die im Zuge der Verhandlungen zur deutschen Wiedervereinigung mit dem Westen getroffen worden waren.

Nachdem die NATO 2009 auch noch Beitrittsverhandlungen mit der Ukraine und Georgien in Erwägung zog, fühlte sich die Russische Föderation endgültig betrogen.

Uns begegnete in Russland kein einziger Politiker, der sich nicht überzeugt davon gab, dass es sich bei der NATO-Osterweiterung um einen klaren Wortbruch des Westens gehandelt habe, und jüngst veröffentlichte Dokumente scheinen dies zu belegen.[12] Deutschland, die USA und andere westliche Staaten hätten nach der deutschen Wiedervereinigung 1990 versprochen, dass die NATO sich keinen Zentimeter nach Osten bewegen würde, sagte auch Michail Gorbatschow im Jahre 2009, und er ergänzte: »Daran haben sich die Amerikaner nicht gehalten und den Deutschen war es gleichgültig. Vielleicht haben sie sich sogar die Hände gerieben, wie toll man die Russen über den Tisch gezogen hat. Dies habe dazu geführt, »dass die Russen westlichen Versprechungen nun nicht mehr trauen«.[13]

Es ist nachvollziehbar, dass sich Russland in dieser Frage hintergangen fühlt. Die Sowjetunion hätte 1990 keine Verhandlungen über die deutsche Wiedervereinigung geführt, wenn man dort gewusst hätte, dass einige Jahre später nicht nur Länder wie Ungarn, Polen, Rumänien und Bulgarien, sondern sogar Teile des damaligen sowjetischen Staatsgebietes Mitglieder der NATO werden würden. Obwohl die Bundesrepublik Deutschland seit der Unabhängigkeit der baltischen Länder in Europa als deren Anwalt gilt, schien zumindest Helmut Kohl den Russen gegenüber so etwas wie ein schlechtes Gewissen zu plagen. Während seiner gesamten Amtszeit, also bis 1998, reiste er nicht ein einziges Mal zu einem offiziellen Staatsbesuch nach Litauen, Estland oder Lettland.

Vom »Tigerstaat« in die Staatspleite

Das Herauslösen der drei baltischen Republiken aus dem sowjetischen Wirtschaftsraum war in den 1990er Jahren zunächst mit großen Problemen verbunden. Litauen, Lettland und Estland durchliefen eine tiefgehende wirtschaftliche Transformation. Die Abhängigkeit von russischen Abnehmern war hoch gewesen, doch Absatzmärkte waren nicht nur in Russland, sondern im gesamten GUS-Raum verschwunden. Die Produktion in den drei Baltenrepubliken lag am Boden. In den ersten Jahren nach den Unabhängigkeitserklärungen war das reale Bruttosozialprodukt im zweistelligen Bereich rückläufig.[14] Vor diesem Hintergrund mussten die baltischen Länder eine schnelle Umorientierung von Ost nach West vollziehen. Um konkurrenzfähig zu werden, verzichtete man darauf, die unrentable Schwerindustrie am Leben zu erhalten. Andere Industriezweige, wie Holzverarbeitung oder Telekommunikationstechnik, profitierten hingegen von den Reformen.[15] Da die Landwirtschaft in den baltischen Staaten traditionell nur einen geringen Anteil am Bruttoinlandsprodukt ausmachte und im Vergleich zu den anderen Nachfolgestaaten der Sowjetunion einen relativ kleinen Prozentteil der Erwerbsbevölkerung beschäftigte, war zudem eine schnelle und weniger schmerzhafte Fokussierung auf erfolgversprechende Konsumindustrie und Dienstleistung möglich.[16] Bereits Mitte der neunziger Jahre konnten die baltischen Staaten wieder positive Wachstumsraten vorweisen. Sogar die schwere Wirtschaftskrise in Russland im Jahr 1998/1999 konnte das Wirtschaftswachstum nur geringfügig ausbremsen. Die EU-Staaten wurden nach und nach zu den Haupthandelspartnern des Baltikums. Das deutsche Nachrichtenmagazin *Der Spiegel* schwärmte: »Länder wie Estland, Lettland und Litauen (haben) in den vergangenen Jahren nicht nur ihre Staaten radikal umgebaut, sondern ihre einst maroden Plansoll-Ökonomien in hochflexible Boomwirtschaften verwandelt«, und nannte sie in Anlehnung an die asiatischen »Tigerstaaten« die »kleinen Tiger«.[17] Die Wachstumszahlen im Baltikum, die zwischen 2001 und 2007 Raten von durchschnittlich sieben bis acht Prozent aufwiesen,[18] überstrahlten vorhandene Probleme.

Vor allem Lettland und Litauen prosperierten nicht in dem Maße, wie das die Wirtschaftszahlen auf den ersten Blick vermuten ließen. Beide Länder wurden überschätzt. Zwar sind ihre politischen Systeme mittlerweile weitestgehend stabil, aber Korruption ist heute verbreiteter, als das zu sowjetischen Zeiten jemals der Fall war. Vor allem die öffentliche Verwaltung, das Bildungswesen und das Gesundheitssystem sind von ihr betroffen. Die Schere zwischen Arm und Reich ist weit geöffnet. Ehemalige KP-Funktionäre, die nach der Unabhängigkeit durch Zugang zum Staatsvermögen und unlautere Geschäfte reich geworden sind, wurden zu Oligarchen.

Ermutigt und angestachelt vom westlichen Lob über den Wirtschaftsboom, lebten die baltischen Länder über ihre Verhältnisse. Die Schulden nahmen zu, und die Währungen waren überbewertet. Geringe Arbeitslosenzahlen waren vor allem auf die massive Abwanderung zurückzuführen. In Litauen schätzen die Behörden die Zahl der Auswanderer seit 1990 auf mehr als 350 000 Personen. Das sind etwa zehn Prozent der Gesamtbevölkerung. Für Lettland gilt die gleiche Größenordnung. Nur in Estland sind die Zahlen weniger dramatisch. Nach dem Beitritt der Baltenrepubliken zur Europäischen Union hat sich die Abwanderungswelle noch verstärkt.[19]

Die 2008 einsetzende Weltfinanzkrise zeigte, dass die vielgepriesenen »baltischen Tiger« auf tönernen Füßen standen. In allen drei baltischen Staaten ging das Bruttoinlandsprodukt deutlich zurück, und die Inflationsraten schnellten in die Höhe. »Im Baltikum werden die schlimmsten Befürchtungen wahr«,[20] titelte die *Neue Zürcher Zeitung* im August 2009. Der Rückgang ausländischer Kapitalströme führte in Lettland und in Litauen beinahe zum Staatsbankrott. Der wirtschaftliche Niedergang erfasste auch die Sozialsysteme. Zehntausende Menschen gingen auf die Straße und protestierten gegen die Fiskalpolitik ihrer Regierungen. Vor allem schwedische Banken hatten in den vergangenen Jahren insgesamt jeweils 40 Milliarden Euro in die drei Ostseestaaten gepumpt.[21] »Lettland hat hoch gepokert und ist tief gefallen«, schrieb das *Eurasische Magazin*. »Das Land steht, wie das Baltikum insgesamt, kurz vor der Pleite. Reichlich unvorbereitet haben die Menschen den Boom genossen. Jetzt kommt der Kater. Stark gekürzte Durchschnittsrenten treiben die Ruheständler zum Betteln auf die Märkte. Die Verluste der Spekulanten werden sozialisiert. Junge Fachkräfte zieht es ins Ausland. So haben sich die Menschen den Kapitalismus nicht vorgestellt.«[22] Trotz der Finanzkrise, die sich bald zur Euro-Krise ausweitete, wurde in Estland Anfang 2011 die europäische Gemeinschaftswährung eingeführt. Die Maastricht-Kriterien zur Euro-Einführung habe das Land erfüllt. Der Euro, so EU-Währungskommissar Olli Rehn, ein Finne, werde der estnischen Wirtschaft nun Stabilität und Wohlstand geben.[23] Auch Lettland und Litauen streben in die Euro-Zone.

Alexej, der nach dem Zusammenbruch der Sowjetunion in Riga seinen ersten geschäftlichen Reinfall erlebte und der jetzt in Moskau lebt, sagte nur lapidar: »Ihr Europäer seid ganz schön mutig!«

Litauen

Wilna, am 23. August 1989

Als wir es im August 1989 besuchten, hieß das Land noch Litauische Sozialistische Sowjetrepublik. Uns hatte Antanas, ein litauischer Student aus Wilna, der am Leipziger Herder-Institut Deutsch gelernt hatte, eingeladen. Wir fuhren mit einem »Trabant«, dem »Volkswagen« der DDR, über Polen nach Wilna in der Sowjetunion. An der polnisch-sowjetischen Grenze gab es umständliche Kontrollen. Die Autos wurden von den sowjetischen Grenzbeamten genau begutachtet, endlose Formulare mussten ausgefüllt werden, aber nach zwei Stunden war alles überstanden. Allerorten bestaunte man unser Auto. Ein »Trabant« wurde hier nur selten gesehen. Vor allem an den Tankstellen waren wir ein Ereignis. Das für das Zweitaktfahrzeug erforderliche Öl-Benzin-Gemisch, in der DDR an jeder Tankstelle erhältlich, musste hier umständlich hergestellt werden.

Wir kamen am späten Vormittag des 23. August 1989 in Wilna an. Das Datum war purer Zufall. Uns war nicht bewusst, um welchen historischen Tag es sich für die Litauer handelte. In der Stadt spürten wir eine ungeheure Anspannung und Aufregung. Wir fuhren zunächst in die Plattenbausiedlung, in der Antanas und seine Eltern wohnten. Antanas sagte uns, dass wir gleich ins Stadtzentrum gehen müssten, es sei ein entscheidender Tag. »Sajudis«, die litauische Unabhängigkeitsbewegung, habe dazu aufgerufen, zur Erinnerung an den Tag des Hitler-Stalin-Paktes eine Kette von Menschen durch das gesamte Baltikum zu bilden. Am Abend sprach »Sajudis«-Chef Vytautas Landsbergis. Seine Rhetorik hatte wenig Überzeugendes, aber das, was uns Antanas übersetzte, besaß unvorstellbare politische Sprengkraft. Unter dem Beifall Zehntausender Demonstranten forderte Landsbergis die Herauslösung der baltischen Republiken aus dem Verbund der Sowjetunion. Selbst der litauische KP-Chef, Algirdas Brazauskas, setzte sich von Moskau ab und schlug sich auf die Seite der Befürworter der Unabhängigkeit Litauens. Antanas erzählte später: »Ich habe die Kommunisten immer gehasst, aber Brazauskas nie! Er ist selbst als KP-Chef Litauer geblieben.«

Land	Litauen
Hauptstadt	Wilna mit ca. 553 000 Einwohnern
Größe	65 300 km²
Bevölkerung	Ca. 3,4 Millionen Einwohner, davon 82 Prozent Litauer, 8 Prozent Russen, 5,6 Prozent Polen, 0,5 Prozent Weißrussen und 3,9 Prozent andere Nationalitäten
Landessprachen	Litauisch
Religionen	Die Bevölkerung ist überwiegend katholisch, daneben protestantisch, russisch-orthodox, jüdisch
Währung	Litauischer Litas (1 EUR = ca. 3,5 LTL)
Datum der Unabhängigkeit	11.3.1990
Staats-/Regierungsform	parlamentarische Demokratie (besondere Kompetenzen des Staatspräsidenten bei der Regierungsbildung und in der Außenpolitik)
Staatsoberhaupt	Präsidentin Dalia Grybauskaite
Staatsoberhäupter seit Unabhängigkeit	11.3.1990–25.11.1992 Witautas Landsbergis 25.11.1992–25.2.1998 Algirdas Brazauskas 25.2.1998–26.2.2003 Valdas Adamkus 26.2.2003–6.4.2004 Rolandas Paksas 6.4.2004–12.7.2004 Arturas Paulauskas 12.7.2004–12.7.2009 Valdas Adamkus seit dem 12.7.2009 Dalia Grybauskaite
Regierungschef	Ministerpräsident Andrius Kubilius
Regierungschefs seit Unabhängigkeit	11.3.1990–10.1.1991 Kasimira Prunskiene 10.1.1991–13.1.1991 Albertas Simenas 13.1.1991–21.7.1992 Gediminas Wagnorius 21.7.1992–2.12.1992 Alexandras Abisala 2.12.1992–10.3.1993 Bronislowas Lubis 10.3.1993–15.2.1996 Adolfas Šleževičius 15.2.1996–27.11.1996 Laurinas M. Stankevičius 27.11.1996–4.5.1999 Gediminas Vagnorius 4.5.1999–18.5.1999 Irena Degutiene 18.5.1999–27.10.1999 Rolandas Paksas 27.10.1999–3.11.1999 Irena Degutiene 3.11.1999–26.10.2000 Andrius Kubilius 26.10.2000–20.6.2001 Rolandas Paksas 20.6.2001–3.7.2001 Eugenijus Gentwilas 3.7.2001–1.6.2006 Algirdas Brazauskas 1.6.2006–4.7.2006 Zigmantas Baltschitis 4.7.2006–28.11.2008 Gediminas Kirkilas seit dem 28.11.2008 Andrius Kubilius

Parlament	Einkammerparlament mit 141 Abgeordneten
Regierungsparteien	Vaterlandsunion (Litauische Christdemokraten (45 Sitze), Vereinigte Fraktion (13 Sitze), Liberale Bewegung (13 Sitze))
Opposition	Sozialdemokraten (25 Sitze), Partei Ordnung und Gerechtigkeit (18 Sitze), Christliche Partei (10 Sitze), Arbeitspartei (10 Sitze), gemischte Gruppe (7 Sitze)
Mitgliedschaft in internationalen Organisationen (u. a.)	UN, Europarat, NATO, EU, OSZE, UNESCO, UNIDO, Interpol, WHO, ISO, EBRD, UNDP, Baltische Versammlung, IWF, Weltbank, WTO
Bruttoinlands-produkt	37,2 Mrd. US-Dollar (2009)

Es überraschte nicht, dass es die stolzen Litauer waren, die den ersten »Ausbruchversuch« aus der Sowjetunion wagten. Sie blicken auf eine lange, eigenständige Geschichte zurück. Der erste litauische Staat war im 13. Jahrhundert entstanden. Er leistete dem Deutschritterorden Widerstand und bildete in Personalunion mit Polen eines der größten Reiche im damaligen Europa. Erst nach den polnischen Teilungen (1772, 1793, 1795) geriet Litauen Ende des 18. Jahrhunderts unter russische Herrschaft.

Litauen grenzt an Lettland, Weißrussland, Polen und die russische Enklave Kaliningrad (Königsberg). Es ist der flächenmäßig größte und zugleich der bevölkerungsreichste der drei baltischen Staaten. Litauen ist heute ein konservatives, katholisches Land.

Abschied von der Sowjetunion

Drei Jahre später. Alles in Litauen erinnerte 1992 noch an die gerade vergangene Sowjetzeit: Die schummrigen Plüschcafés, die Einheitswurst in den Metzgereien, die klapprigen Autos. Großbetriebe am Rande der Stadt hatten meist noch nicht geschlossen. Aber jeder Angestellte wusste, dass der Pleitegeier über seinem Werk kreiste. So z. B. die Magnettonbandfabrik »Garsas«. Ein staatlicher Betrieb mit ehemals 2000 Angestellten, von denen Ende 1991 gerade noch 400 übrig geblieben waren. Die Tonbandgeräte, die »Garsas« herstellte, hatten das Design der sechziger Jahre: groß, schwer und klobig. »Sagen Sie zu Hause, dass man diesen Betrieb kaufen kann«, bat der Direktor.

Gemeinsam mit Antanas besuchten wir Bekannte von ihm. Es waren ehemalige Nachbarn, um die er sich ab und zu kümmerte. Das Rentnerpaar Kazys und Vanda Stanevičius, öffnete vorsichtig die Tür. Es kam selten vor, dass die beiden Besucher empfingen. Sie lebten alleine, hatten keine Kinder. Der kalte Ostwind zog durch die undichten Fenster der Zwei-Zimmer-Wohnung, wärmer als 16 Grad wurde es hier drin nie. Jeder von ihnen bekam umgerechnet eine Rente, die heute 20 Euro entsprechen würde. Wenn sie Strom, Wasser, Heizung, Gas und Müllabfuhr bezahlt hatten, blieb ihnen noch die Hälfte des Einkommens. Das gaben sie für Essen aus: Kohl, Kartoffeln, manchmal Speck – für mehr reichte es nicht. Im Sommer pflückte Wanda Kräuter auf den Wiesen. Damit sparte sie die Kosten für den Tee. Die Deckenlampe schimmerte schwach, der Fernseher wurde nur jeden zweiten Tag eingeschaltet. Das Geld der Rentner reichte nicht für mehr Strom. Kazys war herzkrank. Er galt als teilinvalid. Versichert waren beide nicht. Das Sozialsystem der ehemaligen Sowjetunion war zusammengebrochen, ein neues befand sich erst im Aufbau. Aber die beiden Rentner waren geduldig, sie gingen häufig zur Kirche, beteten, es möge besser werden. Für unseren Besuch stellten die beiden Kuchen auf den Tisch, dazu gab es Kaffee. Das Pulver bewahrten sie schon seit zwei Jahren im Küchenschrank auf. Bisher hatten sie es nicht übers Herz gebracht, die Dose zu öffnen. Doch für Besucher taten sie es gern.

Die litauische Regierung leitete in den frühen 1990er Jahren eine radikale Privatisierung ein. Einige Industriezweige hatten freilich keine Chance, beispielsweise die Textilindustrie. Die Strickwarenfabrik »Wilija« war bis März 1991 in staatlicher Hand, danach wurde sie zur Aktiengesellschaft. Die Beschäftigten verfügten über 52 Prozent der Aktien, den Rest behielt der Staat. Für diesen Staatsanteil wurde ein privater Interessent gesucht. Das Aktienpaket war 1991 für 2,5 Millionen US-Dollar zu kaufen. Der Haken an der Sache: Der neue private Eigentümer musste sich verpflichten, die gesamte Belegschaft zu übernehmen, und nicht einmal den Boden, auf dem eine Fabrik steht, konnte ein Ausländer kaufen. Das konnte nicht funktionieren. Die Strickwarenfabrik wurde bald geschlossen.

Die Rahmenbedingungen für ausländische Investoren änderte man später. Anders als in vielen Staaten der GUS, gewannen die marktwirtschaftlichen Reformen in Litauen schnell an Dynamik, doch vor allem ältere Leute blieben auf der Strecke. Die Litauer hatten den Abschied von der Sowjetunion lange herbeigesehnt, nun wurde es ein schmerzhafter Abschied. Die neue Freiheit machte sie arm. Die alten Nachbarn von Antanas beklagten sich nicht darüber: »Litauen ist ein freies Land – das ist die Hauptsache. Solange wir nicht hungern müssen, geht es uns gut.«

Die neuen Präsidenten

Es gibt zwei große Namen in der litauischen Politik nach 1991. Sie heißen Landsbergis und Brazauskas. Beide Politiker waren erbitterte Konkurrenten. In den Augen der meisten Litauer hat sich aber sowohl der eine wie auch der andere bleibende Verdienste um die Unabhängigkeit ihres Landes erworben. Der konservative Vitautas Landsbergis, der die litauische Unabhängigkeitsbewegung gegründet hatte und 1990 als Parlamentspräsident kommissarisch zum ersten Staatsoberhaupt des unabhängigen Litauens gewählt wurde, hat sich Russland gegenüber stets unversöhnlich gezeigt. Seit 1992 trat er zunehmend in den Schatten seines Konkurrenten Algirdas Brazauskas, der die frühere Kommunistische Partei auf einen sozialdemokratischen Kurs gebracht hatte und Russland gegenüber eine zwar klare, aber flexiblere und in der Tonart freundlichere Politik verfolgte. 1993 wurde Brazauskas zum Präsidenten Litauens gewählt. Er führte Litauisch als Amtssprache sowie ein Mehrparteiensystem ein. Nach Ablauf der ersten Amtszeit als Staatspräsident, im Jahre 1998, kandidierte Brazauskas kein zweites Mal. Sein ausdrücklicher Wunsch war es, dass jüngere Leute ohne kommunistische Vergangenheit die Macht übernehmen sollten, eine Haltung, mit der er sich europaweit Respekt verdiente. Im Jahr 2001 kehrte der Vollblutpolitiker aber als Ministerpräsident einer linksgerichteten Koalition in die Politik zurück und führte Litauen in die Europäische Union.

Brazauskas starb im Frühsommer 2010. Als sein Sarg im Säulensaal des Wilnaer Präsidentenpalastes aufgebahrt wurde, erwiesen ihm Tausende Menschen die letzte Ehre. EU-Kommissionspräsident José Manuel Barroso würdigte den ehemaligen Kommunisten Brazauskas als »wahren Staatsmann«, der sich »dem europäischen Projekt und seinen Werten tief verbunden«

gefühlt habe. Als Präsident und Regierungschef habe Brazauskas einen »entscheidenden Beitrag« zur europäischen Integration seines Landes geleistet.[24] Nur der katholische Klerus Litauens konnte nicht über seinen Schatten springen. Der Sarg von
Brazauskas durfte auf Geheiß des Erzbischofs von Wilna nicht
in der Hauptkathedrale der Stadt aufgebahrt werden.

Den konservativen Gegenspieler von Brazauskas, Vytautas
Landsbergis, den wir am 23. August 1989 in Wilna erstmals als
Redner gehört und gesehen hatten, erlebten wir ein zweites Mal
im Jahre 2006 in Berlin. Er erhielt dort eine Auszeichnung für
seine europäischen Verdienste, den »Prix du Mérite Européen«.
In Litauen war es zu dieser Zeit um ihn schon ruhiger geworden. Hatte ihm 1989 seine unversöhnliche Haltung gegenüber
Russland noch beinahe ungeteilten Beifall seiner Landsleute ein-
gebracht, wandelte sich später die Stimmung in Litauen. Sowjetnostalgische Erinnerungen, die Landsbergis stets ein Graus waren, sind keine Ausnahme mehr. Seit 2004 sitzt Landsbergis für
seine Partei, die »Vaterlandsunion«, im Europäischen Parlament.

Auf die Präsidenten Landsbergis und Brazauskas folgte Valdas Adamkus, ein Exillitauer, der einst für den US-amerikanischen militärischen Geheimdienst und dann für die amerikanische Umweltbehörde arbeitete und erst nach der Unabhängigkeit
Litauens in sein Heimatland, das er 1944 verlassen hatte, zurückkehrte. Er gehört dem rechtsliberalen Lager an. Wie Landsbergis war auch Adamkus antirussisch und proamerikanisch
geprägt. Die CIA betrieb in Litauen eines ihrer Geheimgefäng-
nisse im Kampf gegen den islamistischen Terror. Rolandas Pak-
sas, der 2003 für kurze Zeit Adamkus als Präsident ablöste, war
nur ein reichliches Jahr im Amt. Dann stolperte er über eine
seiner vielen Affären und wurde seines Amtes enthoben. Nach
einer Interimslösung kehrte Adamkus ins Amt zurück und blieb
bis Juli 2009 litauisches Staatsoberhaupt. Die seitdem amtie-
rende Präsidentin Dalia Grybauskaité kam als unabhängige
Kandidatin ins Amt. Vorher vertrat sie Litauen als EU-Haus-
haltskommissarin in Brüssel. Im Vergleich zu Lettland und Estland nimmt der Präsident Litauens, der direkt vom Volk gewählt
wird, verfassungsrechtlich die stärkste Position ein. Im Falle einer gescheiterten Regierungsbildung kann er das Parlament auf-
lösen.

Das eigentliche Sagen haben aber in allen baltischen Ländern die Regierungschefs, und diese Liste ist in Litauen seit 1990 lang. Wie in den meisten osteuropäischen Transformationsländern hielten sich die jeweiligen Koalitionsregierungen nur kurz im Amt. Die Parteienlandschaft ist stark zerklüftet, in den 20 Jahren der litauischen Unabhängigkeit wurden Dutzende von Parteien neu gegründet, haben sich von anderen Parteien abgespalten oder sich aufgelöst. Heute gibt es über 30 politische Parteien; im Parlament, dem »Seimas«, sind derzeit (Wahlperiode 2008–2012) zehn Parteien vertreten. Doch trotz der über 20 Regierungschefs, die Litauen seit 1991 erlebt hat, blieben die Vektoren der Innen- und Außenpolitik recht stabil. Die Integration des Landes in die EU und in die NATO wurde von allen Regierungen gleichermaßen betrieben, auch an der weiteren marktwirtschaftlichen Ausrichtung der früheren Sowjetrepublik bestand kein grundsätzlicher Zweifel.

Touristenziel Kurische Nehrung

Seit 2004 ist Litauen Mitglied in der Europäischen Union. Aus den Kassen der EU flossen viele Milliarden Euro nach Litauen. Viele junge Litauer nutzten aber auch die neue europäische Freizügigkeit, um auszuwandern. »In Westeuropa oder den USA gibt es viel mehr Möglichkeiten als bei uns«, sagt Antanas. Wenn man Litauen heute besucht, erinnert trotz EU-Milliarden immer noch vieles an die Sowjetunion. Im touristischen Bereich gewinnt man jedoch den Eindruck, dass das Land im Westen angekommen ist. Wir fahren an die Kurische Nehrung,[25] die das Kurische Haff von der Ostsee trennt. Sie ist eine der schönsten Landschaften Europas. Von der 98 Kilometer langen Landzunge gehören heute 52 Kilometer zu Litauen und 46 Kilometer zu Russland. Durch den häufigen Nordwestwind wurde der Ostseesand aufgeweht und türmte sich am Haff zu hohen Wanderdünen auf. Viele Dörfer in der Gegend wurden im Laufe der Jahrhunderte auf diese Weise verschüttet, nur noch einige Friedhöfe sind erhalten geblieben. Andere Dörfer, so zum Beispiel Nidden, wurden an einer anderen Stelle wieder aufgebaut. Nidden hat sich herausgeputzt. Die strohgedeckten Häuser sind blau oder rot angestrichen, und sie haben blau-weiße Fensterläden. Es gibt eine Menge Restaurants, Pensionen und Hotels. Man hat sich auf die Besucher aus dem Westen, und hier vor allem aus Deutschland, aber auch der Schweiz, eingestellt. Mittlerweile kommen pro Jahr zwei Millionen Gäste nach Litauen, die meisten von ihnen fahren an die Nehrung.[26] An jeder Ecke gibt es Souvenirs aus Bernstein sowie allerlei Schnickschnack zu kaufen. Auch sonst haben die Bewohner alles Erdenkliche getan, um das ehemalige Flair des Ostseedorfes wiederherzustellen. Im Ergebnis bestaunen wir liebevoll restaurierte Häuser, einen gepflegten Hafen mit kleinen Lokalen und das frühere Ferienhaus von Thomas Mann, der gern in Nidden Urlaub machte. Busse bringen Urlauber mittlerweile in Scharen herbei.

Zwischen Litauen und Polen: Die russische Enklave Kaliningrad (Königsberg)

Südlich von Nidden befindet sich der Grenzübergang zu Russland bzw. zur russischen Enklave Kaliningrad. Kaliningrad, die frühere ostpreußische Hauptstadt Königsberg, war bereits einmal zwischen 1918 und 1945 Enklave, damals allerdings eine deutsche. Infolge des Versailler Vertrages wurde Ostpreußen zwischen 1920 und 1939 durch den »polnischen Korridor« vom deutschen Kernland abgetrennt. Nach dem Zweiten Weltkrieg fiel das südliche Ostpreußen an Polen und das nördliche Ostpreußen an die Sowjetunion. Dieser Nordteil ist nun auch geteilt. Den Grenzübergang bei Nidden kann man nur mit einem gültigen Visum für die Russische Föderation passieren. Was für Litauen-Urlauber aus dem Westen letztlich nur eine Frage der guten Organisation oder des Verzichts auf einen Tagesausflug ist, bedeutet für die Bewohner des litauischen und des russischen Teils des nördlichen Ostpreußens einen einschneidenden Wandel. Zur Sowjetzeit waren die Grenzen zwischen den einzelnen Sowjetrepubliken keine Staats-, sondern nur administrative Grenzen. Wer in der UdSSR über genügend Rubel verfügte, konnte innerhalb des Landes relativ frei reisen, es sei denn, sein Ziel war eines der gesperrten Gebiete, die es in jeder Sowjetrepublik gab. Heute ist das auf dem Gebiet der früheren UdSSR anders. Während es im GUS-Raum mehr oder weniger gut funktionierende visafreie Grenzregime gibt, ist das Baltikum aus diesem System ausgeschert. Bei den Verhandlungen über den EU-Beitritt der baltischen Staaten im Jahre 2004 spielten Visafragen eine entscheidende Rolle. Wie sollten vor allem russische Staatsbürger aus der Enklave Kaliningrad ins russische

Kernland reisen, wenn – wie seit 2007 der Fall – das Schengen-Regelwerk gilt? Aus Verärgerung darüber, dass Kaliningrader, die auf dem Landweg nach Russland reisen, nun entweder in einem »versiegelten« Zug sitzen müssen oder ein litauisches Visum brauchen, entstand in Russland sogar die Idee, einen 300 Kilometer langen Tunnel nach Kaliningrad zu bauen.[27]

Baltische »Packesel«

Litauen ist seit seinem Beitritt zur Europäischen Union der »Wächter der EU-Ostgrenze«, da es an Russland und an Weiß-russland grenzt. Litauische Grenzbeamte wurden im Westen ge-schult, und das Grenzregime hat sich mittlerweile eingespielt. Die Kritik aus Russland ist leiser geworden. Russische Staats-bürger Kaliningrads, die über Litauen nach Russland reisen wollen, können entweder einen der fünf Züge nutzen, für die laut einer »Vereinbarung über die Ausstellung eines vereinfach-ten Reisedokuments für die Eisenbahn« lediglich die Bahnfahr-karte und ein gültiger Reisepass erforderlich sind.[28] Der Zug darf allerdings auf litauischem Territorium nicht verlassen wer-den. Während für Reisen nach Litauen und in den übrigen Schengen-Raum für russische Staatsbürger eine Einladung vor-liegen muss, erhalten die Bewohner der Enklave Kaliningrad ihr Visum ohne Einladungsschreiben. Kompliziert wird die Ange-legenheit erst dann, wenn Kaliningrader mit dem Auto über Li-tauen ins russische Kernland reisen wollen. Dann sehen sie sich mit der geballten Visabürokratie der Schengen-Gemeinschaft konfrontiert.

Im Westen sorgten aber in letzter Zeit weniger illegale Einwan-derer aus Russland oder Weißrussland für Aufmerksamkeit, sondern vielmehr einige Litauer selbst. 2011 deckten deutsche und polnische Fahnder einen Ring von litauischen Drogenkurie-ren auf. Bei den baltischen »Packeseln«[29] handelte es sich um litauische Fußballprofis, die dazu engagiert worden waren, meist aus Afghanistan und Pakistan stammenden »Stoff« nach West-europa zu transportieren. Noch ist Fußball in Osteuropa kein so einträgliches Geschäft wie im Westen. In einer litauischen Profiliga sind kaum mehr als umgerechnet 1000 Euro im Monat zu verdienen. Die Sportler suchten nach einem einträglichen Ne-benverdienst. Einer der verhafteten Fußballer hatte 162 Kilo-gramm Haschisch im Gepäck.[30]

Umstrittene Atomkraft

Das Energienetz im Baltikum ist nach wie vor über das ehemals sowjetische Netz mit Russland und Weißrussland verbunden. Anbindungen an das europäische Stromnetz über Finnland, Schweden und Polen sind größtenteils nicht über die Ankündigungs- und Planungsphase hinausgekommen. Beim Gas beträgt die Importabhängigkeit von Russland für alle drei baltischen Staaten nach wie vor annähernd 100 Prozent.[31]

Bis 2010 sorgte das litauische Atomkraftwerk »Ignalina« zumindest bei der Stromversorgung für eine gewisse Eigenversorgung des Baltikums. Dann wurde es abgeschaltet.

»Ignalina«, das einzige Atomkraftwerk des Baltikums, war 1987 in Litauen fertiggestellt worden. Damals galt das leistungsstärkste Atomkraftwerk der UdSSR als Vorzeigeprojekt für den Weg der Sowjetunion in die Moderne.[32] Nach der Unabhängigkeit ging »Ignalina« in litauischen Besitz über und machte Litauen mit etwa 80 Prozent zum Land mit dem weltweit höchsten Anteil an Atomstrom.[33]

Das Atomkraftwerk, das von der gleichen Bauart wie das Atomkraftwerk in Tschernobyl ist, erwies sich allerdings immer wieder als störanfällig. Als Voraussetzung für den EU-Beitritt musste sich Litauen daher dazu verpflichten, das Kraftwerk »Ignalina« vom Netz zu nehmen.[34] Nach der Stilllegung des Kraftwerkes muss Litauen im Jahr 2011 den größten Teil seiner Energie importieren und ist damit nach der Slowakei an zweiter Stelle der importabhängigsten Länder der EU.[35]

Bereits 2006 haben die drei baltischen Staaten als Reaktion auf die von der Europäischen Union geforderte Abschaltung »Ignalinas« den gemeinsamen Plan bekundet, ein neues Atomkraftwerk direkt in der Nähe des alten Standortes zu bauen, um die Abhängigkeit von russischen Stromlieferungen zu verringern. Die Fertigstellung war für 2015 angesetzt, doch politische Auseinandersetzungen und mangelndes Interesse von Investoren bei der Ausschreibung verzögern das Projekt wohl um Jahre.[36] Möglicherweise kommt es infolge der Atomkatastrophe in Japan im März 2011 überhaupt nicht mehr zum Bau des Meilers. Russland wird einspringen. Es möchte in Kaliningrad ein »Baltisches Atomkraftwerk« bauen, das nach 2018 nicht nur das Kaliningrader Gebiet versorgen, sondern auch Strom an die baltischen Staaten und die EU liefern soll. Darüber hinaus plant

Staatsgründer König Mindaugas (1203–1263) vor dem litauischen National-
museum, 2011

Weißrussland nahe der litauischen Grenze den Bau eines eigenen Atomkraftwerks.[37] Begeistert sind die Litauer von diesen
Plänen nicht. Irgendwie, so ist ihr Gefühl, kommen sie nicht los
von den Russen.

Verbot sowjetischer Symbole

Während in Lettland und Estland jeweils mehr als ein Viertel
der Bevölkerung russischer Abstammung ist, sind es in Litauen
nur acht Prozent.[38] Die Sehnsucht, nach der Unabhängigkeit so
schnell wie möglich Anschluss an Europa zu finden, war enorm.
Im Vergleich zu den anderen beiden baltischen Republiken nahmen die Litauer »ihre« Russen dabei mit. Die bekamen genauso
wie die Angehörigen der polnischen, ukrainischen und weißrussischen Minderheiten, die u. a. noch in Litauen leben, nach dem
Abschied von der Sowjetunion automatisch einen litauischen
Pass. Das Verhältnis der Litauer zu den Russen ist jedoch nach
wie vor eine Hassliebe. Die Litauer machen in der Mehrheit die
Russen für all das verantwortlich, was sowjetisch war, und sie
unternehmen teils hilflose Versuche, sich von dieser sowjetischen Vergangenheit zu verabschieden. 2010 sollten in der Stadt
Ponewiesch, im Nordosten Litauens, Straßenfeger nur deshalb

eine Strafe zahlen, weil ihre Schneeschaufeln aus rot gestrichenem Sperrholz mit Hammer und Sichel verziert waren, ein Überbleibsel aus Sowjetzeiten. Die kommunalen Angestellten hatten die Schippen im Lager des Rathauses gefunden. Es gibt noch Tausende davon. Es half alles nichts. Sie wurden wegen »Öffentlichem Zeigen von nazistischer und sowjetischer Symbolik« angeklagt, was in Litauen seit 2008 strafbar ist.[39]

In vielen Bereichen unterscheidet sich das EU-Land nicht von anderen postsowjetischen Staaten. Die problematischen Themen sind die gleichen: Abwanderung von Fachkräften, Altersarmut, eine extreme Schere zwischen Armen und Reichen sowie Korruption, vor allem im Bildungs- und Gesundheitswesen, beim Zoll, bei der Polizei sowie in den öffentlichen Verwaltungen. Im Korruptionsindex von »Transparency International« lag Litauen im Jahr 2010 auf Platz 52 und damit hinter den meisten anderen europäischen Ländern.[40]

Während andere frühere Sowjetrepubliken wie Weißrussland, die mittelasiatischen Staaten und teilweise auch Russland versuchen, ihre Wirtschaft durch Zollbarrieren zu schützen, ist das auf dem freien europäischen Markt, dem Litauen nun angehört, nicht mehr möglich. Viele litauische Unternehmen hielten dem Druck dieser Märkte nicht stand und gingen pleite.

Für Antanas ist es schwer, eine Prognose über die Zukunft Litauens abzugeben. 2014 soll der Euro eingeführt werden, doch nachdem, was sich auf dem europäischen Währungsmarkt 2010 und 2011 abgespielt hat, glaubt er nicht mehr daran. »Ich denke eher, dass die Deutschen wieder ihre Mark zurückbekommen und wir unseren Litas behalten«, sagt er und vertritt damit die Meinung vieler seiner Landsleute. Antanas ist vor allem skeptisch in Bezug auf die wirtschaftliche Entwicklung Litauens geworden. »Die Leute haben einfach Sehnsucht nach etwas mehr Ruhe und Sicherheit. Wir haben uns 1990 vielleicht zu viel vorgenommen. So schlecht war es ja in der Sowjetunion auch nicht.« Ein solcher Satz wäre ihm früher nicht über die Lippen gekommen.

Lettland

Es gab schon einmal einen eigenständigen lettischen Staat. Infolge der Wirren des Ersten Weltkrieges und der russischen Oktoberrevolution erklärte Lettland 1918 seine Unabhängigkeit von Russland. Im Zentrum von Riga steht noch heute ein Denkmal für Kārlis Ulmanis. Am lettischen Außenministerium wurde 1997 eine Gedenktafel für ihn angebracht. Ulmaris, der in Zürich, Leipzig und in den USA studiert hatte, gilt als Staatsgründer und war der erste Ministerpräsident des unabhängigen Lettlands. Er ist eine der umstrittensten Persönlichkeiten der lettischen Geschichte. Mit der parlamentarischen Demokratie, die er nach dem Ersten Weltkrieg in Lettland selbst mit aus der Taufe hob, konnte sich der nationalistische Politiker nicht anfreunden. Zwischen 1934 und 1940, dem Jahr des Anschlusses Lettlands an die Sowjetunion, regierte er das Land diktatorisch. Ulmaris starb 1942 in stalinistischer Gefangenschaft.

Ulmaris spaltet die politischen Lager in Lettland nach wie vor. Während manche ihm vorwerfen, sich als Diktator den Nationalsozialismus zum Vorbild genommen zu haben, trauern andere den 1930er Jahren nach. Ihnen bleiben diese Jahre als »Periode eines gedeihenden Wohlfahrtsstaates und der wirtschaftlichen Blütezeit«[41] in Erinnerung. Dies inspirierte auch Teile der Unabhängigkeitsbewegung der achtziger Jahre.

Zentrum war die Menschenrechtsgruppe »Helsinki«, die 1986 in Erinnerung an den Helsinki-Prozess entstand. Vom 30. Juli bis 1. August 1975 waren in Helsinki 35 Außenminister europäischer Staaten sowie der Sowjetunion, der USA und Kanadas zur Konferenz über Sicherheit und Zusammenarbeit in Europa (KSZE) zusammengekommen. Sie vereinbarten damals die friedliche Regelung von Streitfragen und bekannten sich zur Achtung der Menschenrechte und Grundfreiheiten. Bürgerrechtler im gesamten Ostblock verlangten die Respektierung der auch von ihren Staaten unterzeichneten Schlussakte.

Die Unabhängigkeitsbewegung

Im Juli 1987 riefen lettische Helsinki-Aktivisten zu einer ersten großen Kundgebung in Riga auf. Am Freiheitsdenkmal, dem in den 1930er Jahren, unter Kārlis Ulmanis, ein russisches Reiter-

Land	Lettland
Hauptstadt	Riga mit ca. 713 000 Einwohnern
Größe	62 196 km²
Bevölkerung	Ca. 2,3 Mio. Einwohner, davon 59,3 Prozent Letten, 27,8 Prozent Russen, 3,6 Prozent Weißrussen, 2,5 Prozent Ukrainer, 2,4 Prozent Polen, 1,3 Prozent Litauer und 3,1 Prozent andere Nationalitäten
Landessprachen	Amtssprache ist Lettisch, Russisch ist als Verkehrssprache noch weit verbreitet
Religionen	evangelisch-lutherische Kirche, römisch-katholische Kirche, russisch-orthodoxe Kirche, Jüdische Synagogengemeinschaft
Währung	Lettischer Lats (1 EUR = ca. 0,71 LVL)
Datum der Unabhängigkeit	4. 5. 1990
Staats-/Regierungsform	Parlamentarische Demokratie
Staatsoberhaupt	Staatspräsident Andris Berzins
Staatsoberhäupter seit Unabhängigkeit	7. 7. 1993 – 7. 7. 1999 Guntis Ulmanis 8. 7. 1999 – 8. 7. 2007 Vaira Vike-Freiberga 8. 7. 2007 – 8. 7. 2011 Valdis Zatlers seit dem 8. 7. 2011 Andris Berzins
Regierungschef	Ministerpräsident Valdis Dombrowskis
Regierungschefs seit Unabhängigkeit	7. 5. 1990 – 3. 8. 1993 Ivars Godmanis 3. 8. 1993 – 15. 9. 1994 Valdis Birkaws 15. 9. 1994 – 21. 12. 1995 Maris Gailis 21. 12. 1995 – 7. 8. 1997 Andris Skele 7. 8. 1997 – 26. 11. 1998 Guntars Krasts 26. 11. 1998 – 16. 7. 1999 Vilis Kristopans 16. 7. 1999 – 5. 5. 2000 Andris Skele 5. 5. 2000 – 7. 11. 2002 Andris Berzins 7. 11. 2002 – 9. 3. 2004 Einars Repse 9. 3. 2004 – 2. 12. 2004 Indulis Emsis 2. 12. 2004 – 20. 12. 2007 Aigars Kalvitis 20. 12. 2007 – 12. 3. 2009 Ivars Godmanis seit dem 12. 3. 2009 Valdis Dombrowskis
Parlament	Eine Kammer mit 100 Sitzen
Regierungsparteien	Wahlbündnis Einigkeit (bestehend aus den Parteien Neue Zeit, Volkspartei, Bürgerunion) sowie Bündnis der Grünen und Bauern (Koalition verfügt über 55 von 100 Sitzen im Parlament)

Opposition	Harmoniezentrum, Alles für Lettland, Für ein gutes Lettland
Mitgliedschaft in internationalen Organisationen (u. a.)	UN, UNESCO, WHO, OSZE, FAO, ILO, ITU, WMO, UPU, WIPO, ICAO, IWF, EBRD, Council of the Baltic Sea States, IMO, Europarat, IBRD, IDA, IFC, MIGA, ICSID IAEA, WTO, IOM, World Tourism Organisation, NATO, EU
Bruttoinlandsprodukt	26,2 Mrd. US-Dollar (2009)

standbild Peters des Großen weichen musste, versammelten sich 5000 Menschen, um gegen die sowjetische Besatzung zu demonstrieren. Die Letten sind bekanntlich ein »kleines Volk mit großer Stimme«. Sängerfeste haben seit dem 19. Jahrhundert Tradition. Bei der Kundgebung ertönten die alten lettischen Volkslieder.

Es entstand die »Lettische Volksfront« (»Latvijas Tautas Fronte«), die mit der litauischen »Sajudis«-Bewegung vergleichbar war und die rasch anschwoll. An der machtvollen Demonstration am 23. August 1989, dem 50. Jahrestag des Hitler-Stalin-Paktes, die wir im litauischen Wilna miterlebt hatten, nahmen auch in Lettland Hunderttausende Menschen teil. Allerdings lebten dort vergleichsweise viele Russen. Dem damals erfolgten Anschluss des Landes an die Sowjetunion standen sie weit weniger kritisch gegenüber als die Letten.

Im März 1990 gewann die »Lettische Volksfront« mit großer Mehrheit die Parlamentswahlen. Im Mai 1990 beschloss das Parlament die Souveränität des Landes. Als eine Sondereinheit des Moskauer Innenministeriums am 21. Januar 1991 das lettische Innenministerium stürmte, drohte die Situation noch einmal zu kippen. Fünf Menschen wurden getötet, Hunderte verletzt. Doch die Macht der Sowjets war nicht mehr zu halten, die Truppen mussten sich wieder zurückziehen. Am 3. März 1991 sprachen sich in einem Referendum 74 Prozent der lettischen Bevölkerung für die Unabhängigkeit von der Sowjetunion aus. Auch der russische Bevölkerungsanteil hatte damit mehrheitlich für einen Abschied vom Sowjetimperium plädiert. Am 21. August 1991 wurde die Eigenständigkeit Lettlands vom Staatsrat der UdSSR anerkannt. Der Kampf mit dem »großen Bruder« war gewonnen.

Die »Lettische Volksfront« verfügte über keine vergleichbare Führungspersönlichkeit wie die Litauer mit Vytautas Landsbergis. Von Beginn an bestimmten interne Streitigkeiten ihre Politik. Erstes Staatsoberhaupt des unabhängigen Lettlands wurde deshalb auch keiner der neuen Volksfrontpolitiker, sondern Parlamentspräsident Anatoli Gorbunow. Er war vorher Sekretär des Zentralkomitees der Kommunistischen Partei gewesen, hatte sich aber für die Unabhängigkeit Lettlands eingesetzt. Als Staatsoberhaupt führte er seinen Namen in lettischer Schreibweise: Anatolijs Gorbunovs. Ministerpräsident wurde Ivars Godmanis. Er kam aus der Volksfrontbewegung. Beide blieben bis 1993 in ihren Ämtern.

Die Letten stellen bis heute nur knapp die Mehrheit der insgesamt 2,3 Millionen Einwohner Lettlands, während andere, überwiegend russischsprachige Minderheiten, fast 40 Prozent der Bevölkerung ausmachen.

Diese verzwickte ethnische Situation war ein Produkt von Stalins Umsiedlungspolitik: Weil der »rote Diktator« die Sowjetmacht etablieren wollte, siedelte er in Lettland wie auch im übrigen Baltikum nach dem Zweiten Weltkrieg große Industriebetriebe an, die er mit russischen Arbeitern füllte. Gleichzeitig wurden Zehntausende von Balten ermordet, inhaftiert oder verschleppt. Allein bis 1953 ereilte dieses Schicksal 120 000 Letten.[42] Lettland wurde sowjetisiert und der Anteil an Russen wuchs von Jahr zu Jahr. In vielen Städten, so auch in der Hauptstadt Riga, gab es bald russische Bevölkerungsmehrheiten. Stalins Rechnung schien aufzugehen: Lettlands Umgangssprache wurde Russisch, die Kultur des kleinen Ostseelandes verlor an Bedeutung. In der Regierung, in den Amtsstuben, in den Chefetagen der Großbetriebe – überall saßen Russen. Die Letten waren Fremde im eigenen Land geworden.

Start in die Privatwirtschaft

Alexej, unser in Kabul geborener und in Taschkent aufgewachsener russischer Freund, versuchte im Jahr 1993, in Lettland Fuß zu fassen. Usbekistan, so schien es ihm, bot für Russen keine Zukunft mehr. Der Exodus, der in den kommenden Jahren zur massenhaften Abwanderung der russischen Minderheit aus Mittelasien führen sollte, hatte bereits eingesetzt. In Riga lebte ein ehemaliger Nachbar Alexejs aus Taschkent. Dieser

Nachbar, Jegor Wassiljewitsch, war 1983 als Offizier erst nach Leningrad und 1988 dann nach Riga versetzt worden, wo er zum Hauptmann befördert wurde. Wenn man mit den Nachfolgestaaten der Sowjetunion vertrauter geworden ist, stellt man fest, dass vor allem die Russen trotz der Größe des ehemaligen Riesenreiches über Verwandtschaften und freundschaftliche Bindungen ein Beziehungsgeflecht unterhalten, das von der Ostseeküste bis nach Mittelasien und von Brest bis nach Wladiwostok reicht. Auch Alexej und Jegor fanden rasch wieder zueinander. Gemeinsam gründeten sie eine Druckerei, wobei ihnen vor allem die Militärkontakte Jegors halfen.

Die in Lettland stationierten ehemaligen sowjetischen und nun russischen Truppen standen kurz vor dem Abzug und mussten 1994 das Land endgültig verlassen. Die Druckmaschine stammte aus der Druckerei von Jegors Einheit. »Damals«, so erinnert sich Alexej, »ließ sich alles kaufen. Kalaschnikows, Handgranaten, Uniformen, was immer man wollte, konnte man mit den Kommandanten der Einheiten aushandeln. Sie standen ja sowieso vor dem Nichts. Jelzins Russland war korrupt, um die ehemaligen Soldaten kümmerte man sich kaum.« Alexejs Bekannter saß also »an der Quelle«. Er ließ die Druckmaschine, mit der früher sowjetisches Propagandamaterial und Dienstanweisungen gedruckt worden waren, von Soldaten abmontieren, das Monstrum auf einen Armee-Lastkraftwagen vom Typ »Ural 375 D« verladen und zu einer von ihm angemieteten kleinen Halle am Stadtrand von Riga bringen, die zur Sowjetzeit der Armee als Lager gedient hatte. Druckmaschine, Transport und Montage waren beim Vorgesetzten, einem trinkfreudigen Oberst kurz vor der Pensionierung, zu bezahlen. Der Rest bestand aus dem Versprechen, dessen Enkelin in Moskau beim Bestehen der Aufnahmeprüfung für das Medizinstudium zu helfen, sowie einer Einladung in ein gerade neu eröffnetes Rigaer Edelrestaurant.

Das sowjetische Beziehungsgeflecht funktionierte erneut: In Moskau war Jegors Cousine, einst Parteisekretärin an einer Universität, in eine verantwortliche Position im neuen russischen Gesundheitsministerium aufgerückt. Ein Jahr später studierte die Enkelin des Obersts in der russischen Hauptstadt mit einem Staatsstipendium Medizin. Sie war die einzige Nutznießerin des Geschäfts. Ihr Großvater starb kurz nach ihrer Immatrikulierung an Leberzirrhose. Die beiden russischstämmigen

Blick auf Riga, 2011

neuen Rigaer Unternehmer, Alexej und Jegor, betrieben ihre Druckerei gerade einmal zehn Monate. Das Geschäft lief gut an, sie druckten Hochzeitseinladungen, Werbeplakate und Informationsmaterial westlicher Organisationen, die sich mehr und mehr in Lettland niederließen. Die Gewinne flossen steuerfrei, die lettischen Steuerbehörden waren käuflich und ihre Beamten wollten nicht dem Staat, sondern sich selbst etwas Gutes tun. Jegor und seine Familie, er hatte eine Frau und zwei Töchter im Alter von sieben und zehn Jahren, und Alexej beschlossen nach einigem Überlegen, in Lettland zu bleiben. Die Baltenrepublik wollte Mitglied in der EU werden, ein lettischer Pass erschien verlockend. Beide hatten das Gebiet der früheren Sowjetunion noch nie verlassen. Sie träumten davon, bald Paris, Rom, Berlin und London zu sehen. Nach kurzer Zeit, die Alexej als die »erniedrigendste Periode seines Lebens« beschreibt, gaben sie das Vorhaben jedoch auf. Alexej hatte nach dem Zusammenbruch der Sowjetunion automatisch die Staatsbürgerschaft Usbekistans erhalten. Jegor und seine Familie besaßen noch ihre sowjetischen Pässe, die sie durch einen neuen Stempel als Staatsbürger der Russischen Föderation auswiesen. In Riga machte man ihnen schnell klar, dass sie nicht dazugehörten. Zwar könnten sie in Lettland bleiben, einen lettischen Pass bekämen sie jedoch nicht. Lettland ließ die Russen spüren, dass der Wind sich nun gedreht hatte. Alexej und Jegor waren damals 32 und 35 Jahre alt. Der Arroganz des neuen lettischen Staates wollten sie sich nicht für alle Zukunft aussetzen. Jegor verkaufte die Druckerei, blieb im Dienst der Armee, ist heute Oberst und lebt in St. Petersburg. Ins Baltikum ist er nie wieder gefahren. Alexej, auf der Suche nach Glück und Geld, sprang ins kalte Wasser. Während es die meisten Russen aus ehemaligen Sowjetrepubliken in die Hauptstadt der Russischen Föderation oder nach St. Petersburg zog, entschloss sich Alexej zu einem weiten Schritt. Er siedelte nach Wladiwostok im Fernen Osten Russlands über. Dort sollte er bald eine neue geschäftliche Erfahrung machen, wie sie typischer für das Russland der 1990er Jahre nicht sein konnte.

Wären die beiden 1994 in Lettland geblieben, hätten sie den wirtschaftlichen Aufstieg Lettlands genauso erleben können wie eine Krise, die 2009 beinahe zur Staatspleite führte.

Lettische SS-Verbände und der Umgang mit der Vergangenheit
Als wir 1994 nach Lettland reisten, kamen wir in ein graues Land. Es bedurfte viel Phantasie, um sich vorzustellen, dass Riga einst eine Hansestadt und Zentrum des Deutschen Ordens im Baltikum gewesen war. In Riga lag gerade Schnee, die Häuser und Straßen erschienen in schäbigem Zustand. Die Stimmung war gereizt, denn die Russen, die bis ein Jahr zuvor die Macht im Lande hatten, waren inzwischen ohne Rechte. In Lettland entbrannte damals eine Debatte, was mit ihnen zu tun sei. Die meisten von ihnen wollten, anders als Jegor und Alexej, im Baltikum bleiben. Am Freiheitsdenkmal, an dem 1987 die erste Demonstration für die lettische Unabhängigkeit stattgefunden hatte, lagen Kränze. Eine Handvoll dick vermummter Gestalten demonstrierte mit Schildern, die sie sich um den Hals gehängt hatten. »Russen raus«, stand auf den Plakaten, »Ihr seid lange genug unsere Besatzer gewesen – jetzt ist Schluss damit!« Einer der Protestler stand damals jedes Wochenende hier. »Zwölf Jahre saß ich in Sibirien im Gefängnis. Die Russen haben mein Leben zerstört«, sagte er. Sein einziger Wunsch sei es nun, dass diese Fremden alle abziehen. Jeder Lette denke so wie er, »nur trauen sich die Menschen in diesem Land immer noch nicht, den Mund aufzumachen«. Ein älterer Mann mit Bärenfellmütze ging auf das Häuflein Demonstranten zu, schrie sie auf Russisch an und ballte die Faust. »Faschisten! Faschisten!«, rief er immer wieder.

Dieses Totschlagargument wird von Russen immer wieder verwendet, wenn sie sich von den Letten ungerecht behandelt fühlen. Denn 1941 hatte die lettische Bevölkerung den Einmarsch der Deutschen Wehrmacht mehrheitlich begrüßt. In Riga hatte danach das »Reichskommissariat für das Ostland« (RKO) seinen Sitz, das für das gesamte Baltikum sowie für einen Teil des heutigen Weißrusslands zuständig war. Bis zum Herbst 1943 existierte in Riga das größte von Deutschen eingerichtete jüdische Ghetto. Deutsche und Letten kooperierten. Die Nazis ermordeten mit lettischen Kollaborateuren zwischen 70 000 und 80 000 lettische Juden.[43] Innerhalb der Waffen-SS gab es lettische Verbände, darunter auch lettische SS-Freiwilligen-Divisionen. 1998 ließ das lettische Parlament in Erinnerung an den 16. März diesen Tag zum Gedenktag erklären. An diesem Tage hatten sich 1944 lettische SS-Einheiten am Wilikaja-Fluss eine Schlacht mit der Roten Armee geliefert. Erst nach massiven Protesten aus dem In- und Ausland wurde dieser Gedenktag wieder gestrichen. Doch bis heute marschieren lettische Veteranen der Waffen-SS an diesem Tag in Riga auf. Nicht nur für Russen ist das ein Schlag ins Gesicht. Das Problem, das die Letten mit den Russen hatten, spürten wir bei unserer Reise 1994 an jeder Straßenecke, an jedem Arbeitsplatz, an jeder Biertheke. Die Einwohner aller anderen früheren Sowjetrepubliken erhielten nach dem Untergang der UdSSR automatisch die Staatsangehörigkeit des neuen Landes, in Lettland nicht. Nur, wenn die Vorfahren bereits vor 1940 in Lettland gewohnt hatten oder die Nicht-Letten nachwiesen, dass sie die lettische Sprache beherrschten, bekamen sie einen lettischen Pass. Ansonsten blieben sie staatenlos.

Reisen ohne Pass

Wassili und Jelena, die wir 1994 kennenlernten, gehörten zu den Hunderttausenden Staatenlosen. Die jungen Russen waren in Riga geboren worden und fühlten sich dort zu Hause. An Wahlen durften sie aber nicht teilnehmen. Beide besaßen lediglich einen alten Sowjetpass – ein Reisedokument von einem Staat, der nicht mehr existierte. Ihre Arbeit hatten sie verloren. Von den neuen politischen Verhältnissen in Lettland war Wassili wenig begeistert: »Die Letten reden ständig von Freiheit und Demokratie. Aber ich sehe davon nichts. Heute werden hier die

Kommunisten verfolgt, früher war es einfach umgekehrt.« Wassili kommt aus einer ehemals privilegierten Funktionärsfamilie. Sein Vater war KGB-Offizier. Die Kehrtwende in Lettland hatte ihn völlig schockiert. Er zog es vor zu flüchten und lebt heute auf der Krim.

Das junge Ehepaar jedoch wollte in Riga bleiben. Es wohnte mit seinem Kind in einer Drei-Zimmer-Wohnung mitten in Riga. Allerdings nicht allein. Sie mussten ihr Zuhause mit zwei anderen russischen Familien teilen. An jedem Kühlschrank hing ein Vorhängeschloss. An der Badezimmertür war eine Klingel angebracht. Bevor jemand eintrat, prüfte er, ob das Bad frei war. Die Wohnung befand sich in erbärmlichem Zustand. Über der Toilette klaffte ein großes Loch in der Decke. Wenn Wassili und Jelena sie benutzten, setzten sie sich einen Helm auf, weil sie befürchteten, dass ihnen ein Steinbrocken auf den Kopf fallen könnte.

Parallelgesellschaft

Eines war nach der Unabhängigkeit schnell sicher: Die lettische Regierung duldet offiziell keine Zweisprachigkeit im Lande. Lettisch wurde zur alleinigen Staatssprache erhoben. Schon 1992 wurden auf den Straßenschildern die kyrillischen Buchstaben überschrieben. Der russische Präsident Boris Jelzin empörte sich öffentlich über die schlechte Behandlung der russischen Minderheiten im Baltikum.[44]

1993 erlitt die »Lettische Volksfront« eine verheerende Wahlniederlage. Nicht einmal drei Prozent der Letten stimmten für die einstige Unabhängigkeitsbewegung. Dem schmerzhaften Abschied von der Planwirtschaft, einer rasant ansteigenden Korruption und der Herausbildung einer Oligarchen-Klasse hatten die Volksfrontpolitiker nicht nur wenig entgegenzusetzen gehabt, sondern sie hatten selbst daran profitiert. Ferner traute ihnen niemand zu, das gespannte Verhältnis zu Russland und zur russischen Minderheit im eigenen Land auch nur einigermaßen kitten zu können.

Der neue lettische Staatspräsident, Guntis Ulmanis, gehörte dem Bauernverband an. Wir trafen uns mit ihm. Versöhnlich klangen seine Worte in Bezug auf die in Lettland lebenden Russen auch nicht. Auf die Frage, warum Lettland nicht zwei gleichberechtigte Kulturen – die lettische und die russische – zulasse, antwortete der Präsident: »In unserem Land leben lediglich 52 Prozent Letten. 48 Prozent der Einwohner sind Russen, Weißrussen, Moldawier und so weiter. Um unsere Kultur zu retten, müssen wir den Anteil der Letten erhöhen. Das ist für uns überlebenswichtig. Falls Russland ein demokratischer Staat werden wird, hoffen wir, dass viele Russen freiwillig zurückgehen. Das wird der freie Entscheid dieser Menschen sein. Wir schicken keinen weg. Beim Arbeitslohn oder in der Erziehung ist jeder Russe gleichberechtigt. Nur darf er kein politisches Amt bekleiden oder lettischen Boden erwerben. Eine absolute Gleichberechtigung dieser beiden Kulturen würde die Existenz unseres Volkes vernichten.«[45]

Im neuen lettischen Parlament gab es von Anfang an keine Interessenvertretung der Russen. Einer ihrer wenigen Fürsprecher in der Öffentlichkeit war Anfang der 1990er Jahre Sergej Dimanis, der sich selbst als »Hüter der Menschenrechte« bezeichnete. Dimanis trug uns gegenüber dick auf. »Was wir in Lettland erleben, ist reine Apartheid«, behauptete er. »Es gibt hier zwei Klassen von Bürgern mit unterschiedlichen Rechten. Dies birgt sozialen Sprengstoff in sich.« Der ehemalige Wirtschaftsprofessor vermutete, dass rund 40 Prozent der Russen Lettland verlassen würden. Dimanis sagte dazu spöttisch: »Die lettische Regierung wird sich darüber freuen.«[46] Mit seiner Prognose sollte Dimanis nicht recht behalten. Der Anteil der Russen ging von 1989 bis 2010 nur geringfügig zurück.

Die meisten Russen, die in Lettland leben, sind nicht willens, die lettische Sprache zu lernen. »Mir fehlt das Geld für einen Sprachkurs«, druckste Wassili bei unserem Besuch herum, und seine Frau redete sich damit heraus, dass sie auf ihren Sohn aufpassen müsse und deshalb keine Sprachschule besuchen könne.

Das neue Lettland

17 Jahre später sind wir wieder in Lettland. Die Altstadt von Riga ist zu einem Juwel geworden. Die Armut, der Verfall, die grauen Häuser und Straßen, die wir noch 1994 gesehen hatten, sind verschwunden. Es ist Sommer. Am Domplatz haben zahlreiche Restaurants Tische und Stühle im Freien aufgestellt. Die Straßen sind voller junger Menschen. Die Parallelgesellschaft jedoch blieb erhalten. Wassili und Jelena sprechen 20 Jahre nach der Unabhängigkeit Lettlands noch immer kein Lettisch.

Straßenszene in Riga, 2011

Aber sie haben sich mit den Verhältnissen arrangiert. Zwar stört es sie, bei Behörden Anträge nur auf Lettisch stellen zu können, selbst wenn der Bearbeiter ein Russe ist. Aber zumindest können Russen mit ihren Staatenlosen-Pässen seit 2007 ohne Visum in die EU reisen. Und im Unterschied zu den Letten benötigen sie nicht einmal ein Visum für Russland.

Lettland hatte es übertrieben. Immer wieder hagelte es in den vergangenen Jahren Kritik des Europäischen Gerichtshofes für Menschenrechte an der lettischen Zwei-Klassen-Gesellschaft. Lettland will das Einbürgerungsverfahren nun erleichtern.

Waira Wike-Freiberga, Staatspräsidentin Lettlands in den Jahren 1999 bis 2007, bemühte sich redlich um eine Verbesserung der Situation. Doch mittlerweile finden sich kaum noch Russen, die sich einbürgern lassen wollen. Vielen in Lettland lebenden Russen ist es gleichgültig, ob sie in ihrer Heimat Wahlrecht besitzen oder nicht. Ihr Idol heißt Putin, mitunter auch Medwedjew. Mit Stolz hängen sie russische Fahnen an die Wohnungsfenster. Lettische Politiker sind ihnen kaum bekannt. Die lettische Innenpolitik der vergangenen 20 Jahre erscheint ihnen chaotisch. Dieser Eindruck wiederum vereint sie ausnahmsweise mit den Letten. Das Parteienspektrum befand sich in ständiger Bewegung. Häufige Regierungswechsel waren die Regel und nicht die Ausnahme.

Bei Betrachtung der Wirtschaftszahlen ging es dem Land allerdings bis 2008 relativ gut. Dank günstiger pauschaler Steuersätze wurde Lettland ein bevorzugter Ort für ausländische Investitionen. Auch aus Russland floss viel Geld. Russische und lettische Oligarchen verstanden sich immer dann, wenn es um gute Geschäfte ging. Und die lettische Regierung war meistens dabei. Das Geld in Lettland saß locker, es gab genug Kredite aus dem Ausland. Doch 2009 platzte die Blase. Die Landeswährung Lats, die seit 2005 an den Euro gebunden ist, geriet unter starken Druck. Lettland suchte um internationale Finanzhilfe nach und leitete einen Sparkurs ein. Daraufhin kam es in Riga zu Ausschreitungen, Plünderungen und Straßenschlachten mit der Polizei. Mittlerweile geht es wieder langsam aufwärts. 2010 gewann das bürgerliche Bündnis »Einheit« (»Vienotība«) die Parlamentswahlen. Die Parteien, die es bilden, haben sich die Konsolidierung des Haushaltes vorgenommen. Der 2011 zum neuen Staatspräsidenten gewählte Andris Bērziņš scheint zu wissen, wie das geht. Der Multimillionär ist einer der wohlhabendsten Geschäftsleute des Landes. Zur Sowjetzeit war er Vizeminister in der letzten Regierung der Lettischen Sozialistischen Sowjetrepublik.

Estland

Gorbatschows Abschiedsgeschenk

In Estland, wo wir während unserer Baltikum-Reise im Jahre 1994 einen letzten Stopp einlegten, wollten wir der Ursache für den privaten Wohnungsbesitz in der einstigen Sowjetunion auf den Grund gehen. In Tallinn besuchten wir Toivo und Urma. Wir hatten die beiden Freunde im Vorjahr auf einer Party in Berlin kennengelernt. Urma war ein ehemaliger Leistungssportler, früher hatte er Eishockey gespielt, jetzt verdiente er sich mit Gelegenheitsjobs sein Geld. Toivo arbeitete als Englischlehrer in einem Gymnasium.

Die Freunde lebten gemeinsam in Toivos Wohnung. Der Lehrerberuf lohnte sich finanziell nach dem Zusammenbruch der UdSSR nirgendwo. Estland machte dabei keine Ausnahme. 1994 verdiente Toivo, wenn man die damalige Landeswährung Estnische Krone in Euro umgerechnet hätte, monatlich 120 Euro. Damit lag er im Durchschnitt eines estnischen Monatseinkommens. Ohne Nachhilfeunterricht, den er seinen Schülern in Englisch gab, um sie auf die Prüfungen vorzubereiten, wäre es für Toivo schwierig gewesen, zu überleben und eine Mietwohnung zu unterhalten.

Doch wie die meisten der früheren Sowjetbürger besaß Toivo eine Eigentumswohnung. Er hatte sie von seiner Mutter geerbt. »Unter Gorbatschow wurden überall in der Sowjetunion die Wohnungen privatisiert«, erzählte er. Die Mieter konnten das »Volkseigentum« zu einem fast symbolischen Preis erwerben. Es schien beinahe eine Art Abschiedsgeschenk Gorbatschows an die Sowjetbürger zu sein. »Ohne diese Privatisierung säßen wir auf der Straße«, berichteten Toivo und Urma. »Uns machen schon die Unterhaltskosten, kommunale Abgaben und der Strom jeden Monat große Sorgen.« Bis heute sorgt Gorbatschows »Geschenk« vom Baltikum über Russland bis nach Mittelasien dafür, dass die Wohnraumsituation noch nicht zu sozialen Unruhen geführt hat. Meistens handelt es sich bei den privatisierten Wohnungen um die übliche »Sowjetplatte«: genormte Standardbauten, wie es sie allerorten in der früheren UdSSR in ähnlicher Ausführung gibt. Beliebt sind bei den Bewohnern allerdings die Ziegelhäuser, die bis in die 1960er Jahre gebaut

Land	Estland
Hauptstadt	Tallinn (Reval) mit 406 000 Einwohnern
Größe	45 227 km²
Bevölkerung	1,3 Mio. Menschen, davon sind 69 Prozent ethnische Esten, 26 Prozent Russen, 2 Prozent Ukrainer, 1 Prozent Weißrussen und 0,8 Prozent Finnen
Landessprachen	Amtssprache ist Estnisch, Russisch dient in einigen Regionen als Verkehrssprache
Religionen	evangelisch-lutherisch und orthodox, beim nichtestnischen Bevölkerungsteil dominiert russisch-orthodox
Währung	Euro (seit 1.1.2011)
Datum der Unabhängigkeit	20.8.1991
Staats-/Regierungsform	Parlamentarische Demokratie
Staatsoberhaupt	Präsident der Republik Toomas Hendrik Ilves
Staatsoberhäupter seit Unabhängigkeit	6.10.1992–8.10.2001 Lennart Meri 8.10.2001–9.10.2006 Arnold Rüütel seit dem 9.10.2006 Toomas Hendrik Ilves
Regierungschef	Ministerpräsident Andrus Ansip (Reformpartei)
Regierungschefs seit Unabhängigkeit	20.8.1991–29.1.1992 Edgar Savisaar 29.1.1992–21.10.1992 Tiit Wähi 21.10.1992–8.11.1994 Mart Laar 8.11.1994–17.4.1995 Andres Tarand 17.4.1995–17.3.1997 Tiit Wähi 17.3.1997–25.3.1999 Mart Siimann 25.3.1999–28.1.2002 Mart Laar 28.1.2002–10.4.2003 Siim Kallas 10.4.2003–12.4.2005 Juhan Parts seit dem 12.4.2005 Andrus Ansip
Parlament	Einkammerparlament, 101 Abgeordnete
Regierungsparteien	Estnische Reformpartei (wirtschaftsliberal) und Nationalkonservative Partei
Opposition	Zentrumspartei und Sozialdemokratische Partei
Mitgliedschaft in internationalen Organisationen (u. a.)	EU, NATO, UNO, EBRD, Wirtschaftskommission für Europa, Europäische Verteidigungsagentur, Europarat, FAO, IAEA, IBRD, ICAO, Internationaler Gerichtshof, IHO, ILO, IWF, IMO, Interpol, Internationale Organisation der Obersten Rechnungskontrollbehörden, IPU, ISO, ITU, Multilaterale Investitions-

wurden. Sie sind solider und haben einen besseren Dämmschutz. Bei Gorbatschows Privatisicrungsprogramm wurden freilich nur die Wohnungen an die Mieter verkauft. Grundstück und Haushülle, also das, was man in Deutschland oder der Schweiz als »Gemeinschaftseigentum« bezeichnet, wurden nicht privatisiert und befinden sich bis heute im Besitz des Staates oder der Kommune, die sich in der Regel kaum darum kümmern. So stößt man in den einstigen Sowjetrepubliken überall auf den gleichen Anblick: Plattenbauten, in denen sich die Wohnungseigentümer ihre Wohnungen teilweise mit europäischem Schick ausgebaut haben. Treppenhäuser und Außenansicht aber bieten einen erschreckenden Anblick, da sie de facto niemandem gehören.

Im Plattenbau von Toivo und Urma war das nicht anders. Im Treppenhaus lebten streunende Hunde. Die Hauswände waren auf einer Etage beschmiert, auf der nächsten wieder nicht – je nachdem, ob ein Wohnungsbesitzer Lust und Geld hatte, »seinen« Treppenabsatz auf eigene Kosten zu renovieren. In der Wohnung bot sich aber ein anders Bild. Toivos Mutter hatte mit etwas Liebe zum Kitsch kräftig investiert. Lüster beleuchteten eine puppenstubenähnliche Pracht.

Heute ist es für die meisten jungen Leute in den postsowjetischen Ländern schwieriger geworden, an bezahlbare eigene Wohnungen zu kommen. Ein Immobilienmagazin schreibt über die Lage im Baltikum: »In den Toplagen der Altstädte aber werden unrenovierte Altbauwohnungen mittlerweile für mehr als 4000 Euro je Quadratmeter gehandelt. (…) Selbst Plattenbauwohnungen in den tristen, scheinbar endlosen Vorstädten kosten inzwischen etwa 1000 Euro je Quadratmeter. Ein stolzer Preis, wenn man bedenkt, dass die UdSSR-Platte noch schrecklicher ist als ihr DDR-Pendant.«[47] Selbständige Häuser oder gar Villen erreichen schnell Millionenpreise.

Bezahlen kann sie nur, wer in den 1990er Jahren, in der Zeit des Turbokapitalismus, reich geworden ist. Am besten waren jene beraten, die nicht auf die Hilfe des Staates warteten, sondern auf eigene Faust Geschäfte machten. Urma gehörte dazu. Regelmäßig fuhr er in den 1990er Jahren nach Deutschland oder in die Schweiz, kaufte dort gebrauchte Autos und brachte sie nach Estland. Dort verkaufte er sie für das doppelte Geld. »In diesem Gewerbe konnte man leicht ein paar Tausend Euro im Monat verdienen«, erzählt er. »Viele meiner Freunde machten das so. Sie alle sind mittlerweile reicher geworden als die eigenen Eltern.«

Schwieriger Start in die Unabhängigkeit

Wie in Litauen und Lettland hatte sich in der zweiten Hälfte der 1980er Jahre auch in Estland eine Bewegung von Dissidenten formiert, die gegen die sowjetische Besetzung des Baltikums im Jahre 1940 Partei ergriff. Aus ihr entstand die »Estnische Volksfront zur Unterstützung der Perestroika« (»Rahvarinne«), die sich während der »Singenden Revolution« im Baltikum für die Unabhängigkeit Estlands stark machte. Die erste Massendemonstration fand in Tallinn am 17. Juni 1988 statt. 150 000 Menschen sangen gemeinsam ihre alte Nationalhymne. Die Bewegung schwoll an, und nach der großen Demonstration in den baltischen Sowjetrepubliken am 23. August 1989 war auch in Estland das Ende der Sowjetzeit absehbar. Estland war zwischen 1938 und 1940 eine unabhängige Republik, dann wurde es, wie auch die anderen baltischen Staaten, an die Sowjetunion angeschlossen. Nachdem in Estland im März 1990 die ersten freien Wahlen seit den 1930er Jahren stattgefunden hatten, wurde Edgar Savisaar, eine Führungsfigur der estnischen Volksfront, zum Vorsitzenden des Ministerrates und damit zum Regierungschef der Estnischen Sozialistischen Sowjetrepublik. Kurz darauf, im Mai 1990, benannte das estnische Parlament die Estnische SSR offiziell in Republik Estland um. In einem Referendum sprachen sich im März 1991 dann über zwei Drittel der Bewohner Estlands für die Unabhängigkeit von der Sowjetunion aus. Am 20. August 1991 wurde das nördlichste Land des Baltikums selbständig. Estland, ein Staat mit weniger als 1,5 Millionen Einwohnern, war vorher in besonderer Weise von der Unterstützung aus dem restlichen Sowjetgebiet abhängig gewesen. Die Aufgaben, die vor dem kleinen Land lagen, waren immens.

Verkaufsstände an der historischen Stadtmauer in Tallinn, 2011

Wirtschaftlich plagten Estland zunächst die gleichen Probleme wie die anderen ehemaligen Sowjetrepubliken. Das Bruttoinlandsprodukt sank deutlich. Hatte es 1989 umgerechnet noch über fünf Millionen US-Dollar betragen, lag es 1993 nur noch bei 3,8 Millionen US-Dollar.[48] Viele Unternehmen gingen Bankrott. Andere, so das Tallinner Kraftwerk »Iru«, kämpften noch Jahre mit dem Erbe der Sowjetzeit.

Der Rauch, der aus »Iru« kam, verteilte sich Ende November 1994 am blassgrauen Himmel der estnischen Hauptstadt. Er roch kaum, er schimmerte auch nicht giftgelb, selbst der Schnee auf den Feldern vor dem Betriebsgelände war immer noch weiß. Doch der Schein trog. Jeden Tag jagte das Kraftwerk 14 Tonnen Schwefeldioxid durch den Kamin. »Wir sind der größte Luftverschmutzer von Tallinn«, gab der Kraftwerksdirektor unumwunden zu. Und mit einem Achselzucken fügt er an: »Was sollen wir denn tun? Gegenwärtig fehlt uns das Geld, um einen Filter in den Schornstein einzubauen. Es gibt nur zwei Möglichkeiten: Das Werk abschalten oder die Luft verpesten.«

»Iru« wurde 1979 fertiggestellt, als Energieträger aus dem fernen Sibirien in rauen Mengen zur Verfügung standen. Ursprünglich sollte mit Gas geheizt werden, doch als der Bau beendet war, fehlte die entsprechende Pipeline. Also verwendete man billiges russisches Schweröl mit drei Prozent Schwefelgehalt – einen Brennstoff, den die Umweltgesetze in Westeuropa schon längst verboten hätten. »Heute haben wir Probleme mit dem Öl aus Russland«, sagte der Kraftwerksdirektor. »Kurz nach unserem Unabhängigkeitsreferendum hatte Russland seine Lieferungen sogar einmal ganz gestoppt. Sie wollten uns damit in die Knie zwingen. Zwar schickten Finnland und Schweden Öltanker, aber die Menge reichte kaum zum Heizen.«

Als das Kraftwerk in den siebziger Jahren gebaut worden war, hielten es die Planwirtschaftler des Sowjetstaates für überflüssig, einen Schwefeldioxidfilter in den Schornstein einzubauen. Schließlich war die Ölheizung ja nur als Übergangslösung gedacht. Doch es blieb beim Provisorium: Bis Ende der 1990er Jahre gab es weder eine Gaspipeline noch einen Filter. »Für den Dreck, den wir in die Luft pusten, müssen wir zwar eine Buße beim Staat entrichten«, sagte uns der Direktor, »aber die ist wesentlich billiger als eine komplette Filteranlage.«

In Estland wurde in der Sowjetzeit viel ökologisches Unheil angerichtet. Auf den Militärflugplätzen wurde der Treibstoff aus Nachlässigkeit danebengegossen, oft waren auch die Leitungen undicht. Die Folge: Das Wasser in den umliegenden Gemeinden war teilweise so verseucht, dass man es mit einem Streichholz hätte entzünden können. »Die ökologischen Verluste, die uns die Sowjetarmee zugefügt hat, sind dreimal so hoch wie unser gesamtes Staatsbudget«, rechnete Estlands Umweltminister Andres Tarand vor. »Russland wird sich wohl kaum bemühen, uns dieses Geld zurückzuzahlen.«[49]

Zu den Erbschaften, die die Armee hinterlassen hat, gehören auch die zwei Atomreaktoren auf der Marinebasis Paldiski. Die Anwohner verloren dort noch jahrelang büschelweise ihre Haare und erkrankten, weil der stillgelegte Atommeiler bis zur Jahrtausendwende immer noch heftig strahlte. »Es gibt einen Unterschied in der Mentalität zwischen den Russen und den Esten«, sagte Tarand und spann eine gewagte Theorie: »Die Russen sind Nomaden auf einem riesigen Territorium. Wenn sie ein Gebiet unbewohnbar gemacht haben, ziehen sie einfach weiter. Wir Esten haben aber nur dieses kleine Land. Wir dürfen es nicht zerstören, denn wir können uns nicht woanders ansiedeln.«[50]

Zur Jahrtausendwende nahte zumindest Hilfe für das Tallinner Wärmekraftwerk »Iro«. Die Finnen butterten 2,3 Millionen

Estnische Kronen, das entsprach damals einem Gegenwert von 400 000 Euro, in das Kraftwerk, um dort einen Gaskessel zu installieren. Damit konnte man auf ein Drittel des schädlichen Öls beim Heizen verzichten. Diese Modernisierungshilfe leisteten die skandinavischen Nachbarn nicht ganz uneigennützig. Helsinki liegt auf der anderen Seite des Finnischen Meerbusens, nur gerade 70 Kilometer von Tallinn entfernt. Wehte der Wind aus Süd, bekamen die Finnen die verdreckte Luft aus Estland ab. Was immer aber auch der Grund für die finnische Hilfe gewesen sein mag: Das Kraftwerk »Iru« ist mittlerweile weitgehend modernisiert, über die Schwierigkeiten nach der Unabhängigkeit können die Esten heute nur noch schmunzeln.

»Die Esten werden die Ersten sein«

Die katholischen Litauer und die protestantischen Esten mögen einander nicht besonders. Doch Antanas, unser Bekannter aus Wilna, sagte uns kürzlich: »Man muss ehrlich sein. Wenn ein Land im Baltikum den Namen ›baltischer Tiger‹ verdient hat, dann sind es die Esten.«

Estland ist der Musterschüler des Baltikums. Sie gelten als »vorbildliches Nordlicht«[51].

Am 28. Juni 1992 sprachen sich die estnischen Wähler für eine neue Verfassung aus, die aus Estland eine Parlamentarische Republik machte. Von nun an gab es ein gesetzgebendes Einkammerparlament, einen Präsidenten als Staatsoberhaupt sowie eine vom Ministerpräsidenten geleitete Regierung. Im September 1992 wurden die ersten Parlaments- und Präsidentschaftswahlen des unabhängigen Estlands durchgeführt. Präsident wurde Lennart Meri, der früher bereits als Außenminister fungiert und zu den Anführern der Unabhängigkeitsbewegung gehört hatte; das Amt des Ministerpräsidenten übernahm der Gründer der Christdemokratischen Partei, Mart Laar.

Bereits Ende der 1990er Jahre ging es mit der estnischen Wirtschaft wieder bergauf, im Jahr 2000 war das Bruttoinlandsprodukt auf über 5,6 Milliarden US-Dollar angestiegen, Tendenz weiter wachsend. Im Jahre 2008, vor der globalen Finanz- und Wirtschaftskrise, die auch das Baltikum nicht verschonte, betrug das BIP Estlands sogar 23,5 Milliarden US-Dollar,[52] was, verglichen mit der Zahl von 1993, einen Anstieg von gut 600 Prozent bedeutete.

Das neue Nationaldenkmal Estlands in Tallinn, 2011

Der wirtschaftliche Aufschwung vollzog sich trotz häufiger Regierungswechsel: Während der Amtszeit Lennart Meris von 1992 bis 2001 hatte Estland fünf verschiedene Regierungen. Im Herbst 2001 bekam Estland dann einen neuen Präsidenten, Arnold Rüütel von der Estnischen Volksunion. Seine Amtszeit brachte dem Land zwei entscheidende außenpolitische Einschnitte: 2003 besiegelte eine Volksabstimmung den Beitritt Estlands zur NATO, über den seit 1998 verhandelt worden war, und 2004 trat Estland der EU bei. Mit knapp elf Prozent Zuwachs in der Wirtschaftsleistung waren die Esten 2006 Spitzenreiter in der Europäischen Union. Umfragen zeigen eine stabile Beurteilung von Institutionen wie dem Präsidenten, den Medien und den lokalen Verwaltungen. Die Korruption ist vergleichsweise gering.[53]

Durch die enge Annäherung des Landes an die NATO und die Europäische Union, die am 1. Januar 2011 in der Einführung des Euros gipfelte, sind die Beziehungen des Landes zu Russland allerdings bis heute schwierig.

Im Zuge der letzten Wirtschaftskrise und in Vorbereitung auf den Beitritt zur Euro-Zone schlug Estland einen rigiden Sparkurs ein. Dadurch gelang es der Regierung, die Staatsfinanzen zu stabilisieren und Schulden abzubauen. Estland wird daher als Vorbild für Euro-Krisenländer wie Griechenland oder Portugal gehandelt. Als erstes europäisches Land führte es eine Einheitssteuer für die Einkommen ein, das heißt, es gibt keine Progression. Alle, ob arm oder reich, zahlen 18 Prozent Steuern. Im Weltwirtschaftsforum-Ranking der wettbewerbsfähigsten Länder 2010/2011 belegt Estland immerhin den 33. Platz.[54]

e-Estonia

Nichts machte Estland so berühmt, wie seine elektronische Revolution. Das Land wirbt mit dem Logo »e-Estonia« für sich.[55] Der weltweite Siegeszug des Internettelefondienstes Skype begann in Tallinn. Zwei estnische Tüftler erfanden das Programm und revolutionierten die Telefonwelt. Der estnische Staat garantiert heute den kostenlosen Zugang zum Internet. Wer keinen eignen Rechner hat, kann gratis an einem von 700 öffentlichen Terminals in Dorfläden, Poststellen oder Bibliotheken ins Netz gehen. Die meisten Einwohner Estlands erledigen ihre Bankgeschäfte bereits online. Mit einigen Mausklicks bekommt man Einblick in seine Krankendatei. Wer eine Firma gründen will, profitiert von der in Europa bislang einmaligen Digitalisierung des Staates. »Eine GmbH lässt sich durchaus an einem Tag gründen«, berichtet ein IT-Manager aus Tallinn. »Alle Unterlagen von Banken und Behörden gehen ohne den üblichen Papierkram im Internet per elektronischer Unterschrift, die in Estland rechtskräftig ist, direkt ans zuständige Amtsgericht.«[56] Das gefällt den Investoren. Wie kaum ein anderes Land hat Estland ausländische Kapitalgeber angezogen, vor allem aus dem gutnachbarlichen Schweden. 5170 Euro sind pro Kopf an Investitionen ins Land geflossen, in Litauen ist es nur ein Viertel davon. Immer mehr nähert sich Estland an die skandinavischen Länder an. Das ist politisch so gewollt.

Estland und die Russen

Während in dem kleinen Land nur etwa 300 Schweden leben, gehört ein Drittel der Bevölkerung der russischen Minderheit an. Wie in Lettland sind auch in Estland noch viele Russen ohne jede Staatsangehörigkeit. Die Esten hegen bis heute Vorbehalte gegen Russland und die Russen. Über Generationen hinweg seien sie nicht frei gewesen, heißt es. Jetzt scheint man sich rächen zu wollen. 2006 warf man in Estland Fernsehprogramme aus Russland aus dem nationalen Kabelnetz. Der russischen

Minderheit verblieben nur die Minderheitenprogramme des estnischen Staatsfernsehens.[57]

Ein Streit zwischen Russland und Estland um den Abbau eines sowjetischen Denkmals in Tallinn, den »Bronze-Soldaten«, der an den sowjetischen Sieg im Zweiten Weltkrieg erinnerte, zeigte 2007 der europäischen Öffentlichkeit, wie unversöhnlich das Geschichtsverständnis der Russen und der Balten nach wie vor ist. Proteste der russischen Minderheit in Estland, die sich durch die Versetzung des Denkmals um einen Teil ihrer Geschichte gebracht sahen, forderten über 160 Verletzte und einen Toten. Das Denkmal wurde schließlich zum Teil auf einen Soldatenfriedhof verlegt. Während des Streits kam es im April 2007 zu mehreren Cyberattacken gegen das estnische Parlament, einige Banken, Ministerien, Rundfunkanstalten und Zeitungen. Russland streitet jegliches Wissen um diese Angriffe ab.

2011 führte Estland den Euro als Währung ein. Die entsprechenden Münzen zeigen auf ihrer Rückseite die estnischen Landesgrenzen. Deren dort abgebildeter Verlauf führte zum erbitterten Streit mit Russland, denn es sind auch Gebiete zu sehen, die heute zu Russland und nicht zu Estland gehören. Offiziell versuchte man, das als künstlerische Freiheit des Gestalters zu rechtfertigen. Es klang wenig überzeugend.

Von der UdSSR zu neuen Bündnissen

Die Notgeburt der GUS

Im Baltikum ist uns zu Beginn der 1990er Jahre nicht ein einziger Este, Lette oder Litauer begegnet, der sich hätte vorstellen können, dass sein Land einer neuen Union mit Russland angehören könnte. Wäre es 1991 noch nach dem Willen von Michail Gorbatschow gegangen, hätte es eine Nachfolge-Union der UdSSR gegeben, in der alle ehemaligen Sowjetrepubliken, einschließlich der baltischen Länder, vertreten gewesen wären.

Doch sein Wille spielte im Dezember 1991 keine Rolle mehr. Boris Jelzin, der neue russische Präsident, hatte zusammen mit seinen Kollegen aus Weißrussland und der Ukraine einen neuen Staatenbund, die »Gemeinschaft Unabhängiger Staaten« (GUS), gegründet. Die Frage der Mitgliedschaft der baltischen Länder in dieser Gemeinschaft stellte sich dabei nicht.

Anders als die Sowjetunion ist die Gemeinschaft Unabhängiger Staaten ein loser Zusammenschluss ehemaliger Teilrepubliken der UdSSR. Jelzin wollte keine neue Sowjetunion aus der Taufe heben. Für ihn kam es darauf an, Russland zu konsolidieren. Die Entstehung der GUS war eine Notgeburt. In den Wirren der untergehenden Sowjetunion hatten die neuen Führer der unabhängig werdenden Republiken, die oft deren alte KP-Chefs waren, alle Hände voll zu tun, aus dem Nichts ein eigenes Staatsgebilde zu schaffen. Nach neuen, engen Bündnissen stand ihnen nicht der Sinn. Die GUS wurde zum losen Zusammenschluss einstiger Sowjetrepubliken. Schon im Namen der neuen Organisation vermied man das Wort »Union« (»Sojus«). Gemeinschaft« (»Sodruschestwo«) klingt unverbindlicher.

In zwei Gründungsakten, der Erklärung von Beloweschsk vom 8. Dezember 1991 und dem Vertrag von Alma-Ata vom 23. Dezember 1993, legten die Mitgliedsstaaten Wert auf ihre Unabhängigkeit. Der Vorsitz der GUS wechselt im Jahresrhythmus. Minsk, und nicht Moskau, wurde Sitz der neuen Gemein-

GUS-Gipfeltreffen 2007 in St. Petersburg v. l. n. r.: Ilcham Alijew (Aserbaid-
schan), Robert Kotscharjan (Armenien), Alexander Lukaschenko (Weißruss-
land), Michail Saakaschwili (Georgien), Nursultan Nasarbajew (Kasachstan),
Kurmanbek Bakijew (Kirgistan), Wladimir Woronin (Moldawien), Wladimir Putin
(Russland), Emomali Rachmon (Tadschikistan), Gurbanguli Berdimuchamedow
(Turkmenistan), Islam Karimow (Usbekistan), Wiktor Juschtschenko (Ukraine)

schaft. Hier befindet sich das Exekutivkomitee der GUS. Orga-
nisationsstruktur und Satzung der Gemeinschaft lesen sich wie
aus einem Lehrbuch für Staatenbündnisse. Es gibt einen Rat der
GUS-Staatsoberhäupter, einen Rat der GUS-Regierungschefs,
einen Rat der Außen- und Verteidigungsminister, eine zwischen-
parlamentarische Versammlung, einen Rat der Grenztruppen-
befehlshaber, einen Wirtschaftsrat und sogar ein gemeinsames
Wirtschaftsgericht. Die Satzung schreibt der Gemeinschaft u. a.
die »allgemeine und ausgewogene wirtschaftliche und gesellschaftliche Entwicklung der Mitgliedsstaaten im Rahmen eines
gemeinsamen Wirtschaftsraumes« und die »Unterstützung von
Bürgern der Mitgliedsstaaten bei freiem Austausch, freier Be-
gegnung und freier Fortbewegung in der Gemeinschaft«[1] vor.

Anspruch und Wirklichkeit klaffen dabei weit auseinander.
Wir überquerten während vieler Reisen in den vergangenen Jahren oft die Grenzen, welche die GUS-Staaten voneinander trennen. Visaregime und Korruption der Zollbehörden haben die
Freizügigkeit, die es während der Sowjetzeit zwischen den einzelnen Sowjetrepubliken gab, abgelöst. Die vielen Erlasse und
Verträge, welche die Mitgliedsstaaten im Verlaufe des mittler-

weile 20-jährigen Bestehens der Gemeinschaft Unabhängiger Staaten erließen, sind Papiertiger geblieben. Auch die Wirtschaftsentwicklung und das monatliche Einkommen der Bewohner sind in den Mitgliedsstaaten der GUS extrem unterschiedlich. Mit durchschnittlich 706 Euro im Monat verdienen die Russen am besten. Das Schlusslicht bildet mit 73 Euro Tadschikistan.[2]

Der »Totentanz« der GUS

Seit Beginn ihres Bestehens kämpfte die GUS mit Auflösungstendenzen. Zwar traten bis 1994, mit Ausnahme der baltischen Staaten, alle anderen zwölf früheren Sowjetrepubliken der Gemeinschaft bei, aber die Gipfeltreffen der GUS-Staatschefs endeten nicht nur einmal im Streit. Als sich die Staatsoberhäupter der UdSSR-Erbengemeinschaft beispielsweise 1997 in der moldawischen Hauptstadt Chişinău trafen, behandelten sie keinen einzigen der vorgesehenen Tagesordnungspunkte. Ihr Zusammentreffen gipfelte in lautstarken, gegenseitigen Vorwürfen, der jeweils andere würde einen gemeinsamen Markt verhindern und Konflikte innerhalb der GUS fördern. Zur abschließenden Pressekonferenz der Staatsoberhäupter erschienen nur Boris Jelzin und ein gequält aussehender moldawischer Präsident. Die zehn anderen GUS-Staatschefs ließen sich gar nicht erst blicken. Aus einem anderen Gipfeltreffen, im Jahr 2005 in Kasan, wäre beinahe der Totentanz der Gemeinschaft geworden. Georgien und die Ukraine betrachteten sich nur noch als Teilnehmer- und nicht mehr als Mitgliedsstaaten der GUS. Seinen Austritt als Vollmitglied aus der GUS gab das mittelasiatische Turkmenistan bekannt. Zukünftig wolle die Wüstennation lediglich als assoziiertes Mitglied in dem Staatenbund auftreten. Damit versuchte das gasreiche Turkmenistan, sich weiter dem Machtbereich Russlands zu entziehen. Georgien verließ die GUS 2008 völlig. Die anderen elf Gründungsmitglieder werden vom Exekutivkomitee nach wie vor als Mitglieder gelistet, unabhängig davon, ob sie sich selbst als Mitglieds- oder Teilnehmerstaaten betrachten.[3]

Für Russland war von Beginn an klar, dass mit der GUS »kein Staat« zu machen ist. Wladimir Putin, ein Freund der klaren Aussprache, brachte es auf den Punkt, als er 2005 sagte: »Die GUS wurde gebildet, um einen zivilisierten Scheidungsprozess zu ermöglichen. Alles andere ist Beiwerk.«[4]

Putins und Medwedjews Politik zielt auf veränderte Strukturen. Beide wollen die GUS durch ein Geflecht neuer politischer
und wirtschaftlicher Beziehungen ersetzen, bei denen Russland
eine zentrale Position einnimmt und versucht, einzelne Staaten
stärker an sich zu binden. Seit 1999 existiert die Russisch-Weiß-
russische Union. Mittelfristig ist eine Staatenunion zwischen
Russland, Kasachstan und Weißrussland vorstellbar. Die Zollunion zwischen Russland, Weißrussland und Kasachstan gibt es
bereits. Seit 2006 bereitet die Eurasische Entwicklungsbank, die
ihren Sitz in Petersburg und Astana hat, den Boden für einen
möglichen gemeinsamen Währungsraum vor. Seit April 2011
gibt es keine Grenzkontrollen mehr zwischen Russland und
Weißrussland. Bald soll auch an der russisch-kasachischen
Grenze nicht mehr kontrolliert werden.

Die Eurasische Wirtschaftsgemeinschaft

Die im Jahr 2000 von Russland, Kasachstan, Weißrussland,
Kirgistan und Tadschikistan gegründete Eurasische Wirtschaftsgemeinschaft, der später auch Moldawien, die Ukraine, Armenien[5] und Usbekistan beitraten, wird bereits wieder überflüssig.
Die früheren Sowjetrepubliken planten mit dieser Organisation
ursprünglich einen einheitlichen Zolltarif, freien Handel, ein
gemeinsames Zahlungssystem, die Bildung eines einheitlichen
Marktes für Verkehrsdienstleistungen, die Harmonisierung der
nationalen Bildungssysteme sowie den gemeinsamen Kampf gegen Schmuggel und »andere Arten der Verletzung der Zoll-
regeln«.[6] Die Eurasische Wirtschaftsgemeinschaft ernährt nach
wie vor ihre Beamten mit Sitz in Moskau und Astana, doch
weder kann man mit einem russischen Diplom in Usbekistan
oder einem tadschikischen Abschluss in Russland arbeiten,
noch gibt es funktionierende, einheitliche Zahlungssysteme oder
gar einen einheitlichen Zolltarif.[7]

GUUAM und die »Gemeinschaft für demokratische Wahl«

Georgien, die Ukraine, Aserbaidschan und Moldawien versuchten 1997, eine Gegenallianz zur GUS zu gründen, um sich damit
dem dominierenden russischen Einfluss zu entziehen. Usbekistan trat 1999 als fünfter Staat dem Bündnis bei. Die Organisation nannte sich nach den Anfangsbuchstaben ihrer Mitgliedsstaaten GUUAM. Die USA förderten das Bündnis, wo immer sie

Wachablösung. Sowjetische Technik wird ersetzt.

nur konnten. Alles, was antirussisch war, schien westlichen Interessen zu entsprechen, und die Gründung der GUUAM wurde als klare Abkehr einiger früherer Sowjetrepubliken von Russland hin zum Westen gefeiert.

Aber der amerikanische Versuch, Russland geopolitisch zurückzudrängen, scheiterte am Experiment, westliche Demokratievorstellungen in den postsowjetischen Raum zu übertragen. Vor allem das mittelasiatische Usbekistan, das latent vom islamischen Fundamentalismus bedroht ist, befürchtete, durch eine Liberalisierung Islamisten Zulauf zu verschaffen. Zwar hatte der usbekische Präsident, Islam Karimow, den USA nach dem Terrorakt vom 11. September 2001 Militärbasen zur Verfügung gestellt, von wo aus sie Nachschub für ihre Truppen im Nachbarland Afghanistan sicherstellen konnten. Doch 2005 beendete Karimow diese Allianz. Schon 2002 hatte Usbekistan seinen Austritt aus der GUUAM erklärt, weshalb aus ihr die GUAM wurde. Die letzte Pressemitteilung auf der nach wie vor zu öffnenden Webseite der Organisation stammt aus dem Jahr 2003.[8]

Zu dieser Zeit unterstützten die Vereinigten Staaten bereits finanziell die Oppositionsbewegungen in Georgien, der Ukraine und Kirgistan, wo bald »Farbige Revolutionen« ausbrachen: In Georgien löste Michail Saakaschwili während der »Rosenrevolution« 2003 den ehemaligen sowjetischen Außenminister Eduard Schewardnadse als Präsident ab. In der Ukraine wurde Wiktor Juschtschenko während der »Orangenen Revolution« im Jahre 2004 zum neuen Hoffnungsträger. Während der »Tulpenrevolution« im Jahre 2005 gelang es Kurmanbek Bakijew schließlich, den kirgisischen Präsidenten Askar Akajew zur Abdankung zwingen.

Ende 2005 beschlossen Juschtschenko und Saakaschwili die Gründung der »Gemeinschaft für demokratische Wahl«.⁹ Farbige Träume sollten den gesamten postsowjetischen Raum verändern. Doch es veränderten sich vor allem die einstigen Hoffnungsträger selbst.

2007 ließ Saakaschwili in Tiflis Proteste gegen seinen immer selbstherrlicher werdenden Regierungsstil niederknüppeln, und 2008 verursachte er durch den Einmarsch georgischer Truppen in die abtrünnige Provinz Südossetien Hunderte Todesopfer und eine handfeste internationale Krise. Der ukrainische Präsident Juschtschenko hatte 2010 so sehr abgewirtschaftet, dass ihm bei den Präsidentschaftswahlen gerade einmal fünf Prozent der Ukrainer erneut ihre Stimme gaben – für einen Amtsinhaber eine im internationalen Vergleich seltene Schmach. Und in Kirgistan erwies sich Bakijew seinem Vorgänger Akajew nicht nur ebenbürtig, was Misswirtschaft und Korruption anbelangt. Sein Regime war noch autoritärer als das frühere. 2010 wurde Kurmanbek Bakijew aus Kirgistan vertrieben. Die »Gemeinschaft für demokratische Wahl« ist heute nicht mehr aktiv.

Putin schockiert Europa
Russland blieb die dominierende Macht im postsowjetischen Raum. Doch die Vereinigten Staaten, mehr oder weniger stark flankiert von den Europäern, versuchen seit etwa 2000 in verschiedenen GUS-Staaten Einfluss in der Region zu gewinnen – nicht nur durch die Unterstützung von Oppositionskräften. Die USA planten außerdem, ein Raketenabwehrsystem in Polen und der Tschechischen Republik, also vor der Haustür der Russischen Föderation, zu errichten. Den ehemaligen Sowjetrepubliken Georgien und Ukraine machten die Amerikaner Hoffnungen, in die NATO aufgenommen zu werden.

Während der Münchner Sicherheitskonferenz im Jahre 2007 ließ Putin seinem Unwillen über diese Entwicklungen freien Lauf und sorgte für einen handfesten Eklat. »Ich denke, es ist offensichtlich, dass der Prozess der NATO-Erweiterung keinerlei Bezug (...) zur Gewährleistung der Sicherheit in Europa hat«, schimpfte er. »Was ist aus jenen Versicherungen geworden, die uns die westlichen Partner nach dem Zerfall des Warschauer Vertrages gegeben haben? Wo sind jetzt diese Erklärungen? (…) Die Steine und Betonblocks der Berliner Mauer sind schon längst zu Souvenirs geworden. Aber man darf nicht vergessen, dass ihr Fall auch möglich wurde dank der historischen Wahl, auch unseres Volkes, des Volkes Russlands (…).«[10] Putin wetterte gegen »Ersatz der UNO durch NATO und EU« und forderte eine Erneuerung der »gesamten Architektur der globalen Sicherheit«.[11]

Ich arbeitete damals als Korrespondent des Schweizer Fernsehens in Deutschland. Solche deutlichen Worte hatte man im Westen lange nicht gehört. »Putin schockiert Europa«, kommentierte ich am Abend in unserer »Tagesschau«.[12] Aber es war ein heilsamer Schock. Mein Freund und Ko-Autor Thomas Kunze, der zu dem Zeitpunkt die deutsche Außenpolitik für die Konrad-Adenauer-Stiftung in Russland begleitete, erlebte, wie nach dieser Konferenz in Deutschland und im transatlantischen Bündnis ein langsames Umdenken einsetzte. Zustimmung zu Putins Äußerungen gab es dabei in Deutschland, Europa und den USA zunächst nur hinter vorgehaltener Hand. Doch schrittweise setzten sich nun die Befürworter einer neuen Ostpolitik durch. Der Bukarester NATO-Gipfel im April 2008 legte die Osterweiterung der NATO in Richtung Ukraine und Georgien auf Eis. Während der Münchner Sicherheitskonferenz im Jahre 2009 streckte US-Vizepräsident Joseph Biden den Russen die Hand entgegen und sagte, es wäre an der Zeit, den »Reset Button« zu drücken und in den amerikanisch-russischen Beziehungen einen Neuanfang zu wagen. US-Präsident Barack Obama beerdigte kurz darauf die amerikanischen Pläne für ein Raketenabwehrsystem in Europa. Im September 2009 schrieb NATO-Generalsekretär Anders Fogh Rasmussen schließlich NATO-Geschichte. In einer Grundsatzrede erklärte er, dass eine Mitgliedschaft Russlands in dem Militärbündnis denkbar sei.[13] Obwohl Rasmussen einschränkend ergänzte, dass es dafür Kriterien zu erfüllen gebe, und es eine ganz andere Frage sei, ob Russland sich bewerben würde, markiert seine Rede einen Meilenstein in der Geschichte der Beziehungen zwischen dem Westen und Russland nach 1991.

Der Kurswechsel der USA, der die NATO und die Europäische Union ins Schlepptau nimmt, trägt nach langen Umwegen der Tatsache Rechnung, dass man zur Abwehr von Zukunftsgefahren wie Terrorismus, islamistischer Bedrohung und der weiteren Verbreitung von Atomwaffen Russland braucht.

Die unbekannte »Ost-NATO«

In Moskau lernten wir 2005 den damals gerade in Ungnade des Kreml gefallenen ehemaligen Vorsitzenden der russischen Partei »Rodina« (»Heimat«), Dmitri Rogosin, kennen, der sich später wieder mit Putin versöhnte und NATO-Botschafter der Russischen Föderation in Brüssel wurde. Er beklagte, dass Russland seitens der NATO nicht ein einziges Mal gefragt worden sei, welche Strategie man angesichts der verheerenden Erfahrungen, die die Russen einst gemacht hatten, im Afghanistankrieg anwenden soll. Heute ist der Westen eher bereit, in sicherheitspolitischen Fragen mit Russland und dessen Partnern zusammenzuarbeiten. Im Gespräch ist eine Kooperation der NATO mit der »Organisation des Vertrages für kollektive Sicherheit« (OVkS).

Die OVkS wurde 1992, kurz nach dem Zerfall der Sowjetunion, gegründet. Russland, Weißrussland, Armenien, Kasachstan, Usbekistan, Kirgistan und Tadschikistan vereinbarten damals eine militärpolitische Zusammenarbeit.[14]

Auch die 2001 gegründete »Schanghaier Organisation für Zusammenarbeit«[15] (SCHOZ), der neben Russland die vier früheren mittelasiatischen Sowjetrepubliken sowie China angehören, gerät zunehmend ins Blickfeld westlichen Interesses. Man nennt die Organisation bereits »Ost-NATO«.[16] Die SCHOZ-Staaten unterhalten ein gemeinsames Anti-Terror-Zentrum in Taschkent. Doch sie kooperieren mittlerweile nicht nur bei der Terrorismusbekämpfung und im sicherheitspolitischen Bereich miteinander, sondern auch in Energie-, Wirtschafts- und Handelsfragen. Das Bündnis hat sich, vom Westen beinahe unbemerkt, zu einem geopolitischen Akteur entwickelt.[17]

Von der Rubel-Zone zum »Hasenrubel«

Für die ehemaligen Sowjetbürger sind die verschiedenen Organisationen, die nach 1991 mehr oder weniger erfolgreich versuchten, die Zusammenarbeit der einstigen Sowjetrepubliken zu regeln, kaum präsent. Das Einzige, was nach dem Zusammenbruch der UdSSR unmittelbar ihren Alltag berührte, war die Zukunft der gemeinsamen Währung, des sowjetischen Rubels.

1991 blieb der Rubel zunächst gültiges Zahlungsmittel in allen unabhängig gewordenen Sowjetrepubliken. Vor allem Russland, Kasachstan und Armenien befürworteten damals den Fortbestand der Rubel-Zone. Die baltischen Staaten waren Vorreiter einer vollständigen Eigenständigkeit und setzten sich für einen schnellstmöglichen Übergang zu eigenen nationalen Währungen ein. Viele Ökonomen warnten 1991 vor den gravierenden Folgen eines Zusammenbruchs des Rubel-Raums.[18] Doch wie hätten 15 unabhängig gewordene Staaten mit der Währung eines Landes, das es nicht mehr gab, überleben sollen?

Russland begann 1991, neue Rubel zu drucken. Der Abschied von der sowjetischen Währung blieb nicht ohne Hindernisse. Zeitweise verlor Moskau sogar das staatliche Monopol auf die Herausgabe einer nationalen Währung, da einzelne Teilrepubliken der Russischen Föderation eigene Banknoten einführten.[19] Selbst Unternehmen druckten ihr eigenes Geld. Das System von Tauschgeschäften für Waren, das es bereits zu Sowjetzeiten aufgrund der Knappheit an Produkten gegeben hatte, erlebte im neuen Russland eine Renaissance. Als der russische Rubel im Juli 1992 frei konvertierbar wurde, glich der Wechselkurs zum US-Dollar in den darauffolgenden Monaten und Jahren einer steilen Berg-und-Tal-Fahrt.

Die erste Austrittswelle aus der Rubel-Zone fand 1992 statt. Zuerst führte Estland im Juni 1992 die Estnische Krone als nationale Währung ein, was mit einem eigenen »Kroon Ball« in Tallinn gewürdigt wurde. Toivo und Urma, unsere estnischen Bekannten, erzählten uns, dass sie sich, wie viele ihrer Landsleute auch, für das neue Geld sogar neue Geldbeutel gekauft hatten. Die Letten führten im Juli 1992 zunächst eine Übergangswährung, den lettischen Rubel, ein. Er wurde im März 1993 vom Lats abgelöst. Zu dieser Zeit versuchte unser Freund Alexej gerade, mit seinem ehemaligen Nachbarn aus Taschkent eine Druckerei in Riga zu gründen. »Es war ein chaotisches Jahr«, erinnerte er sich. Das alte Geld war plötzlich gar nichts mehr wert, einen geregelten Umtausch in den neuen Lats gab es praktisch nicht.« Litauen ging einen anderen Weg. Dort gab die Regierung im Oktober 1992 zunächst Coupons aus, sogenannte Talonas. Den Litauern wurde 20 Prozent des Monatseinkommens bzw. der Renten in diesen Coupons ausgezahlt. »Für den Kauf von Waren«, so berichtete uns unser litauischer Bekannter

Antanas, »mussten wir für jeden Rubel, den wir ausgaben, gleichzeitig einen Coupon abgeben. Rubel hatten wir ausreichend, aber diese Coupons reichten nicht. Wir konnten also nur für ein Fünftel unseres Einkommens Sachen kaufen. Das restliche Geld verfiel. In den Läden blieben die Waren einfach liegen, obwohl die Kunden genug Rubel zum Einkauf gehabt hätten.« Im Juni 1993 gab die Nationalbank schließlich die neue litauische Nationalwährung, den Litas, heraus.[20] Die drei baltischen Währungen wurden an unterschiedliche ausländische Währungen gekoppelt. Während die estnische Krone anfangs an die D-Mark gebunden war, setzten die Litauer auf den US-Dollar. Der lettische Lats orientierte sich an den sogenannten SZR,[21] einer nicht handelbaren künstlichen Währungseinheit des Internationalen Währungsfonds.[22]

Die Ukrainer bezahlten ab November 1992 mit einem Coupon-Karbowanez. »Karbowanez« hieß die ukrainische Währung schon einmal in der Zeit der politischen Wirren unmittelbar nach der Oktoberrevolution des Jahres 1917. Der Coupon-Karbowanez war instabil, eine extreme Inflation ließ auch die meisten Bewohner der Ukraine noch das Geld verlieren, was ihnen die Pawlow'sche Geldreform des Vorjahres übrig gelassen hatte. 1996 wurde die Coupon-Übergangswährung durch den Griwna abgelöst.

Weißrussland führte 1992 eher widerwillig eine eigene Währung, den weißrussischen Rubel, ein, welcher aufgrund der abgebildeten Tiere im Volksmund als »Hasenrubel« bezeichnet wurde. Bis 1994 hoffte die weißrussische Regierung auf das Zustandekommen einer Währungsunion mit Russland. Daher konnte auch nach dem Übergang zur eigenen weißrussischen Währung für einige Zeit noch mit sowjetischen bzw. russischen Rubeln bezahlt werden.[23]

Die letzte Etappe des Austritts aus der Rubel-Zone begann im Sommer 1993 mit der Einführung eigener Banknoten und Münzen in Moldawien (Leu) und Georgien (Lari). Es folgten die anderen südkaukasischen und die mittelasiatischen Republiken. Tadschikistan führte aufgrund eines Bürgerkrieges als letzte der früheren Sowjetrepubliken, im Mai 1995, eine eigene Währung, den Somoni, ein.[24]

Russland

Geschlossene Städte

Wladiwostok im März 1993. Der Winter war bitterkalt, an manchen Tagen zeigte das Thermometer minus 50 Grad, und der Winter war im östlichsten Zipfel Russlands noch lange nicht vorbei. Alexej bereute, hierhergekommen zu sein. Die Stadt erschien ihm grau, trist und verfallen. Auch wenn die Druckerei in Riga nicht den gewünschten Erfolg gebracht hatte und man im Baltikum Russen wie ihm gegenüber immer unfreundlicher wurde, so schlimm wie hier, in Wladiwostok, war es dort bei weitem nicht gewesen.

Alexejs Eltern stammten aus der Stadt, deren Name »Herrscher des Ostens« bedeutet. Doch schon 1962, Alexej war damals noch nicht geboren, hatten sie den russischen Fernen Osten verlassen und waren nie wieder in ihre Heimatstadt zurückgekehrt. Alexej hatte Verwandte hier, die er größtenteils nicht kannte. Nur mit einem Onkel war ein Briefkontakt erhalten geblieben. Als der Onkel im Sommer 1992 starb, hinterließ er seinem Neffen eine Wohnung. 30 Jahre alt und schon Wohnungsbesitzer! Deshalb war Alexej die Entscheidung, in den Fernen Osten Russlands zu gehen und dort sein Glück zu versuchen, zunächst nicht schwergefallen.

Bis 1991 war Wladiwostok eine »geschlossene Stadt«, das heißt, weder sowjetischen Staatsbürgern noch Ausländern war der Zutritt ohne Sondergenehmigung erlaubt. Die Tradition solcher Sperrgebiete wurde in der Stalin-Zeit begründet. Städte, die als besonders geheim eingestuft worden waren, bekamen außerdem falsche oder erfundene Namen bzw. Code-Bezeichnungen. Sperrgebiete waren in der Stalin-Ära vor allem die Regionen mit Lagerkomplexen des sowjetischen GULag-Systems. Ferner brauchte man Sondergenehmigungen für die Regionen, in die ganze Volksgruppen deportiert worden waren. Ende der 1940er Jahre entstanden dann in der Sowjetunion die ersten geheimen Städte. Hierbei handelte es sich um wichtige Militärstandorte, Ansiedlungen von Rüstungsfabriken und -forschungseinrichtungen. Diese Städte waren auf keiner Karte verzeichnet und strengstens abgeschirmt. Insgesamt existierten etwa 20 davon.[1] Heute gibt es in Russland Sperrgebiete nur noch für Ausländer.[2]

Land	Russische Föderation
Hauptstadt	Moskau mit ca. 15 Millionen Einwohnern
Größe	17 098 200 km²
Bevölkerung	141,9 Millionen Menschen, 160 ethnische Gruppen, davon 79,8 Prozent Russen, 3,8 Prozent Tataren, 2 Prozent Ukrainer, 1,1 Prozent Tschuwaschen, 1,1 Prozent Baschkiren, 0,8 Prozent Armenier, 0,4 Prozent Russlanddeutsche
Landessprache	Russisch
Religionen	Christentum (russisch-orthodox), Islam, Judentum, Buddhismus
Währung	Russischer Rubel (1 EUR = ca. 39,9 RUB)
Datum der Unabhängigkeit	12.6.1990
Staats-/Regierungsform	Präsidialdemokratie mit föderativem Staatsaufbau
Staatsoberhaupt	Präsident Dmitri Medwedjew
Staatsoberhäupter seit Unabhängigkeit	10.7.1991–31.12.1999 Boris Jelzin 31.12.1999–7.5.2008 Wladimir Putin seit dem 7.5.2008 Dmitri Medwedjew
Regierungschef	Vorsitzender der Regierung Wladimir Putin
Regierungschefs seit Unabhängigkeit	25.12.1991–15.6.1992 Boris Jelzin 15.6.1992–14.12.1992 Jegor Gaidar 14.12.1992–23.3.1998 Wiktor Tschernomyrdin 23.3.1998–23.8.1998 Sergej Kirijenko 23.8.1998–11.9.1998 Wiktor Tschernomyrdin 11.9.1998–12.5.1999 Jewgenij Primakow 12.5.1999–9.8.1999 Sergej Stepaschin 09.8.1999–7.5.2000 Wladimir Putin 7.5.2000–24.2.2004 Michail Kassjanow 24.2.2004–5.3.2004 Wiktor Christenko 5.3.2004–14.9.2007 Michail Fradkow 14.9.2007–8.5.2008 Wiktor Subkow seit dem 8.5.2008 Wladimir Putin
Parlament	Zweikammersystem: Staatsduma mit 450 Abgeordneten und Föderationsrat mit 166 Senatoren
Regierungsparteien	Einiges Russland
Opposition	Liberaldemokratische Partei Russlands, Partei Gerechtes Russland: Heimat–Pensionäre–Leben (beide regierungsfreundlich), Kommunistische Partei Russlands

Mitgliedschaft in internationalen Organisationen (u. a.)	UN, IWF, IBRD Weltbank, IDA, Nordatlantischer Kooperationsrat, GUS, OSZE, Ostseerat, Europarat, Asiatisch-Pazifische Wirtschaftskooperation, Shanghaier Organisation für Zusammenarbeit, Organisation des Vertrags für Kollektive Sicherheit, Euro-Asiatische Wirtschaftsgemeinschaft, G8
Bruttoinlandsprodukt	1231 Mrd. US-Dollar (2009)

Seit den 1920er Jahren wurden in der Sowjetunion zudem über 100 Städte nach kommunistischen Führern benannt.[3] Moskau selbst sollte den Namen »Stalinodar« erhalten, doch der Tod Stalins kam dem zuvor. Dafür hieß die tadschikische Hauptstadt Duschanbe von 1929 bis 1961 Stalinabad. Die meisten der Städte wurden nach 1991 zwar rückbenannt, aber bei den Menschen, die in der Sowjetunion geboren wurden, sind auch die alten Namen nach wie vor präsent. Außerdem ist man bei den Rückbenennungen nach 1991 nicht konsequent vorgegangen. Zwar heißt Leningrad heute wieder St. Petersburg, das um St. Petersburg herum liegende Gebiet heißt aber nach wie vor »Leningradski Oblast« (»Leningrader Gebiet«). In Tadschikistan erhielt die nahe der usbekischen Grenze liegende Stadt Leninabad wieder ihren historischen Namen Chodschand. Das »Gebiet Leninabad« gibt es jedoch bis heute.

In der Sowjetunion gab es drastische Zuzugsbeschränkungen für Großstädte. Als Erstes wurden sie für Moskau, Leningrad und Charkow (Ukraine) eingeführt. Der Zuzug in diese Städte war nur mit Sondergenehmigung möglich. Ehemaligen Häftlingen sowie »asozialen Elementen« blieb eine Wohnung dort grundsätzlich verwehrt. Gleichfalls gesperrt waren alle Grenzgebiete. Wenn ein Sowjetbürger aus einem solchen Gebiet wegzog, verlor er in der Regel für immer das Recht zur Rückkehr. Auch für Alexejs Eltern, die das am Japanischen Meer gelegene Wladiwostok in den 1960er Jahren verließen, hat diese Regelung gegolten.

Der Wilde Osten

1993 war in Russland einfach alles möglich. Es gab nichts, mit dem nicht gehandelt wurde. Die Strukturen der Sowjetzeit waren zusammengebrochen, neue, funktionierende Gesetze gab es noch nicht, und an die wenigen, die es gab, hielt sich niemand. Die einstigen kommunistischen Provinzfürsten versuchten, an neue Pfründe zu gelangen. Alexej hatte zunächst vor, in Wladiwostok zu bleiben, obwohl er das Klima schrecklich fand. Schließlich war er in Mittelasien groß geworden, dort dauern die Sommer über ein halbes Jahr. Doch er wollte selbständig werden. Er bezog die geerbte Wohnung, die aus vier Zimmern im Erdgeschoss bestand. Genehmigungen brauchte man zu der Zeit für nichts, ein Türdurchbruch zur Straße war rasch gemacht, und Alexej eröffnete eine Bar. Ein paar einfache Tische und Stühle, eine Theke, ein Herd – das war die gesamte Ausstattung. Kühlschränke gab es damals in Wladiwostok gerade nicht zu kaufen, aber es war ja Winter. Der Wodka kühlte von selbst.

Irgendwie funktionierte das Geschäft. Es gab viele Studenten, die gerade noch ein paar Rubel für eine billige Kneipe in der Tasche hatten. Alexej spielte Gitarre, ab und zu lud er abends junge Jazzmusiker ein, eine Freundin grillte Fisch, und seine Bar-Wohnung begann zu florieren. Es hatte sich herumgesprochen, dass man bei Alexej gute Musik hören kann und der Wodka nicht gepanscht ist. Der Umsatz, den Alexej machte, war nicht groß, aber nach ein paar Monaten warf die Kneipe zumindest ein paar Hundert Dollar im Monat ab. Im März 1993 erschienen mehrmals zwei muskelbepackte Männer, die nichts tranken. Einer der beiden hatte eine Tätowierung im Gesicht. Sie kamen in seine Bar, starrten ihn ein paar Minuten reglos an und verschwanden wieder. Eines Abends, Alexej hatte seine Wohnung gerade aufgeschlossen und es waren noch keine Gäste da, kamen die zwei Typen erneut. Ohne Vorankündigung packte einer Alexej mit einem Würgegriff von hinten am Hals. Der andere schlug ihm mehrmals mit voller Kraft in den Magen und ins Gesicht. Alexej ging zu Boden, dort traten sie gnadenlos auf ihn ein. Ob er nicht wüsste, in wessen Revier er sei, stießen sie hervor. Gäste fanden Alexej, aus dem Mund blutend und mit zwei verlorenen Zähnen, vor seinem Tresen liegend. In seinen Mund hatte man eine zerschlagene Wodkaflasche gesteckt.

Die Hemmschwelle, jemanden sogar für wenig Geld umzubringen, war in den 1990er Jahren in Russland gering. Hoffnungslosigkeit paarte sich mit Kriminalität und enthemmter Brutalität, der Staat funktionierte nicht. Polizei und Justiz arbeiteten entweder gar nicht oder sie waren käuflich. Alexej verließ

Wladiwostok drei Wochen später in Richtung Moskau. Seine Abenteuerlust ging nicht so weit, dass er sich auf ein weiteres Risiko einlassen wollte. Die Wohnung vermietete er an Verwandte.

Schutzgelderpressungen gehörten in der Jelzin-Zeit in Russland zum Alltag von Geschäftsleuten, gleichgültig, ob diese ein paar Hundert Dollar Umsatz oder Millionengewinne machten. Waren es kleine Summen, um die es sich handelte, stellten sich meist Banden ein, die die Deckung örtlicher Funktionäre oder Polizisten besaßen. Handelte es sich um Unternehmen mit großen Umsätzen, war das System komplizierter, da mehrere Zwischenvermittler mitverdienten, bis der Hauptteil des Schmiergeldes an einen »Paten« in irgendeiner wichtigen Regierungsfunktion floss.

Rote Direktoren, Oligarchen, der Komsomol und Jelzins Schocktherapie

Boris Jelzin, der 1931 in einem Dorf im Ural geboren worden war, begann in den 1960er Jahren, eine Karriere in der KPdSU zu machen. Er wurde 1976 Parteichef des Gebietes von Swerdlowsk (Jekaterinburg), 1981 Mitglied des Zentralkomitees der KPdSU, 1985 KP-Chef von Moskau und gleichzeitig Kandidat des Politbüros, also des höchsten Gremiums der Kommunistischen Partei. Das Verständnis, das Jelzin nach 1991 als russischer Präsident von wirtschaftlicher Demokratie hatte, war von amerikanischen neoliberalen Transformationsberatern geprägt, die vor allem auf Entstaatlichung und die Selbstheilungskräfte des Marktes setzten.[4] Nutznießer der Privatisierung wurden Jungfunktionäre des ehemaligen Komsomol, darunter der späteste prominenteste Häftling Russlands, Michail Chodorkowski, Wladimir Gussinski, der zum Medien-Oligarchen aufstieg, und andere Mitglieder aus Jelzins Clan.[5] Eine Handvoll Personen schaffte es, sich innerhalb weniger Jahre einen milliardenschweren Reichtum zuzulegen, wie er weltweit innerhalb einer so kurzen Zeit niemals verteilt worden war.

Wie funktionierte dieses System? Die Geschichte der Oligarchen begann bereits vor dem Zusammenbruch der Sowjetunion. Anfang 1987 schufen neue Gesetze die Möglichkeit, kleine Unternehmen zu gründen, sogenannte Kooperativen. Diese sollten den Menschen die Möglichkeit geben, mit etwas Engagement und Kreativität Kleinstbetriebe aufzubauen, die all das anboten, was die großen Staatskombinate innerhalb der festgefahrenen Planwirtschaft nicht zuwege brachten. Tatsächlich entstanden überall in der Sowjetunion kleine private Werkstätten, Läden und Restaurants.

Die Möglichkeiten, die die Kooperativen boten, wurden schnell von höherrangigen Mitarbeitern der Staatsbetriebe und Ministerien entdeckt, die bereits seit Jahrzehnten Waren abzweigten, um damit Gewinne auf dem Schwarzmarkt zu erzielen. Ein Teil der Kooperativen wurde daher von Staatsfirmen selbst gegründet, denn auf diesem Wege ließen sich Teile der Unternehmen legal privatisieren. Viele Funktionäre des Komsomol, der Jugendorganisation der KPdSU, besorgten sich zudem staatliche Subventionen und gründeten damit solche Firmen. 1990 wurde alles noch einfacher, denn nun konnten auch GmbHs und Aktiengesellschaften entstehen. Alsbald setzte die Umwandlung von Staatsunternehmen in derartige Kapitalgesellschaften ein, wobei sich Direktoren oft zu neuen Eigentümern erklärten. Hand in Hand mit Funktionären der Kommunistischen Partei, des Geheimdienstes KGB und des sowjetischen Außenhandelsministeriums wurden zudem Milliardenbeträge aus den Staatsbetrieben auf sichere Auslandskonten transferiert, wo sie allerdings in Depots gelangten, auf die nur einzelne Privatpersonen Zugriff hatten.

Richtig los ging es mit der Bereicherung, als Boris Jelzin und sein Regierungschef Jegor Gaidar [6] Russland 1992 eine marktwirtschaftliche Schocktherapie verordneten. Subventionen, die den Menschen während der sowjetischen Planwirtschaft das Überleben gesichert hatten, verschwanden. Zum Ausgleich erhielten die Bürger Anteilsscheine, sogenannte Vouchers, die ihnen das Recht gaben, bevorzugt Aktien von Staatsbetrieben zu günstigen Ausgabepreisen zu erwerben, sobald diese privatisiert werden. Doch die ehemaligen Sowjetbürger hatten in der Umbruchsituation kaum genug Geld für Nahrungsmittel und das Allernötigste, so dass sie nicht auf vage Aktiengewinne in der Zukunft hoffen konnten. Daher verkauften viele ihre Anteilsscheine, deren Wert zudem in der chaotischen Übergangszeit zu sinken begann. Da ausländische Investoren kein Recht hatten, die Scheine zu erwerben, war die Bahn frei für bereits reich gewordene Unternehmer aus der Kooperativen-Zeit, für

Direktoren der Staatsunternehmen und leitende Funktionäre mit Zugriff auf größere Konten, aber auch für Schwarzmarkthändler und Großkriminelle. Sie kauften jetzt zu Spottpreisen große Mengen an Aktien der privatisierten Staatsunternehmen. Ein Paradebeispiel für diese Vorgänge ist das ehemalige sowjetische Gas-Ministerium, aus dem der Konzern Gazprom ausgegliedert und für den lächerlichen Preis von 22,8 Mio. US-Dollar[7] von seinen eigenen Managern erworben wurde. Sie alle pflegten gute Beziehungen zum neuen russischen Präsidenten Jelzin.

Die sozialen Konflikte spitzten sich indes zu. Russland stand im Herbst 1993 kurz vor einem Bürgerkrieg. Jelzin löste das Parlament, den noch aus Sowjetzeiten stammenden Kongress der Volksdeputierten, auf, da die Mehrheit der Abgeordneten seinen Marktreformen die Gefolgschaft verweigerte. Die Volksdeputierten verbarrikadierten sich im Moskauer Weißen Haus, dem damaligen Parlamentssitz, und bestimmten Jelzins Vizepräsidenten Alexander Ruzkoi zum neuen Staatspräsidenten. Um das Gebäude scharten sich Tausende von Jelzin-Gegnern. Zwei Jahre zuvor hatte Boris Jelzin an diesem Platz Gorbatschows Perestroika gerettet. Jetzt, als es um sein politisches Überleben und die Zukunft seiner Reformen ging, ordnete er die »Entwaffnung der Banditen« an. Bei den Unruhen kamen über 150 Menschen ums Leben.[8] Da die Armee zu Boris Jelzin stand und sich die Unruhen nicht auf die Provinzen ausdehnten, konnte Jelzin schließlich triumphieren. Russland erhielt 1993 eine neue Verfassung. Der Präsident blieb die entscheidende politische Figur. Der Kongress der Volksdeputierten wurde zugunsten der Staatsduma, die sich aus der Gesetzgebenden Versammlung, einer Art Unterhaus, und dem Föderationsrat zusammensetzt, abgeschafft. Die Russische Föderation besteht laut der Verfassung von 1993 aus 89 Gliedstaaten, die entweder die Bezeichnung »Republik« oder »Gebiet« tragen. Jelzin räumte deren Präsidenten bzw. Gouverneuren relativ weit gehende Befugnisse ein. Er erhoffte, sich damit Ruhe und Stabilität erkaufen zu können. Doch es kam anders. Einige Gliedstaaten, so z. B. Tatarstan und Tschetschenien, strebten weitergehende Autonomie an und stellten die Föderation als Ganzes in Frage. Mit Tatarstan konnte ein Ausgleich erreicht werden, mit Tschetschenien nicht. Die Folge war der erste Tschetschenienkrieg ab 1994.

Boris Jelzins Popularität schwand in den 1990er Jahren zunehmend. 1996 standen Präsidentschaftswahlen an und Jelzins Chancen standen schlecht. In Umfragen lag sein kommunistischer Herausforderer vorn. Den neuen Oligarchen war bewusst, dass nur Jelzin die Sicherheit ihrer gerade entstandenen Wirtschaftsimperien garantieren konnte und schalteten sich für ihn ein. Inzwischen waren fast alle russischen Medien unter der Kontrolle der Oligarchen, so dass sie vergleichsweise leichtes Spiel hatten. Um Jelzins Wahlkampf zu unterstützen, boten sie dem Staat einen Kredit von ca. 1,8 Milliarden US-Dollar an. Als Sicherung für den Kredit dienten Anteile an staatlichen Konzernen, die bisher nicht privatisiert worden waren. Als der russische Staat den Kredit nach einer Laufzeit von einem Jahr nicht zurückzahlen konnte, gingen weitere Unternehmensanteile von enormem Wert in den Besitz der Oligarchen über bzw. wurden in manipulierten Auktionen zu Schleuderpreisen an ausgewählte Bieter vergeben.

Die Jelzin-Jahre brachten den Bewohnern Russlands zwar mehr persönliche Freiheit, als es je zuvor in der 1000-jährigen Geschichte des russischen Imperiums gegeben hatte. Doch die wenigsten Russen verbanden Freiheit mit dem Gefühl einer sicheren Zukunft. Alexej, der in Moskau begann, eine Werbeagentur aufzubauen, erinnert sich: »Für uns bedeuteten die neunziger Jahre einfach nur das endgültige Aus einer berechenbaren gesellschaftlichen und wirtschaftlichen Ordnung. Auch wenn wir die Schizophrenie des Lebens im sowjetischen System gehasst haben, wir hatten uns darin eingerichtet.« Die Haushalts- und Finanzpolitik der Jelzin-Ära führte Russland direkt an den Abgrund. Die Inflation wuchs ins Unermessliche, und 1998 stand das Riesenreich vor dem Staatsbankrott. Wiktor Tschernomyrdin, der 1993 Gaidar als Ministerpräsidenten abgelöst hatte, übte sich später in trockenem Humor: »Wir hatten nicht nur Phantasiehaushalte, sondern auch reale«, sagte er, »aber auch damit sind wir mit Pauken und Trompeten durchgefallen.«[9]

Später wurde offensichtlich, welche Reichtümer sich Jelzins Familie in dieser turbulenten Übergangzeit angeeignet hat. Moskwa-City, ein Wolkenkratzer-Milliardenprojekt mitten in der russischen Hauptstadt, gehört zu großen Teilen ihnen.[10]

Dorf bei Moskau, 2010

Außenpolitik und Wodka

Als ernstzunehmende Großmacht spielte Jelzins Russland kaum noch eine Rolle. Die GUS-Staaten gingen ihrer eigenen Wege und entfremdeten sich zunehmend von Russland. Für die USA war die Russische Föderation in den 1990er Jahren eine Art »Kongo mit Atomwaffen«.[11]

Boris Jelzins Präsidentschaft war von gesundheits- und alkoholbedingten Ausfällen gekennzeichnet. Manchmal wusste Jelzin nicht mehr, wo er sich befand, manchmal musste er gestützt werden. Während einer Schifffahrt auf dem Jenissej im Sommer 1994 ließ er vor den Augen einer bereits betrunkenen Gesellschaft seinen Pressesprecher über Bord werfen. Bei einem Staatsbesuch in Deutschland entriss Jelzin im August 1994 dem Dirigenten des Berliner Polizeiorchesters den Dirigentenstab und gab selbst den Rhythmus vor. Dem kirgisischen Präsidenten Askar Akajew trommelte der angetrunkene Jelzin bei einem Abendessen mit zwei Holzlöffeln auf der Glatze herum. Fototermine verwechselte er mit Pressekonferenzen und fragte die verdutzten Fotografen, ob sie noch Fragen hätten. Normale Pressekonferenzen brach Jelzin gern vorzeitig ab, so z. B. während eines Staatsbesuches in Usbekistan im Jahre 1998, nicht allerdings, ohne dort die letzte Frage eines Reporters mit »bubububu« beantwortet zu haben.[12]

Die Welt machte sich lustig über den Mann im Kreml. Als die englische Königin Elisabeth II. im Oktober 1994 Moskau besuchte und Jelzin ihr aus irgendeinem Grund an ihrer Kostümjacke herumnestelte, schrieb der englische *Daily Mirror*: »Nein, Boris, sie hat keinen Flachmann bei sich.«[13]

Russland schaffte es unter Präsident Boris Jelzin nach 1991 nicht, Anschluss an den zügiger verlaufenden Demokratisierungs- und Transformationsprozess in Osteuropa zu finden. Seine Wirtschaftspolitik, das von ihm geförderte Entstehen krimineller Clans und eine ausufernde Staatsverschuldung steuerten das Land an den Rand des finanziellen Bankrotts, der mit dem Crash von 1998 enorme Auswirkungen auf die Weltfinanzmärkte hatte. Die Schere zwischen Arm und Reich öffnete sich immer weiter und die Politik korrupter Eliten, die der Jelzin-Familie ergeben waren, sorgte dafür, dass sich ein Mittelstand kaum entwickeln konnte.

Das Ende der Jelzin-Ära

Boris Jelzin gab am Silvestermorgen des Jahres 2000 seinen Rücktritt bekannt. »Ich hatte den Eindruck, dass die ganze Nation aufatmet«, erinnert sich Alexej. Unmittelbar nach dem Ende der Jelzin-Ära wurde der in Russland nach 1991 eingeleitete Politikwandel von ungefähr der Hälfte der russischen Bevölkerung missbilligt.[14]

Obwohl Boris Jelzin in den letzten Monaten seiner Amtszeit selbst nur noch mit großer Anstrengung in der Lage war, krakelige Unterschriften unter Dokumente zu setzen, ihm die Macht zunehmend entglitt und die Staatsduma auf Betreiben der Kommunistischen Fraktion sogar ein Amtsenthebungsverfahren gegen ihn in Gang setzte, hatte er sich mit dem Rücktritt schwergetan. Sein Clan musste zunächst noch mit dem bereits erkorenen Nachfolger, Wladimir Putin, Immunität aushandeln. Putin hielt sich später weitestgehend an seine Zusagen. Mit Ausnahme einiger Oligarchen, die neben ihrem Milliardenvermögen auch noch politische Macht erlangen wollten, blieben Jelzin und seine Umgebung unbehelligt.

Jelzin starb im Jahre 2007. Damals hatte sich Russland – und vor allem die Hauptstadt Moskau – bereits verändert. Deutsche Großstädte wirken im Vergleich zu Russlands Metropole beschaulich und bescheiden. Moskau war hochvital und kam nie zur Ruhe. In der Nacht erwachte die Stadt zu einem ganz eigenen Leben. Die Prachtboulevards waren zugeparkt mit den Ferraris, Porsches und Maibachs der Superreichen. Am Tag bestimmten endlose Staus das Bild. Mittlerweile gibt es in Moskau drei Millionen registrierte Autos, bei einer Einwohnerzahl von geschätzten 15 Millionen ein stolzer Schnitt. Unter Wladimir Putin, der 2000 zum ersten und 2004 zum zweiten Male zum Präsidenten der Russischen Föderation gewählt wurde, konnte sich Russland wirtschaftlich deutlich erholen. 2007 zeigte man bei der Beisetzung von Boris Jelzin auf dem Moskauer Neujungfrauen-Friedhof neues Selbstbewusstsein und Bereitschaft zur Versöhnung. Die USA waren durch ihre beiden früheren Präsidenten Bill Clinton und George Bush senior vertreten. Michail Gorbatschow, von Jelzin gedemütigt und aus dem Amt gedrängt, kondolierte der trauernden Familie. Wladimir Putin würdigte seinen Vorgänger in einer Fernsehansprache als einen Menschen, dank dem für Russland eine völlig neue Epoche angebrochen sei.

Putin und Medwedjew

Der 1952 in Leningrad geborene Wladimir Putin war von 1998 bis 2000 Boris Jelzins letzter Ministerpräsident. Auf Vorschlag Jelzins wurde er 2000 zum russischen Präsidenten gewählt. Von 1985 bis 1990 hatte Putin, der perfekt Deutsch spricht, als KGB-Offizier in Dresden gewohnt, anschließend machte er Karriere in der St. Petersburger Verwaltung. Jelzin holte ihn schließlich nach Moskau. Putins Vergangenheit im sowjetischen KGB und sein im Vergleich zu Lebemann Jelzin zurückhaltendes Auftreten ließen viele Russen, aber vor allem das Ausland, zunächst an ihm zweifeln. Würde gerade er es schaffen, eigenes Charisma zu entwickeln und das lädierte Riesenreich zusammenzuhalten? Doch schon als Ministerpräsident machte er deutlich, dass mit ihm nicht zu spaßen ist. Im zweiten Tschetschenienkrieg ging er rabiat gegen die Aufständischen vor.

Putin löste sich rasch von Jelzins Clan. Der neue Präsident setzte auf Freunde aus dem Geheimdienst FSB sowie aus seiner Heimatstadt St. Petersburg. Die Staatsduma, zu Zeiten Jelzins ein Ort von Tumult und Diskussionen, war für Wladimir Putin und seine Regierung bald kein Gegenspieler mehr. Putin zog die Zügel an. Die Oligarchen nahm er an eine kürzere Leine. Von den Milliarden, die der Verkauf von Öl und Gas in die Kassen spülte, profitierte nun auch der Staat stärker. Gouverneuren russischer Teilrepubliken, die unter Jelzin zu mächtig geworden waren, nahm er die Macht wieder. Unterstützt wurde Putin dabei von der Partei »Einiges Russland«, die er zu einer Art neuer Staatspartei umbaute. Nach den Parlamentswahlen 2003 verfügte diese Partei über eine Zweidrittelmehrheit in der Duma. Sie blieb auch in den Folgejahren die bestimmende politische Kraft. Der 2010 verstorbene frühere Ministerpräsident Wiktor Tschernomyrdin bemerkte dazu: »Egal, welche Partei oder gesellschaftliche Organisation wir gründen, es kommt immer so etwas wie die KPdSU dabei heraus.«[15] Das oppositionelle Lager ist in Russland seit vielen Jahren gespalten und wird auch staatlich spürbar eingeschränkt.[16]

Putin ist inzwischen ziemlich populär. Er hat das Chaos der Jelzin-Ära in gewisser Weise beseitigt und den Russen ein Stück Selbstbewusstsein zurückgegeben. Allmählich entwickelte sich unter ihm auch ein Mittelstand. Allerdings ist den Eliten klar, dass sie ihr Land allein durch den Verkauf von Rohstoffen nicht zukunftsfähig machen können. 2006 stellte die Partei »Einiges Russland« auf einem Parteitag fest, dass »eine komplexe Modernisierung des Staates und der Gesellschaft«[17] erforderlich seien, doch ist dies ein langer Weg.

Laut der russischen Verfassung durfte Putin nach Ablauf seiner zweiten Amtsperiode kein drittes Mal in Folge als Präsident kandidieren. Im Westen erwartete man, dass Putin die Verfassung einfach ändern würde. Die erforderliche Parlamentsmehrheit wäre dafür vorhanden gewesen. Doch Putin trat, zumindest formal, in die zweite Reihe zurück.

Seit 2008 ist Dmitri Medwedjew russischer Präsident. Putin hatte den 1965 geborenen Leningrader seit den 1990er Jahren gefördert und schließlich für das Präsidentenamt vorgeschlagen. Bereits einen Tag nachdem Medwedjew als Präsident vereidigt worden war, ernannte er Putin zum Ministerpräsidenten. Seitdem funktioniert die Doppelspitze relativ gut. Laut Verfassung liegt die Macht beim Präsidenten. Er bestimmt die Außenpolitik, und er ist Oberbefehlshaber der Armee. Doch im Verlaufe der Doppelspitze Putin-Medwedjew erfuhr das bislang eher administrative Amt des Ministerpräsidenten eine deutliche Aufwertung. Die wichtigsten Fäden, so scheint es, hält nach wie vor

Putin in der Hand. Bei Redaktionsschluss des Buches war noch nicht entschieden, wer bei den nächsten Präsidentschaftswahlen, im Jahre 2012, antreten wird.

Krieg in Tschetschenien

Die Präsidentschaften aller drei bisherigen russischen Präsidenten überschattete die Lage im russischen Nordkaukasus. Kein anderer Konflikt hält Russland bis heute so in Atem wie die Auseinandersetzungen in Tschetschenien, die nach und nach auch auf die Nachbarrepubliken mit muslimischer Bevölkerungsmehrheit übergreifen.

Hätte Tschetschenien 1991 den Status einer Sowjetrepublik besessen, wären nach dem Kollaps der UdSSR in Moskau kaum Stimmen gegen dessen Unabhängigkeit laut geworden. Doch Tschetschenien verfügte lediglich über den Status einer Autonomen Republik innerhalb der Russischen Sozialistischen Sowjetrepublik. Boris Jelzin wollte deshalb unter keinen Umständen eine Abspaltung zulassen, die zweifellos eine Signalwirkung für andere Gebiete gehabt hätte. In Tschetschenien bildete sich daraufhin eine Opposition, die die Zugehörigkeit zu Russland nicht mehr anerkannte. Dschochar Dudajew, ein früherer sowjetischer General, ließ sich im Oktober 1991 zum Präsidenten eines unabhängigen Tschetscheniens wählen. Er leistete den Amtseid auf den Koran. Boris Jelzin suchte zunächst den Weg der Verständigung und bot einen modifizierten Föderationsvertrag an. Doch Dudajews Antwort bestand in der »Tschetschenisierung« des Alltags, was den Exodus von mehr als 50 000 Russen aus der Kaukasus-Republik zur Folge hatte. In Tschetschenien entstand ein fast freier Waffen- und Drogenmarkt, riesige Mengen an Schwarzgeldern wurden umgesetzt, Überfälle und Raubzüge auf Passagier- und Güterzüge gehörten zur Tagesordnung.[18] 1994 ließ Jelzin militärisch intervenieren.

Der erste russisch-tschetschenische Krieg dauerte von Dezember 1994 bis August 1996. Die tschetschenischen Kämpfer führten einen Partisanenkrieg, dem die Russen nicht gewachsen waren. Darüber hinaus wurden sie durch Terrorakte und Geiselnahmen immer wieder zu Kompromissen gezwungen. 1996 handelte Russland unter OSZE-Beteiligung einen Waffenstillstand aus, der praktisch die Unabhängigkeit Tschetscheniens bedeutete. Der neue tschetschenische Präsident, Aslan Maschadow, verspielte die Möglichkeit, seinem Volk eine Zukunft in einer unabhängigen Republik zu geben. In den Zwischenkriegsjahren, 1996 bis 1999, entwickelte sich die in »Itschkeria« umbenannte Republik von einer nach Unabhängigkeit strebenden Provinz zu einem kriminellen Staatswesen. Die Kaukasus-Republik versank weitgehend in einem Sumpf von blutigen Clanauseinandersetzungen. Die De-facto-Unabhängigkeit führte zum wirtschaftlichen Kollaps und zur Zerstörung des gewohnten sozialen Lebens. Maschadow erklärte Tschetschenien zur »Islamischen Republik« und führte die Scharia ein. Wie im Mittelalter wurden Verurteilte auf öffentlichen Plätzen hingerichtet. Im August 1999 überfielen Islamisten die benachbarte russische Teilrepublik Dagestan. Kurz darauf kam es zu Bombenanschlägen auf Wohnhäuser sowie auf ein Einkaufszentrum in Moskau, bei denen über 300 Menschen ihr Leben verloren. Wladimir Putin wurde in der verunsicherten russischen Bevölkerung durch seine Entscheidung populär, mit aller Härte gegen den Terror vorzugehen und erneut in Tschetschenien einzumarschieren. Der Kreml setzte nun auf eine »Tschetschenisierung« des Konfliktes. Im Juni 2000 wurde per Dekret die »Vorläufige Verwaltung der Tschetschenischen Republik« errichtet. Ihr Chef wurde der Moskau-treue Großmufti Tschetscheniens, Achmed Kadyrow, der 2003 zum tschetschenischen Präsidenten gewählt wurde. Er fiel 2004 einem Attentat zum Opfer. Nachfolger wurde sein Sohn Ramsan.

Offiziell erklärte Russland den zweiten Tschetschenienfeldzug im Jahr 2001 für beendet.[19] Doch Tschetschenien war keineswegs befriedet. In den kommenden Jahren folgte eine Reihe »antiterroristischer Operationen«, bei denen Russland durchaus brutal vorging. Dokumentiert sind zahlreiche Übergriffe russischer Sicherheitskräfte. Am 25. Februar 2005 verurteilte der Europäische Gerichtshof für Menschenrechte erstmals russische Menschenrechtsverletzungen in Tschetschenien.[20]

Islamistischer Terror in Russland

Islamistischer Terror traf die Russische Föderation nicht nur einmal. Im Juni 1995 nahmen bewaffnete Tschetschenen in Budjonnowsk (Dagestan) über 1000 Geiseln und verschanzten sich mit ihnen in einem Krankenhaus. Mehr als 200 Menschen kamen bei den anschließenden Kämpfen ums Leben. Im Januar

Blick auf den Roten Platz, 2010

1996 wurden bei einer Geiselnahme in Kisljar (Dagestan) 3000 Menschen festgehalten, über 100 von ihnen starben. Im Oktober 2002 besetzten tschetschenische Kämpfer ein Moskauer Theater. Über 130 Menschen überlebten die Tragödie nicht. Im Juli 2003 sprengten sich Rebellen während eines Rockfestivals in Moskau in die Luft und rissen 14 Besucher mit in den Tod. Bei Bombenanschlägen auf zwei Flugzeuge verloren im August 2004 90 Menschen ihr Leben. Im September 2004 starben bei einer Geiselnahme in einer Schule in Beslan 330 Menschen. Im Oktober 2005 griffen tschetschenische Rebellen die Hauptstadt der russischen Teilrepublik Kabardino-Balkarien, Naltschik, an. Ende 2009 ereignete sich ein Terroranschlag auf den Newski-Express, der zwischen Moskau und St. Petersburg verkehrt. 26 Menschen wurden getötet. Im Januar 2011 detonierte eine Bombe in der Wartehalle des Moskauer Flughafens Domodedowo und tötete 31 Menschen. Immer wieder war es in den vergangenen Jahren außerdem zu Anschlägen auf die Moskauer Metro gekommen.

In den westlichen Staaten bestand die Tendenz, solche Anschläge als »Antwort« auf die russische Unterjochung zu sehen. Die Gesellschaft für bedrohte Völker berichtete vom »Verfolgungs- und Vernichtungskrieg gegen das Volk der Tschetschenen« sowie gar von »Völkermord«[21]. Human Rights Watch warf Russland »Menschheitsverbrechen«[22] vor. Amnesty International sprach von einer »Menschenrechtskatastrophe«.[23] Die Ermordung des russlandtreuen tschetschenischen Ministerpräsidenten Achmed Kadyrow, bei der am 9. Mai 2004 in Grosny weitere 24 Personen ums Leben kamen, beschrieb die *Welt* als einen »Akt des antiterroristischen Widerstandes«.[24] Im Laufe der Zeit, auch durch die eigenen Erfahrungen mit islamistischem Terror, die einige westliche Länder machen mussten, änderte sich der Ton. Auf den Anschlag auf dem Moskauer Flughafen Domodedowo reagierte man 2011 bestürzt, betroffen und ohne erhobenen Zeigefinger.

Russland kämpft indes mit einer zunehmenden Fremdenfeindlichkeit. Das Gros der russischen Bevölkerung möchte Nordkaukasier heute am liebsten nicht mehr als Mitbürger haben.[25] Andrej Kusnezow, einer der Begründer der nationalistischen »Bewegung gegen illegale Einwanderung«, sagte: »Der Krieg im Kaukasus ist in unseren Städten angekommen. Wir schicken denen Geld, die schicken uns Terroristen (...). Die Erfahrungen in Deutschland und Frankreich zeigten, dass sich Muslime nicht assimilieren. Wir müssen ihnen den Zugang verbieten.«[26] Wladimir Schirinowski, wortgewaltiger Populist, Führer der Liberaldemokratischen Partei Russlands und Duma-Vizepräsident, erklärte drastisch: »Wir scheißen auf den Kaukasus. Er hängt uns schon lange zum Hals raus.«[27] Für den ehemaligen sowjetischen Außenminister Eduard Schewardnadse ist bereits ein »Krieg der Zivilisationen« ausgebrochen.[28]

Zu Besuch in Dagestan

Die russische Führung bemüht sich heute, zu demonstrieren, dass Normalität im Nordkaukasus eingekehrt ist. Doch der Konflikt ist nicht befriedet, er hat sich auf die Nachbarrepubliken Tschetscheniens ausgedehnt. Trotz vieler Hilfsprogramme gehört der Nordkaukasus zum Armenhaus der Russischen Föderation.

2010 flogen wir nach Machatschkala, der Hauptstadt Dagestans. Nach dem Auseinanderbrechen der Sowjetunion haben sich viele der Teilrepubliken eigene Fluglinien zugelegt, so auch die Republik Dagestan. Der Flug in einer »Tupolew 134« dauerte von Moskau aus zwei Stunden. Das Flugzeug war 30 Jahre alt, die Innenausstattung verschlissen, die Sitze durchgesessen.

Ein Steward in einem durchgeschwitzten Hemd forderte die Fluggäste gemäß den internationalen Flugregeln pflichtgetreu auf, sich anzuschnallen. An unseren Sitzen fehlten jedoch die Gurte. Während des Fluges öffneten sich immer wieder die übervollen Fächer für das Handgepäck. Ab und zu fielen Gepäckstücke heraus. Die Schlösser funktionierten seit langem nicht mehr. Eine Gruppe junger Männer, gleich vor mir, hatte sich reichlich mit Wodka eingedeckt, sie begannen, laut zu streiten. Den schwitzenden Steward störte es nicht.

Ali Muchamedow, ein dagestanischer Geschäftsmann, hatte uns eingeladen. Er holte uns vom Flughafen ab, und wir fuhren ins Stadtzentrum von Machatschkala. Die Situation sei nicht einfach, berichtete Ali. Erst vor wenigen Tagen habe es ein Attentat auf den dagestanischen Minister für religiöse und nationale Angelegenheiten gegeben. »Dessen Fahrer hat es dabei erwischt«, sagte Ali, »der Minister selbst hat Glück gehabt!« Religionsminister in Dagestan zu sein, ist ein undankbarer Job. Zu sowjetischen Zeiten lebten die Völkerschaften hier weitestgehend friedlich miteinander. Es spielte keine Rolle, ob sie Muslime, Juden oder russisch-orthodoxe Christen waren. Ohnehin war der Atheismus die »Staatsreligion«. Heute hat sich vor allem der Islam politisiert.

Ali tat alles, was in seiner Macht stand, um dafür zu werben, dass mehr ausländische Investoren und Touristen nach Dagestan kommen. Das Klima hier am westlichen Ufer des Kaspischen Meeres sei hervorragend, es gebe einen großen Hafen, der Iran, Turkmenistan und Aserbaidschan seien nahe. Wir haben uns dann tatsächlich wohlgefühlt in Dagestan, und das vor allem aufgrund der überwältigenden Gastfreundschaft und der grandiosen Berglandschaft. Gleichzeitig hatten wir aber das Gefühl, dass die Region vor einem Kollaps steht. Überall trifft man auf junge Leute, die keine Arbeit haben, ein Sammelbecken für Unzufriedenheit und Kriminalität. Am Freitag versammelte sich vor der neu errichteten Hauptmoschee der Stadt eine unüberschaubare Menschenmenge. Die Moschee bietet Platz für über 1000 Gläubige, aber auch der Platz vor dem Gebetshaus war überfüllt. »Es werden von Woche zu Woche mehr, die das Freitagsgebet besuchen«, sagte Ali. »Vor allem junge Leute, die früher nicht gekommen sind, gehen heute in die Moschee. Sie wollen den Russen damit zeigen, dass sie nicht zu Russland gehören.« Der Islam wird sich in Russland weiter ausbreiten. Tschetschenien und Dagestan weisen heute schon die höchsten Geburtenraten aller russischen Provinzen auf. Wie Europa steht auch Russland vor einem gewaltigen demografischen Wandel.

Der Ferne Osten und die Demografie

Mit Ausnahme der Regionen, wo es eine muslimische Bevölkerungsmehrheit gibt, gehen die Einwohnerzahlen in Russland drastisch zurück. Bereits heute fehlen gut ausgebildete Arbeitskräfte in Forschung, Bildung und Medizin. Die Arbeitsmärkte schrumpfen, soziale Systeme mit entsprechender Infrastruktur zerfallen. Nirgendwo ist das in Russland sichtbarer als in Sibirien und im Fernen Osten.

Zwei Eisenbahnstrecken verbinden Moskau mit Russisch-Fernost, die Transsibirische Eisenbahn und, nördlicher verlaufend, die Baikal-Amur-Magistrale. Unsere erste Fahrt mit der Transsibirischen Eisenbahn war unsere längste Bahnfahrt überhaupt. Nachdem der Zug den Bahnhof in Moskau verlassen hatte, brauchte er eine Woche, bevor er in Wladiwostok, am anderen Ende Russlands, ankam. Beim Halt auf den Durchgangsbahnhöfen warteten Einheimische am Bahnsteig, um Brot, frische Pelmeni oder andere Spezialitäten der russischen Küche zu verkaufen. Die Körperhygiene war das Einzige, was in dieser Woche zu kurz kam. Zum Duschen waren wir auf einen Schlauch angewiesen, der im Toilettenabteil an die Armatur angeschlossen wird, ein kaltes und umständliches Vergnügen.

Der Bahnhof von Wladiwostok ist ein Kleinod. Aufwendig restauriert, bildet er den Mittelpunkt der Stadt. Obwohl Wladiwostok 9259 Kilometer von Moskau und nur 100 Kilometer von der chinesischen Grenze entfernt liegt, ist es eine europäische Stadt. Und doch scheint etwas anders zu sein. Wir standen auf dem Bahnhofsvorplatz und konnten uns das Fremdheitsgefühl zunächst nicht erklären. Erst als wir in ein Taxi stiegen, wurde es uns klar. Die meisten Autos in Wladiwostok haben das Steuer auf der rechten Seite. Zehntausende von Gebrauchtwagen aus Japan bestimmen das Stadtbild. Jeden Tag legen Schiffe aus dem Land der aufgehenden Sonne an, die den schier unendlichen Bedarf der Russen an westlichen Autos bedienen. Selbst die Reaktorkatastrophe im japanischen Fukushima, im März 2011, unterbrach die Lieferungen nur kurz.

Wo immer wir in Sibirien und im Fernen Osten unterwegs waren, bot sich ein ähnliches Bild. Großstädte wie Wladiwostok, Krasnojarsk oder Nowosibirsk boomen. Hier lassen sich Geschäfte machen, es gibt einen neuen Mittelstand, und mancherorts denkt man, man sei irgendwo in Osteuropa, nicht aber im asiatischen Teil Russlands. Doch abseits der großen Städte, wo während der Zeit der Sowjetunion Arbeitersiedlungen um Industriebetriebe, Kraftwerke oder Bergwerke angelegt worden waren, ist die Tristesse kaum zu überbieten. Die Fabriken arbeiten seit 20 Jahren nicht mehr, aber die Menschen blieben zurück. Heute braucht sie niemand mehr. Ihre Siedlungen verfallen, die Alten sterben, die Jungen wandern in Russlands Großstädte ab.

Einer der Vize-Gouverneure Wladiwostoks berichtete von dem Druck aus China. Zunehmend kommen chinesische Gastarbeiter in die Region. Auch chinesische Firmen drängen auf den Markt. Im Fernen Osten und in Sibirien leben nicht mehr genug Russen, um den enormen Ressourcenreichtum der Region nutzbar zu machen. Nach Berechnungen von UN-Experten könnte die Bevölkerung Russlands bis zum Jahr 2050 von heute 143 Millionen um ein Viertel auf 109 Millionen, und bis 2100 auf knapp 62 Millionen schrumpfen.[29] Im flächenmäßig größten Staat der Erde würde dann weniger als ein Prozent der Weltbevölkerung leben. Die Bevölkerung im Nachbarstaat China wird hingegen weiter wachsen.

Russland und der Stalinismus

Bis 1991 war der fernöstliche Bezirk Magadan Sperrgebiet. Er ist fast halb so groß wie Europa und war in der Stalin-Ära das einzige Gebiet der Sowjetunion, in dem es keine Räte (Sowjets) als Kommunalverwaltung gab. Die gesamte Region bestand ausschließlich aus Straflagern. Der Archipel GULag hatte sich unter Stalin bis in den letzten Winkel der Sowjetunion ausgebreitet. Wir machten Halt an einem ungewöhnlichen Denkmal. Seit 1996 erinnert die »Maske der Trauer«, ein 15 Meter hohes Monument des Bildhauers Ernst Neiswestny, auf einem Berghang über Magadan, an die Opfer der Stalin'schen Repression.

Als Stalin 1953 starb, hatten Zwangskollektivierung, Hungerkatastrophen und roter Terror zwischen zehn und 20 Millionen Menschen das Leben gekostet.[30] 18 Millionen Menschen hatten die Arbeits- und Straflager durchlaufen. Weitere sechs Millionen waren verbannt worden.[31]

Es gibt in Russland nicht viele solcher Mahnmale wie die »Maske der Trauer«. Die Aufarbeitung der Geschichte des GU-Lag-Systems ist in Russland nach 1991 nur langsam in Gang gekommen. Putin hat ein verhältnismäßig unverkrampftes Verhältnis zu Stalin. Das Land habe sich unter Stalin, dem Sieger im Weltkrieg, grundlegend geändert und sei vom Agrar- zum Industrieland geworden. »Keiner darf einen Stein auf diejenigen werfen, die an der Spitze des Sieges standen und ihn organisiert haben«,[32] sagte er. Dmitri Medwedjew grenzt sich eindeutiger von Stalin ab und nennt dessen Massenverbrechen beim Namen. Zwar habe es Erfolge unter seiner Herrschaft gegeben, »was seinem eigenen Volk angetan wurde, kann aber nicht verziehen werden«.[33] Film und Fernsehen widmeten sich in den vergangenen Jahren ausführlich dem Stalinismus. Kritische Dokumentarfilme und Reportagen sind populär und werden im russischen Staatsfernsehen zur besten Sendezeit ausgestrahlt. 2004 erschien eine siebenbändige Dokumentensammlung zur Geschichte des GULag, die Forschern die wichtigsten verfügbaren Quellen zu dem Thema zugänglich macht.[34] Seit 2010 gehört der »Archipel GULag« von Alexander Solschenizyn zur Pflichtlektüre in allen russischen Schulen.

Russland in der Welt

Die dennoch nur langsam in Gang gekommene Aufarbeitung der schwärzesten Periode sowjetischer Geschichte hängt viel damit zusammen, dass Stalin die Sowjetunion aus der Sicht vieler ehemaliger Sowjetbürger zu einer Weltmacht gemacht hatte. Nach dem Untergang der Sowjetunion musste sich Russland geopolitisch damit abfinden, diese Rolle verloren zu geben, was eine Art psychologisches Trauma auslöste.

Seit der Jahrhundertwende ist der russische Einfluss auf die Weltpolitik wieder gewachsen. Russland sucht den Schulterschluss mit dem Westen, aber man sucht ihn auf Augenhöhe. Deutschland ist dabei der wichtigste Partner in Europa. 2001 sprach mit Wladimir Putin zum ersten Mal ein russischer Präsident vor dem Deutschen Bundestag. Nur wenige Tage nach dem Terroranschlag von New York betonte er die russische Bereitschaft zur engen Kooperation in Sicherheitsfragen.[35]

Für den Westen ist vieles, was sich in den vergangenen 20 Jahren in Russland entwickelte, schwer zu verstehen. Nach dem Ende des Eisernen Vorhanges ging man davon aus, dass sich das Reich ähnlich wie die neuen Demokratien in Osteuropa gestalten und mehr oder weniger problemlos in das Wertesystem der liberal-demokratischen Staaten einordnen werde. Doch Russland verfügte über keinerlei Erfahrungen mit Demokratie.

Die westliche Presse spitzte ihre Kritik zunehmend zu und berichtete vornehmlich über Themen wie Kriminalität, mangelnde Meinungsfreiheit, autoritäre Strukturen, undurchsichtige Energiepolitik. Das wurde selbst Michail Gorbatschow zu viel, der ansonsten Putins Politik durchaus kritisierte. 2007 verfasste er einen offenen Brief und forderte die Medienmacher auf, auch das Leben jenseits dieser Klischees zu behandeln.

Putin seinerseits hatte zu dieser Zeit bereits das Interesse verloren, mit dem Westen ständig über Werte- und Demokratiefragen zu diskutieren. Er machte er klar, dass sein Land auch andere Optionen als die einer Kooperation mit dem Westen hat.

Im März 2006 reiste Putin mit einer knapp 1000 Mitglieder zählenden Delegation nach Peking und wurde dort wie ein Zar empfangen. Auch das zunehmende Engagement Russlands in der Gruppe der BRICS-Staaten – die Abkürzung steht für die Anfangsbuchstaben der Länder Brasilien, Russland, Indien, China und Südafrika – zeigt, dass man sich auch noch anders orientieren kann. Medwedjew hob beim Gipfeltreffen der BRICS-Gruppe in China im Jahre 2011 hervor, dass diese Länder die Folgen der letzten Wirtschafts- und Finanzkrise recht schnell überwunden hätten, da sie einig gewesen wären.[36]

Heute sind die Beziehungen des Westens mit Russland in Bewegung geraten. Die Neuorientierung der amerikanischen Außenpolitik, die 2009 einsetzte, zeigt, dass man zu einer gemeinsamen weltweiten Bedrohungsanalyse finden und gemeinsam auf diese Bedrohungen reagieren kann. Der Westen ist auf ein stabiles Russland zur Abwehr islamistischer Gefahren angewiesen und kann auch aus wirtschaftlichen Gründen auf den großen Markt schlecht verzichten. Insofern ist es durchaus vorstellbar, dass sich Europa und Russland in zehn oder 15 Jahren in einer neuen europäischen Partnerschaftsstruktur wiederfinden, welche dann auch die transatlantischen Beziehungen neu definiert.

Weißrussland

Sowjetische Vergangenheit im Wald von Kurapaty

Das Ende der Sowjetunion wurde in Weißrussland herbeige-trunken. So kolportierte die Presse das Treffen zwischen den Staatsoberhäuptern der Noch-Sowjetrepubliken Russland, Ukraine und Weißrussland am 8. Dezember 1991 in einem weißrussischen Regierungserholungsheim in Beloweschsk bei Minsk.[1] Hier hatten sich Boris Jelzin, sein ukrainischer Kollege Leonid Krawtschuk und der Vorsitzende des Obersten Sowjets Weißrusslands, Stanislaw Schuschkewitsch, getroffen, um in einer gemeinsamen Erklärung das Ende der Sowjetunion zu besiegeln.

Wie überall in der Sowjetunion gärte es seit Ende der 1980er Jahre auch in der Weißrussischen Sozialistischen Sowjetrepublik. Die wirtschaftliche Lage war trostlos. Die Bevölkerung verlangte unter anderem Aufklärung über die Folgen des Reaktorunglückes von Tschernobyl, von dem Weißrussland besonders betroffen war. Zudem forderten im Zeitalter von Glasnost viele eine ehrliche Beschäftigung mit der Geschichte.

Die sowjetische Vergangenheit lag für viele Weißrussen in Kurapaty, einem Waldgelände, nicht weit von Minsk entfernt. Dort hatte der sowjetische Geheimdienst NKWD in den Jahren der »Säuberungen« ab 1937 Zehntausende Menschen erschießen und verscharren lassen. Ähnlich wie im Fall von Katyn (Russland), wo die sowjetische Geheimpolizei im Mai 1940 ein Massaker an Tausenden Polen verübt hatte, behauptete die Sowjetpropaganda auch für Kurapaty, dass es sich bei den Begrabenen um Opfer des deutschen Überfalls auf die Sowjetunion und somit ein Verbrechen Hitlerdeutschlands handelte.

Als der weißrussische Historiker Sjanon Pasnjak 1988 seine Forschungsarbeiten zu Kurapaty publizierte und der Öffentlichkeit bekannt wurde, wer für die Zehntausenden Toten in dem Waldgelände tatsächlich verantwortlich war, ging ein Aufschrei des Entsetzens und der Empörung durchs Land. Im Juni 1988 versammelten sich Tausende von Demonstranten in Kurapaty, um gegen die Sowjetherrschaft zu demonstrieren. Sie stellten einfache Holzkreuze im Wald auf, die zu Denkmälern für die Freiheit wurden. Aus der Protestbewegung um Kurapaty entstand eine Unabhängigkeitsbewegung, die »Weißrussische Volks-

Land	Weißrussland
Hauptstadt	Minsk mit ca. 1,8 Millionen Einwohnern
Größe	207 600 km²
Bevölkerung	9,5 Millionen (Stand 1.9.2010) bei rückläufiger Tendenz
Landessprachen	Amtssprachen sind Belarussisch und Russisch, Verkehrssprache ist Russisch
Religionen	russisch-orthodoxe Kirche (überwiegend), römisch-katholische Kirche (circa 20 Prozent), vereinzelt jüdische und islamische (tatarische) Gemeinden
Währung	Belarussischer Rubel (1 EUR = ca. 5000 BYR)
Datum der Unabhängigkeit	27.7.1990
Staats-/Regierungs-form	Präsidialrepublik
Staatsoberhaupt	Alexander Lukaschenko, Präsident der Republik
Staatsoberhäupter seit Unabhängig-keit	25.8.1991–26.1.1994 Stanislaw Schuschkewitsch 26.1.1994–28.1.1994 Wjatscheslaw Kusnetsow 28.1.1994–20.7.1994 Mjatscheslaw Gryb seit dem 20.7.1994 Alexander Lukaschenko
Regierungschef	Michail Mjasnikowitsch
Regierungschefs seit Unabhängig-keit	19.9.1991–21.7.1994 Wjatscheslaw Kebitsch 21.7.1994–18.11.1996 Michail Tschigir 18.11.1996–18.2.2000 Sergej Ling 18.2.2000–1.10.2001 Wladimir Jermoschin 1.10.2001–10.7.2003 Chenaz Nawitski 10.7.2003–28.12.2010 Sergej Sidorski seit dem 28.12.2010 Michail Mjasnikowitsch
Parlament	Nationalversammlung mit 110 Abgeordneten in der Repräsentantenkammer und 64 Deputierten im Rat der Republik
Regierungsparteien	(in diesem Fall der Regierung nahestehend) Agrarpartei, Belarussische Sozial-Sportliche Partei, Kommunistische Partei von Belarus, Liberaldemokratische Partei von Belarus, Republikanische Partei für Arbeit und Gerechtigkeit, Belarussische Patriotische Partei, Republikanische Partei
Opposition	(nicht im Parlament vertreten): Partei der Belarussischen Volksfront, Vereinigte Bürgerpartei, Belarussische Partei der Linken Gerechte Welt, Belarussische Sozial-demokratische Partei, Konservativ-Christliche Partei

	der Belarussischen Volksfront, Sozialdemokratische Partei der Volkseintracht, Belarussische Partei Die Grünen
Mitgliedschaft in internationalen Organisationen (u. a.)	UNO, Europäische Bank für Wiederaufbau und Entwicklung, Internationale Arbeitsorganisation, IAEO, IWF, OSZE, Euro-Atlantische Partnerschaftsrat, Partnerschaft für den Frieden, UNESCO, UNICEF, Weltbank, WHO
Bruttoinlandsprodukt	49 Mrd. US-Dollar (2009)

front«, zu deren Begründern Sjanon Pasnjak und der Schriftsteller Wassil Bykau gehörten. Die antirussisch geprägte Volksfront hatte zunächst enormen Zulauf.

Pasnjak, Bykau und andere setzten sich für eine Renaissance der weißrussischen Sprache ein, die im Januar 1990 neben dem Russischen Amtssprache in Weißrussland wurde. Deklination und Konjugation der weißrussischen Sprache entsprechen zum größten Teil dem Russischen. Unterschiede gibt es im Wortschatz. In der weißrussischen Sprache finden sich viele Vokabeln, die dem Ukrainischen und dem Polnischen nahe sind. Russisch und Weißrussisch werden von den jeweiligen Muttersprachlern aber gegenseitig zu 70 bis 80 Prozent verstanden.

Allerdings dominiert bis heute Russisch das Alltagsleben in der früheren Sowjetrepublik. Dialekte des Weißrussischen sind vor allem auf dem Land verbreitet, wo außerdem oft auch »Trasjanka« gesprochen wird, eine Mischung aus Russisch und Weißrussisch. Die ursprüngliche Bezeichnung von »Transjanka« bedeutet »Viehfutter« und zeigt die negative Assoziation damit. Wer den Sprachmix verwendet, gilt als ungebildet und dörflich. Weißrussland, wo heute knapp zehn Millionen Menschen zu Hause sind, besaß, mit einer kurzen Ausnahme im Jahre 1918, niemals eine eigene Staatlichkeit. Im frühen Mittelalter gehörte das Gebiet zur Kiewer Rus, im 14. Jahrhundert wurde es Teil des Doppelstaates Polen-Litauen und 1795 geriet es unter zaristische Herrschaft. Im Jahre 1917 gelang Weißrussland im Zuge des Verlaufes des Ersten Weltkrieges und der Ereignisse um die Oktoberrevolution die Loslösung von Russland. Anfang 1918 marschierte die deutsche Armee in Minsk ein. Infolgedessen wurde im März 1918 die Weißrussische Volksrepublik ausgerufen, die aber nur ein halbes Jahr existierte. Die Weißrussische Volksfront erreichte 1990, dass die rot-weiße Fahne und das Wappen dieser Kurzzeitrepublik, ein Ritter auf einem silbernen Pferd, die Hoheitssymbole des neuen Weißrusslands wurden.

Erste Schritte in die Unabhängigkeit
Wie im Baltikum herrschte während der Perestroika auch in Weißrussland Aufbruchstimmung. Antol, der Vater unseres litauischen Freundes Antanas, hat dort einen Bekannten, mit dem er sich seit Sowjetzeiten regelmäßig zum Angeln, einer Art Volkssport in der gesamten früheren Sowjetunion, trifft. Alesch Sidaruk wurde in einem Dorf 60 Kilometer von Minsk entfernt geboren. Er hatte in Moskau Mathematik studiert und arbeitete danach als Professor an der Staatlichen Universität in Minsk. Wir trafen ihn zum ersten Mal 2006, 15 Jahre nachdem Weißrussland seine Unabhängigkeit erlangt hatte. »Die Leute der damaligen Volksfront waren guten Willens, aber zu weit weg von der Realität in unserem Land. Sie waren alles: Künstler, Intellektuelle, Nationalisten und Patrioten, nur keine guten Politiker. Sie wollten, dass wir uns vollkommen von Russland lossagen. Wie hätte das gehen sollen?«

Unmittelbar nach der Niederschlagung des Putsches gegen Michail Gorbatschow erklärte der Oberste Sowjet Weißrusslands am 26. August 1991 die Gründung der Republik Weißrussland. Erstes Staatsoberhaupt des unabhängigen Weißrusslands wurde Stanislaw Schuschkewitsch, bis dahin weißrussischer Abgeordneter im sowjetischen Parlament in Moskau und zu Hause in Minsk ein angesehener Physiker und Mathematiker. Schuschkewitsch gehörte bis 1991 der KPdSU an. Seine Regierung wurde von früheren kommunistischen Kadern mit Ministerpräsident Wjatscheslaw Kebitsch an der Spitze dominiert, die nur zögerlich einen marktwirtschaftlichen Kurs einschlugen und keine Abkehr von Russland wollten. Pasnjaks Volksfront blieb die Rolle der Opposition. Sie schaffte es nicht, ihre Kräfte zu bündeln und die Macht in Weißrussland zu übernehmen, sondern blieb ausschließlich auf die Rolle eines Kritikers beschränkt. Die neue weißrussische Führung, so wetterte Sjanon Pasnjak 1992, kette »die Republik an die kranke russische Wirtschaft«.[2]

Unser Freund Alesch kannte den neuen weißrussischen Staatschef Schuschkewitsch noch aus Studienzeiten: »Er hatte nie zu den Hardlinern unter den Kommunisten gehört. Er wusste, dass die Planwirtschaft abgewirtschaftet hat. Aber ihm war auch klar, dass Weißrussland ohne Moskau verloren wäre. Woher sollten wir denn unsere Energie und unseren Strom beziehen, wenn nicht aus Russland? Im Westen hat sich damals niemand für uns interessiert.«

Aber nach drei Jahren an der Macht drohte Schuschkewitsch zu scheitern. Die beibehaltene straffe staatliche Lenkung der Wirtschaft ließ sich nicht mit den versprochenen marktwirtschaftlichen Reformen in Einklang bringen. Es kam zu Engpässen in der Rohstoffversorgung und regelmäßigen Stromabschaltungen. Die Regierung versuchte, die Beschäftigung in den Staatsbetrieben durch die Vergabe billiger Kredite aufrechtzuerhalten, ohne diese indirekten Subventionen im Staatsbudget zu erfassen.[3] Doch die Staatsbetriebe produzierten nichts mehr, was sich exportieren ließ. Früher hatte die weißrussische Sowjetrepublik die anderen Republiken der UdSSR mit begehrten Industriegütern wie Traktoren und Lastkraftwagen versorgt. Fernseher der Marke »Horizont« oder Kühlschränke der Marke »Minsk«, die aus Weißrussland stammten, waren in der gesamten UdSSR begehrt und deshalb Mangelware. Dieser Markt war zusammengebrochen. Weißrussland musste jedoch nach wie vor alle Rohstoffe, vor allem Öl und Gas, aus Russland importieren. Schuschkewitsch fühlte, dass sein Land in nicht vorhersehbare Turbulenzen geraten könnte, wenn man sich von der russischen Währung abkoppele. Er versuchte, in der Rubel-Zone zu bleiben. Parallel dazu führte Weißrussland 1992 eigenes Geld ein. Es kam zu einer paradoxen Situation. Zwischen 1992 und 1993 konnte man in Weißrussland offiziell sowohl mit dem neuen weißrussischen wie auch mit dem russischen Rubel zahlen. Allerdings gab es keine Koordination zwischen der russischen und der weißrussischen Geldpolitik. Die Regierung in Minsk wurde von Moskau vorab nicht einmal über die Geldreform und die damit verbundenen Umtauschaktionen, die im Sommer 1993 in Russland stattfanden, informiert. Das neue weißrussische Geld, im Volksmund wegen der auf den Banknoten abgebildeten Tiermotive ja als »Hasenrubel« verspottet, entwickelte sich innerhalb weniger Monate hochinflationär. 1993 lag die Inflation in Weißrussland bereits bei über 1000 Prozent. 1994 überstieg sie sogar die 1200-Prozent-Marke. Erst 1995 sank sie deutlich, 1996 betrug sie »nur« noch 52,7 Prozent.[4] Das lag allerdings nur daran, dass der Wert von der inzwischen unter staatlicher Kontrolle stehenden Nationalbank festgesetzt wurde, auf dem Schwarzmarkt wertete der weißrussische Rubel weiterhin stark ab.

Ein Privatisierungsprogramm für die maroden Staatsunternehmen lief nur schleppend an. Wenn überhaupt, kauften ehemalige Kader der Kommunistischen Partei, die in der Regel als Direktoren in den Betrieben verblieben waren, die Unternehmen für einen Bruchteil ihres Wertes, oder sie verkauften auf eigene Rechnung alles, was in dem Staatsunternehmen nicht niet- und nagelfest war. Staatsbeamte verdienten daran kräftig mit, Schuschkewitschs Führungsriege war korrupt.

Lukaschenko an der Macht

Es brauchte deshalb nicht lange, bis sich jemand fand, der es mit populistischer Begabung verstand, innerhalb weniger Monate eine Bedrohung für die Macht des amtierenden Präsidenten Stanislaw Schuschkewitsch zu werden. Ein 39-jähriger Mann, Alexander Lukaschenko, wurde zu seinem ärgsten Widersacher. Lukaschenko gehörte dem Parlament Weißrusslands an und leitete 1993 dessen Anti-Korruptions-Komitee. Geschickt nutzte er die Unterstützung von Pasnjaks Volksfront, um gegen den Staatschef vorzugehen und sich selbst als neuer »starker Mann« zu profilieren. Schließlich sollten 1994 die ersten demokratischen Präsidentschaftswahlen in Weißrussland stattfinden, und Lukaschenko plante seine Kandidatur. Er bezichtigte den amtierenden Präsidenten Schuschkewitsch der Korruption, woraufhin dieser eine Vertrauensabstimmung im Parlament und damit sein Amt verlor. Für ein halbes Jahr, zwischen Januar und Juli 1994, amtierte der Altkommunist Mjatscheslaw Gryb als weißrussisches Staatsoberhaupt.

Bei den Präsidentschaftswahlen am 23. Juni 1994 unterlagen der ehemalige Staatschef Stanislaw Schuschkewitsch sowie der gleichfalls kandidierende Ministerpräsident Wjatscheslaw Kebitsch dem dynamisch und wortgewaltig auftretenden Herausforderer deutlich. Lukaschenko wurde zum neuen Präsidenten gewählt, und seitdem hat er das Amt nicht wieder hergegeben.

Bei den folgenden Präsidentschaftswahlen erzielte der zunehmend autoritär regierende Lukaschenko nach offiziellen Angaben jeweils 75,6 Prozent (2001), 82,6 Prozent (2006) und 79,65 Prozent (2010). Internationale Beobachter bezeichneten die Wahlen jedoch überwiegend als unfrei. Der Vorwurf der Wahlfälschung stand nach jeder Wiederwahl im Raum. Im Vorfeld der Wahlen kam es immer wieder zu Einschüchterungsversuchen oder polizeilicher Gewalt gegen Kandidaten der Opposition, Proteste und Kundgebungen wurden stets gewaltsam beendet. Lukaschenko selbst gab übrigens zu, die Wahlen 2006 gefälscht zu haben, allerdings, so sagte er auf einer Pressekonferenz, habe er das Ergebnis nach unten korrigiert, um es »europäischer erscheinen zu lassen«.[5]

Der 1954 im weißrussischen Kopys geborene Lukaschenko ist ein Kind der Sowjetunion und ihrer Ideologie. Zur Sowjetzeit arbeitete er u. a. als Polit-Instrukteur bei der Armee sowie als Direktor eines Landwirtschaftsbetriebes, weshalb er auch als »schlauer Bauer« bezeichnet wird.[6]

Eine der ersten Amtshandlungen Lukaschenkos war die Abschaffung der auf Betreiben der Weißrussischen Volksfront 1990 eingeführten neuen Staatssymbole Weißrusslands. Zwar hatte er die mittlerweile zersplitterte und zerstrittene Volksfront-Opposition genutzt, um gegen seinen Vorgänger Schuschkewitsch zu intrigieren, doch ihn verband herzlich wenig mit Intellektuellen wie Pasnjak. Er verachtete sie wegen ihrer Unfähigkeit, selbst Macht zu übernehmen und zu gestalten.

Weißrussland, das Lukaschenko seit 1994 mit harter Hand führt, entwickelte sich unter ihm in den Augen seiner Landsleute zunächst politisch und wirtschaftlich zufriedenstellend. Seit Mitte der 1990er Jahre verzeichnete man ein stetiges Wirtschaftswachstum, und das, obwohl von marktwirtschaftlichen Reformen, die zu Beginn der 1990er Jahre eingeführt worden waren, so gut wie nichts mehr übriggeblieben ist. Lukaschenko setzt auf Planwirtschaft, die Landwirtschaft wird staatlich subventioniert. Es gibt Fünf-Jahres-Wirtschaftspläne.

Der Export, vor allem nach Russland, nahm an Fahrt auf. Die Russen und andere frühere Sowjetrepubliken kauften wieder weißrussische Lastwagen der Marke »MAS«.[7] Die ehemaligen Kühlschränke der Marke »Minsk« finden heute unter dem neuen Markennamen »Atlant« guten Absatz in den GUS-Staaten. Aber auch die weißrussische Rüstungsindustrie hat bei Interessenten einen guten Ruf. Bei einer Waffenmesse im Jahre 2011 in

Abu Dhabi präsentierte Weißrussland einen eigenen mobilen Luftabwehrkomplex, eigene Raketenentwicklungen sowie ein neues, robotisiertes Mehrzweck-Waffensystem.[8]

Lenin und »McDonald's«

In Weißrussland hatten wir meist das Gefühl, die Sowjetunion sei nie untergegangen. Lediglich »McDonald's« auf der Minsker Straße der Unabhängigkeit stört dieses Bild. Lukaschenko hat sich ein eigenes, kleines Sowjetreich geschaffen und sich, so weit es ging, von der zusammenwachsenden Welt abgeschottet. All das, was die Globalisierung an Verwerfungen mit sich brachte, ging recht lange an Weißrussland vorbei. Es ist das einzige Land des früheren Sowjetreiches, das ein beinahe ungebrochenes Verhältnis zur alten Sowjetunion pflegt. Lenin-Denkmäler gehören zu den Stadtbildern, die Uniformen der Armee ähneln den sowjetischen Uniformen fast eins zu eins. Lukaschenko liebt Militärparaden, Sportfeste und Schulolympiaden.

Aber in der Hauptstadt Minsk sowie in den größeren Städten des Landes, wie Gomel oder Mogiljow, gibt es auch Kontrastprogramme zu sehen. Moderne Restaurants, Klubs, weißrussische Bands und eine lebendige Subkultur gehören heute genauso dazu. Allerdings beschränkt sich die Wahrnehmung im übrigen Europa überwiegend auf Lukaschenko und die Auswüchse seiner autoritären Politik.

Aleschs Sohn Feliks, der als Journalist bei einer Minsker Tageszeitung arbeitet, meinte uns gegenüber: »Ich denke manchmal, dass Ihr aus dem Westen nur die Dinge seht, die für Euch in eine vorgefasste Schablone passen. Ich kann freier schreiben, als Ihr denkt. Es gibt eine ›rote Linie‹, die kann niemand hier übertreten. Die Linie heißt Lukaschenko. Ansonsten ist Kritik in Maßen durchaus erlaubt.«

Unsere Wahrnehmung war allerdings eine andere. Eine Stunde weißrussische Nachrichten genügten, und wir fühlten uns in die DDR zurückversetzt. Der Nachrichtensprecher berichtete von Ernteeinsätzen und Plansolls, danach sah man Lukaschenko eine Fabrik besichtigen. Ein Jugendchor, das Kulturensemble des Werks, sang zu diesem Anlass patriotische Lieder.

Am nächsten Morgen sahen wir als erste Meldung im weißrussischen Fernsehen Lukaschenkos wilde Ausfälle gegenüber Russland. Es war ein trüber Dezembertag im Jahre 2006. Weiß-

Blick auf Minsk, 2010

russland hatte die Transitleitungen für russisches Gas nach Europa zugedreht. Seit Wochen tobte ein erbitterter Streit mit Russland, das mittlerweile von seinen GUS-Partnern Weißrussland und Ukraine Gaspreise verlangte, die nicht mehr subventioniert, sondern dem Weltmarkt angepasst waren. Außerdem wollte Russland ausstehende Schulden aus Gaslieferungen eintreiben. Bis dahin hatte es Preiserlässe von jährlich ca. sieben Milliarden US-Dollar, ein Drittel des weißrussischen Staatshaushaltes, gegeben, die es Lukaschenko ermöglichten, der Bevölkerung einen bescheidenen Wohlstand zu sichern und außerdem seinen großen Sicherheitsapparat zu finanzieren.[9]

Man einigte sich ein halbes Jahr später auf einen Kompromiss. Trotzdem kam es 2010 erneut zu einem Gasstreit zwischen den beiden Ländern, der sich direkt auf das EU-Mitgliedsland Litauen, aber auch auf die russische Enklave Kaliningrad auswirkte. Sowohl Litauen wie auch Kaliningrad sind direkt vom Gastransit durch Weißrussland abhängig. Da Gazprom aufgrund ausstehender weißrussischer Schuldentilgung weniger Gas in die Pipeline einspeiste, kam es zu Engpässen.

Das nachbarschaftliche Verhältnis gilt seit Jahren als angespannt. Lukaschenko hatte mit Boris Jelzin 1997 Verträge über die Gründung eines Russisch-Weißrussischen Föderationsstaates ausgehandelt, von denen aber bislang nur die Zollunion umgesetzt wurde. Eigentlich sind Putin und Medwedjew daran interessiert, Weißrussland noch enger an Russland zu binden, allerdings zu russischen Bedingungen. Lukaschenko, der damit geliebäugelt hatte, Präsident einer Russisch-Weißrussischen Föderation zu werden, ist beiden nicht nur zu unberechenbar, sondern auch zu populär. Russen wie Weißrussen nennen Lukaschenko, der im Westen als »letzter Diktator Europas« gilt, manchmal liebevoll, manchmal ironisch »Batka« – das »Väterchen«. 2005 ernannten ihn die Russen in einer Umfrage zum populärsten Staatsführer eines GUS-Landes. 52 Prozent der Befragten sprachen sich für Lukaschenko aus.[10]

Minsk ist eine der saubersten Städte Osteuropas, die Grünanlagen sind gepflegt, die Menschen schienen lange Zeit zufrieden mit ihrem Leben zu sein. Bei einem direkten Vergleich des Lebensniveaus in Russland und in Weißrussland schnitt Alexander Lukaschenkos Reich besser ab. 2006, Lukaschenko hatte gerade wieder einmal eine Präsidentschaftswahl gewonnen, kommentierte eine russische Internetzeitung: »Es gibt – erstaunlich aber wahr – ein Wohlstandsgefälle zugunsten von Weißrussland. Bescheiden, aber trotzdem deutlich, besonders, wenn man auf der russischen Landstraße an Kolchosruinen und zerfallenen Dörfern vorbei nach Weißrussland hinein fährt, wo sogar die Kantsteine schön weiß gekalkt und die Zäune frisch gestrichen sind (…). Und für die Menschen auf der weißrussischen Insel ist es offensichtlich ziemlich wichtig, was sie mit eigenen Augen um sich herum sehen können. Es spricht mehr für die Insel.«[11]

Nach einer 2009 durchgeführten Meinungsumfrage wollten die meisten Weißrussen diese »Insellösung« beibehalten. Nur 20,4 Prozent sprachen sich dafür aus, den 1997 abgeschlossenen Föderationsvertrag mit Russland mit Leben zu füllen. 33,5 Prozent befürworteten einen Beitritt zur EU. 74 Prozent sprachen sich für die weitere Eigenständigkeit Weißrusslands aus.[12]

»Ziegenböcke, Schurken und Tunten«

Der Popularität Lukaschenkos tat es lange Zeit keinen Abbruch, dass er sich zunehmend autokratisch gebärdete und dass sich das Gerücht, er hätte psychische Probleme, immer mehr verdichtete. »Zu Hause bewunderten wir manchmal, wie er mit euch im Westen und mit den Russen zugleich spielte«, sagte Alesch.

Die Europäische Union hatte Lukaschenko und seinen inneren Zirkel nach den unfreien Präsidentschaftswahlen des Jahres 2006 zu »unerwünschten Personen« erklärt und eine Einreisesperre verhängt. Doch sobald sich Lukaschenko anschickte, EU-Projekte wie die 2008 ins Leben gerufene »Östliche Partnerschaft« zu begrüßen, wurde man in der EU wieder schwach.

Die auf Anregung Polens und Schwedens 2008 begründete »Östliche Partnerschaft« soll die ehemaligen Sowjetrepubliken Armenien, Aserbaidschan, Georgien, Moldawien, die Ukraine und Weißrussland näher an die Europäische Union heranführen. Russland, das sich ausgegrenzt sah, war von Beginn an Gegner dieses Projektes. Bei der Gründung der »Östlichen Partnerschaft« hatten sich jedoch die Staaten in der Europäischen Union durchgesetzt, die eine kritische Position gegenüber Russland befürworten.

Nachdem Lukaschenko seine Sympathie gegenüber der »Östlichen Partnerschaft« erklärt hatte, wurde er – obwohl eigentlich Persona non grata – vom tschechischen Außenminister 2009 sogar zu einem Gipfeltreffen nach Prag eingeladen.[13]

Doch in Lukaschenko, der westliche Politiker schon mal als »Ziegenböcke«, »Läuse«, »Schurken« oder »Tunten« titulierte und dessen Sympathie für Hitler kein Geheimnis ist, haben weder die Europäische Union noch Russland einen verlässlichen Partner. Selbst in Weißrussland dreht sich der Wind langsam gegen ihn.

Der Anfang vom Ende

Zu den Präsidentschaftswahlen im Dezember 2010 hatte Lukaschenkos Administration auch Oppositionskandidaten zugelassen. Von der weißrussischen Opposition, das wusste Lukaschenko, dürfte keine wirkliche Gefahr ausgehen. Sie ist seit Jahren zerstritten. In den Augen vieler Weißrussen diskreditiert sie sich außerdem dadurch, dass sie die Unterstützung amerikanischer, westeuropäischer und polnischer Organisationen akzeptiert und dass viele Oppositionspolitiker Katholiken sind. Die russisch-orthodoxe Bevölkerungsmehrheit in Weißrussland, immerhin über zwei Drittel der Einwohner, fühlt sich durch sie nicht repräsentiert.

Nach offiziellen Angaben aus Minsk gewann Alexander Lukaschenko die Wahlen mit einem Ergebnis von knapp 80 Prozent, eine offensichtlich geschönte Zahl. Zwar genießt Lukaschenko nach wie vor Sympathien, und ein nicht unerheblicher Anteil der Bevölkerung dürfte für ihn gestimmt haben. Unabhängige Umfragen gehen aber von lediglich 35 bis 45 Prozent aus.[14]

Würde Alexander Lukaschenko faire und freie Wahlen zulassen, hätte er wahrscheinlich sogar gute Chancen, wiedergewählt zu werden. Doch Lukaschenko war offensichtlich über das Ergebnis so schockiert, dass er die Zulassung oppositioneller Kandidaten bereute. »Es gab soviel Demokratie (vor der Präsidentschaftswahl 2010) – einfach ekelerregend«,[15] sagte er. Indirekt machte er demokratische Tendenzen sogar für einen Terroranschlag verantwortlich, der im April 2011 auf die Metro in Minsk verübt wurde und zwölf Menschenleben forderte. Nach den Präsidentschaftswahlen 2010 ließ Lukaschenko seine Gegenkandidaten und viele Sympathisanten, die zu Protesten aufgerufen hatten, verhaften.

Das brutale Vorgehen der weißrussischen Sicherheitskräfte fiel in eine Zeit, in der die Weißrussen infolge der Wirtschaftskrise erstmals seit mehreren Jahren mit einer erheblichen Teuerungswelle sowie einer Abwertung des weißrussischen Rubels konfrontiert waren. Im April 2011 war der Devisenmarkt durch Panikkäufe der Bevölkerung unter Druck geraten. Dies war der Beginn einer Versorgungskrise. Importierte Konsumgüter, aber auch Babynahrung wurden knapp. Weißrussland bat den Internationalen Währungsfonds und die Eurasische Wirtschaftsgemeinschaft um Hilfe. Lukaschenko und seine autokratische Planwirtschaft scheinen nun am Anfang vom Ende zu stehen.

Ukraine

Geteilt in Ost und West

Leonid Krawtschuk war 1991 Vorsitzender des Obersten Sowjets der Ukrainischen Sozialistischen Sowjetrepublik. Er gehörte
zu den drei Männern, die im weißrussischen Beloweschsk das
Ende der UdSSR besiegelten. Reformbewegungen hatten es vorher in der Sowjet-Ukraine nicht leicht. In Kiew hielten Kommunisten die Zügel in der Hand, die als Hardliner innerhalb der
KPdSU galten. Bei Leonid Krawtschuk blieb die Macht in der
Ukraine zunächst in Funktionärshand. Er war im Parteiapparat
der KPdSU großgeworden. Am 1. Dezember 1991 ließ er sich
zum ukrainischen Präsidenten wählen. Die alte Verfassung der
Sowjet-Ukraine blieb unter ihm nach wie vor in Kraft.

Krawtschuk musste einen Staat mit 46 Millionen Einwohnern
zusammenhalten, der historisch nie ein Staat gewesen war und
der aus zwei verschiedenen Teilen besteht. Der westliche Teil der
heutigen Ukraine geriet im 16. Jahrhundert unter polnischen
und litauischen Einfluss, während die Ostukraine zu Russland
gehörte.

Der Osten, wo der russisch-orthodoxe Glauben dominiert,
sowie der Süden des Landes mit der Halbinsel Krim sind weitestgehend russisch besiedelt und bis heute russischsprachig. Die
geografische Grenze bildet der Dnepr. Östlich des Flusses liegen
die Industriegebiete und Kohlengruben von Donezk, Dnepropetrowsk und der Stadt Charkow. Dieses Zentrum der Ostukraine
war zwischen 1918 und 1934 Hauptstadt der Sowjet-Ukraine.
Dann ließ Stalin die Hauptstadt nach Kiew verlegen.

Das Zentrum der Westukraine ist Lwiw (Lemberg, russisch
Lwow). Lemberg war bis 1918 Hauptstadt des Königreiches
Galizien und Lodomerien. Hier ist der katholische Glauben
stark verbreitet und der polnische Einfluss, der sich auch in der
ukrainischen Sprache wiederfindet, stark. Galizien und Lodomerien umfasste jene Gebiete am Rande der österreichisch-un-
garischen Doppelmonarchie, die infolge der ersten polnischen
Teilung im Jahre 1772 an die Habsburger gefallen waren. Hier
lebten vor allem Polen, Juden und Ruthenier – so nannte man
während der Habsburger Periode die Ukrainer –, aber auch ein
Völkergemisch aus Griechen, Tschechen, Tataren, Armeniern,

Land	Ukraine
Hauptstadt	Kiew mit ca. 2,7 Millionen Einwohnern
Größe	603 700 km²
Bevölkerung	45,9 Millionen Menschen, davon 78 Prozent Ukrainer, 17 Prozent Russen, 0,6 Prozent Weißrussen und 0,5 Prozent Krimtataren, insgesamt über 130 Nationalitäten
Landessprachen	Staatssprache Ukrainisch, Verkehrssprache Russisch
Religionen	russisch-orthodox (Moskauer Patriarchat), ukrainisch-orthodox (Kiewer Patriarchat), ukrainisch-orthodox (autokephal), griechisch-katholisch (uniert mit Rom); kleinere jüdische, römisch-katholische und protestantische Gemeinden (insbesondere Baptisten) und islamische Gemeinden (vor allem Krimtataren)
Währung	Ukrainischer Hrywnja (1 EUR = 11,56 UAH)
Datum der Unabhängigkeit	24. 8. 1991
Staats-/Regierungsform	Parlamentarisch-präsidiale Republik
Staatsoberhaupt	Präsident Wiktor Janukowitsch
Staatsoberhäupter seit Unabhängigkeit	5. 12. 1991 – 19. 7. 1994 Leonid Krawtschuk 19. 7. 1994 – 23. 1. 2005 Leonid Kutschma 23. 1. 2005 – 25. 2. 2010 Wiktor Juschtschenko seit dem 25. 2. 2010 Wiktor Janukowitsch
Regierungschef	Ministerpräsident Mikola Asarow
Regierungschefs seit Unabhängigkeit	23. 10. 1990 – 2. 10. 1992 Witold Fokin 2. 10. 1992 – 13. 10. 1992 Walentin Simonenko 13. 10. 1992 – 22. 9. 1993 Leonid Kutschma 22. 9. 1993 – 16. 6. 1994 Juchim Zwiachilski 16. 6. 1994 – 1. 3. 1995 Witalij Masol 1. 3. 1995 – 28. 5. 1996 Jewgen Martschuk 28. 5. 1996 – 2. 7. 1997 Pawlo Lasarenko 2. 7. 1997 – 30. 7. 1997 Wasil Durdinetz 30. 7. 1997 – 22. 12. 1999 Waleri Pustowoitenko 22. 12. 1999 – 29. 5. 2001 Wiktor Juschtschenko 29. 5. 2001 – 21. 11. 2002 Anatolij Kinach 21. 11. 2002 – 7. 12. 2004 Wiktor Janukowitsch 7. 12. 2004 – 28. 12. 2004 Mikola Asarow 28. 12. 2004 – 5. 1. 2005 Wiktor Janukowitsch 5. 1. 2005 – 24. 1. 2005 Mikola Asarow 24. 1. 2005 – 8. 9. 2005 Julia Timoschenko 8. 9. 2005 – 4. 8. 2006 Jurij Jechanurow

	4.8.2006–18.12.2007 Wiktor Janukowitsch
	18.12.2007–4.3.2010 Julia Timoschenko
	4.3.2010–11.3.2010 Alexander Turchinow
	seit dem 11.3.2010 Mikola Asarow
Parlament	Einkammerparlament mit 450 Sitzen
Regierungsparteien	seit 11. März 2010 besteht eine Koalition aus den Fraktionen Partei der Regionen, Kommunistische Partei der Ukraine Block Litwin und Reformen für die Zukunft
Opposition	Fraktionen Block Julia Timoschenko, Fraktion Unsere Ukraine – Selbstverteidigung des Volkes, fraktionslose Abgeordnete
Mitgliedschaft in internationalen Organisationen (u. a.)	UN, UNESCO, IAEO, ILO, ITU, UPU, OSZE, GUS, IWF, Weltbank, Interpol, EBWE, ICAO, WHO, Europarat, GUAM, Zentraleuropäische Initiative, Schwarzmeer-Kooperationsrat, WTO
Bruttoinlands-produkt	113,5 Mrd. US-Dollar (2009)

Türken und Zigeunern. Nach dem Ende des Ersten Weltkrieges wurde das Gebiet an Polen angegliedert. Infolge des Hitler-Stalin-Paktes von 1939 geriet es in den sowjetischen Herrschaftsbereich und wurde Teil der Ukrainischen Sozialistischen Sowjetrepublik. Als die Deutsche Wehrmacht 1941 die Sowjetunion überfiel, begrüßten viele Ukrainer die Deutschen als »Befreier«. Tausende meldeten sich zur berüchtigten SS-Division »Galizien« und beteiligten sich an der Ermordung von Juden. Als Präsident entschuldigte sich Leonid Krawtschuk 1992 für die Beteiligung der Ukrainer am Holocaust.[1]

In der Westukraine spricht man größtenteils ukrainisch, wobei es ein starkes Stadt-Land-Gefälle gibt. Ukrainisch wird eher auf dem Lande, Russisch stärker in den Städten gesprochen. Auch wenn der Druck zur Ukrainisierung seit 1991 existiert, ist Russisch bis heute die Umgangssprache für viele Ukrainer geblieben.

Die slawischen Sprachen haben sich spät differenziert, ihr gemeinsamer Wortschatz ist relativ groß. Wer Ukrainisch oder Russisch als Muttersprache spricht, kann die jeweils andere Sprache relativ gut verstehen, wenn er ein paar Besonderheiten und die Regeln der Lautverschiebungen kennt.

Kiew: Die »Mutter der russischen Städte«

Als 1991 die Sowjetunion zerbrach, schmerzte Russland der Verlust der Ukraine besonders. Kiew gilt als »Mutter der russischen Städte«. Sie ist für die Russen bis heute mindestens genauso wichtig wie Moskau oder St. Petersburg. Hier, am Dnepr, schlug vor rund tausend Jahren – fast zeitgleich mit der Herausbildung des Heiligen Römischen Reiches Deutscher Nation – die Geburtsstunde des ersten russischen Staates, der Kiewer Rus. Ein Kiewer Großfürst christianisierte die Rus.

Das Kiewer Höhlenkloster, einer der heiligsten Orte der Russen, liegt heute in der Ukraine. Im Jahr 1020 soll ein griechischer Eremit, Illarion mit Namen, die erste Höhle in einem Wald unweit von Kiew gegraben haben, in der er fortan lebte. In den darauffolgenden Jahren der Einsiedelei gelangte er zu immer größerer Popularität. Menschen aus der Umgebung pilgerten zu ihm und baten um seinen Segen. Ihm wurde die Fähigkeit zugesprochen, Wunder bewirken zu können. Fürst Jaroslaw der Weise (978–1054), unter dem das Kiewer Reich seine Blütezeit erlebte, erhob Illarion im Jahr 1051 in den Rang eines Metropoliten (Bischof). Aus der Höhle wurde ein Kloster, das sich zum führenden Kloster der Rus entwickelte. Mönche bauten unter der Erde Korridore und eine Verkündigungskirche. In den nachfolgenden Jahrhunderten wurde dieses unterirdische Labyrinth ständig erweitert. Hier lebten die Mönche, und hier starben sie. Von weißgetünchten niedrigen Gängen führen Nischen und kleine Kapellen ab. In einfachen Schreinen liegen verstorbene Mönche, deren Körper bis heute nicht der Verwesung anheimgefallen sind. Nach der Oktoberrevolution und den anschließenden Bürgerkriegswirren wurde das Kiewer Höhlenkloster 1926 zunächst in ein »Museum des Atheismus« umgewandelt und die Höhlen geschlossen. 1941 durfte es seinen Betrieb wieder aufnehmen, Mönche, die den Stalin'schen Repressalien nicht zum Opfer gefallen waren, kehrten zurück. 1961, in den Jahren einer Kirchenverfolgung durch den KPdSU-Chef Nikita Chruschtschow, wurde das Kiewer Höhlenkloster erneut geschlossen und 1965 in ein Museum umgewandelt. Erst seit 1991 gehört es wieder der russisch-orthodoxen Kirche und ist heute ein funktionierendes Mönchskloster.

Leonid Krawtschuk, der erste ukrainische Präsident, der das Land autoritär per Dekret regierte, betrieb im Interesse der Nationalstaatsbildung und der eigenen Machtsicherung eine entsprechende Sprachen- und Geschichtspolitik. Er versuchte, das Russische zu verdrängen – selbst aus den Behörden der Hauptstadt. Doch viele Beamte aus sowjetischer Zeit waren der neuen Staatssprache Ukrainisch nicht mächtig.

Ukrainische Historiker beschrieben nach der Unabhängigkeit eine 1000-jährige Staatlichkeit ihres Landes, was jedoch problematisch ist. Das mittelalterliche Großreich der Kiewer Rus umfasste das Gebiet des heutigen Russlands, der Ukraine und Weißrusslands. Bei einer Umfrage 1994 meinten drei Viertel aller Befragten in Russland, dass die Ukrainer kein eigenständiges Volk seien und ihnen daher kein unabhängiger Staat zustehe.[2] Die Ukrainer sehen das anders. Mit der Unabhängigkeit setzte eine deutliche Ukrainisierung ein, die bis zu gesetzlichen Regelungen über die Beurteilung von Geschichtsereignissen reicht.

Schwierige Übergangsjahre

Ein Aufenthalt in Kiew im Jahre 1992 ist uns unvergesslich geblieben. Die Ukraine gehörte zu Beginn der 1990er Jahre zu den ehemaligen Sowjetrepubliken mit den größten wirtschaftlichen Problemen, der größten Armut und der meisten Kriminalität. Vor dem Hotel, in dem wir 1992 wohnten und das zur früheren sowjetischen »Inturist«-Kette gehörte, weckte uns nachts ein vielstimmiger Lärm. Schüsse fielen, dann herrschte schlagartig Ruhe. Als wir etwas später vorsichtig aus dem Fenster schauten, sahen wir einen zugedeckten Leichnam liegen. Vor dem Hotel hatten sich Angehörige zweier Banden, die um die Vorherrschaft in der Kiewer Unterwelt kämpften, eine Schießerei geliefert. Das Hotelpersonal reagierte resigniert: »Kiew ist zur Mafiastadt verkommen«, sagte die Frau an der Rezeption, »das wäre unter Scherbitzki nicht möglich gewesen.« Wladimir Scherbitzki hieß der frühere ukrainische KP-Chef, der bereits unter Breschnew an die Macht gekommen war und bis 1989 mit harter Hand das Land für Moskau verwaltete. Für sowjetnostalgische Ukrainer steht sein Name heute noch für Sowjetmacht und Ordnung.

Die Ukraine erlebte in der ersten Hälfte der 1990er Jahre chaotische Zustände, die denen in Russland nicht nachstanden. Es herrschte Hyperinflation, die Produktion lag am Boden, die sozialistische Planwirtschaft existierte nicht mehr, etwas Neues war noch nicht an ihre Stelle getreten, die Einkommen vieler

Der Unabhängigkeitsplatz mit dem Hotel »Ukraina« in Kiew, 2009

Menschen sanken gen null und das Gesundheitswesen war zusammengebrochen. Krawtschuk wurde 1994 abgewählt.

Ihm folgte Leonid Kutschma als Präsident, ein 1938 geborener Ingenieur, der Raketentechnik studiert und dann Karriere im Parteiapparat der KPdSU gemacht hatte. Anders als sein Vorgänger erkannte Kutschma die dringende Notwendigkeit einschneidender Wirtschaftsreformen. Ihm war klar, dass die Ukraine, die bereits am Abgrund stand und sich zu einem kriminellen Staatswesen zu entwickeln drohte, sonst scheitern würde. Der neue Präsident löste sich nach und nach von der Sowjetvergangenheit. Sowjetische Gesetze, das Modell von Räten (Sowjets), die Rubel-Währung: all das fiel in der Ukraine erst relativ spät und nach einem langen Todeskampf des Sozialismus mit der neuen Ordnung. In den anderen einstigen Sowjetrepubliken war diese Schlacht Mitte der 1990er Jahre bereits geschlagen. Als letzter Staat der GUS verabschiedete sich die Ukraine im Jahre schließlich 1996 von der Sowjetverfassung.

Von Kutschma zur »Orangenen Revolution«

Parallel dazu bildete sich ein ukrainisches Oligarchensystem heraus, das dem russischen System der Durchdringung von Wirtschaft und Politik in der Jelzin-Ära ähnelte. Kutschmas Ukraine

Die Orangene Revolution fand im Wesentlichen in der Westukraine statt: Zwei Wochen hielten Demonstranten im Dezember 2004 den Zentralplatz von Czernowitz besetzt und forderten einen Regierungswechsel in Kiew.

bestand aus Clans. Ihre Zentren lagen in Dnepropetrowsk, Donezk und Kiew. Die drei Clans teilten unter Aufsicht und Kontrolle des Staatschefs die Reichtümer des Landes untereinander auf. Die Ukraine ist fast zweimal so groß wie Deutschland. Dank fruchtbarer Schwarzerdeböden galt sie einst als Europas Kornkammer. Nach wie vor ist die Ukraine der drittgrößte Getreideexporteur der Welt. Große Granit-, Graphit- und Salzvorkommen bilden eine reiche Quelle für die Metall-, Porzellan- und chemische Industrie.[3]

Beim Umgang mit Gegnern war Leonid Kutschma nicht zimperlich. Die Kiewer Staatsanwaltschaft ermittelt seit 2011 gegen ihn wegen des Verdachts, er habe u. a. einen Mord an einem Journalisten in Auftrag gegeben.

Kutschma regierte die Ukraine bis 2004, dann lief seine zweite Amtszeit ab. Ein weiteres Mal durfte er laut ukrainischer Verfassung nicht kandidieren. Bereits 2002 hatte Kutschma den zum Donezker Clan gehörenden Wiktor Janukowitsch zum Ministerpräsidenten ernannt. Beide waren gute Bekannte. Das Donezk-Becken ist die bevölkerungsreichste Region der Ukraine sowie das Zentrum der Kohle- und Stahlindustrie. Hier befinden sich die größten Bergwerke des Landes. Janukowitsch hatte als Leiter der Administration des Donbass dafür gesorgt, dass die Verbindung zwischen Politik und Wirtschaft gut geschmiert lief.

Im Herbst 2004 sollte Wiktor Janukowitsch schließlich Kutschma als Präsidenten beerben. Doch die Wahlen wurden für ihn zu einem Fiasko. Der Kandidat des Oppositionsbündnisses »Unsere Ukraine«, Wiktor Juschtschenko, schnitt unerwartet gut ab. Nun musste sich Kutschmas Wunschkandidat Janukowitsch einer Stichwahl um die ukrainische Präsidentschaft stellen. In den Umfragen vor der Stichwahl lag der Oppositionskandidat vor ihm. Am Wahltag berichteten Medien über versuchte Wahlfälschung der Janukowitsch-Fraktion. Daraufhin soll ihnen der Strom abgestellt und Mitarbeiter bedroht worden sein. Im Land kursierten zahlreiche Gerüchte über die verschiedensten Methoden, die Janukowitsch und seine Helfer angewandt haben, um die Wahl für sich zu entscheiden. Viele Menschen erzählten, ihnen sei Geld angeboten worden, damit sie für Janukowitsch stimmten.

Am Morgen nach der Wahl erklärte die Zentrale Wahlkommission Wiktor Janukowitsch zum Wahlsieger, was in der Öffentlichkeit zunächst auf Erstaunen, dann auf Ärger traf. Laut Wahlkommission hatte Janukowitsch 49,42 Prozent, Juschtschenko nur 46,69 Prozent aller Stimmen bekommen.[4] Nur neun von 15 Mitgliedern der Wahlkommission unterzeichneten aber das Wahlergebnis, die anderen sechs verweigerten die Unterschrift.

In Kiew gingen daraufhin vor allem jungen Menschen auf die Straße. Die »Orangene Revolution« nahm ihren Lauf. Orange war die Farbe, die Juschtschenko für seinen Wahlkampf verwendet hatte. Im Scheinwerferlicht Hunderter Kamerateams verbrachten Tausende Menschen Tage und Nächte auf dem Majdan, dem zentralen Platz Kiews. Die Welt verfolgte die Ereignisse via Fernsehbildschirm. Die Demonstrationen ebbten nicht ab. Musikbands ließen sie zunehmend zum Event werden. Schließlich ordnete das Oberste Gericht der Ukraine Nachwahlen an, aus denen Wiktor Juschtschenko am 26. Dezember 2004 als Sieger hervorging.

Organisationen aus den USA hatten Juschtschenko unterstützt. Er galt als westorientiert und russlandkritisch. Janukowitsch hingegen stand wie sein Vorgänger Kutschma für eine enge Kooperation der Ukraine mit Russland.

Russland wurde durch die »Orangene Revolution« des Jahres 2004 bis ins Mark getroffen. Viele Russen empfanden damals: Je mehr sich die Ukraine heute dem Westen zuwendet, desto mehr verliert Russland von seiner Geschichte.

Das Versagen der Hoffnungsträger

Der neue Präsident prägte sich der Öffentlichkeit in aller Welt vor allem durch viele Narben im Gesicht ein. Seine Gegner, so das Gerücht, hätten ihm eine Dioxinvergiftung beigebracht. Nach seinem Sieg war man in Europa und in den USA erleichtert. Die *New York Times* schrieb: »Die Ukraine hat ein neues demokratisches Gesicht.«[5] Nach Georgien, wo 2003 Präsident Eduard Schewardnadse während der sogenannten »Rosenrevolution« durch Micheil Saakaschwili, der in den USA studiert hatte, abgelöst worden war, schien die Ukraine nun das zweite Land zu sein, das sich der russischen Einflusssphäre entziehen wollte.

Kaum waren die Fernsehkameras auf dem Kiewer Majdan abgebaut, zog Alltag in die ukrainische Politik ein. Juschtschenko und seine engste Mitstreiterin, die telegene und stets mit Zopffrisur auftretende spätere Ministerpräsidentin Julia Timoschenko, lieferten sich in den Folgejahren erbitterte Streitigkeiten um Macht und Einfluss, die das dringend notwendige politische Tagesgeschäft in der Ukraine weitgehend zum Erliegen brachten. Zwar wurden die Verhältnisse in der Ukraine demokratischer als sie es vorher waren, doch innenpolitisch manövrierten die orangenen Hoffnungsträger von Krise zu Krise. Außenpolitisch trugen sie mit Russland Konflikte aus, die sie nicht gewinnen konnten.

Nicht nur einmal kam es zwischen der Ukraine und Russland zum Streit um Gaslieferungen, unter denen auch die Europäische Union zu leiden hatte. Die Ukraine ist nicht nur größter Abnehmer russischen Gases, sie ist auch Gastransitland. Russland benötigt das ukrainische Pipelinenetz, um Gas in die Länder der Europäischen Union exportieren zu können. Im Streit um Preise wurde die Durchleitung mehrfach unterbrochen. Mittlerweile arbeitet Russland mit Hochdruck daran, alternative Lieferrouten nach Europa zu bauen. Die Southstream-Pipe-

Badestrand auf der Krim

line soll in einigen Jahren russisches Gas durch das Schwarze Meer nach Europa pumpen. Die Ostseepipeline (offiziell »Nord Stream«) geht bereits 2012 in Betrieb. Zwei Erdgashochdruckleitungen verbinden dann das russische Vyborg mit dem deutschen Anlandungspunkt bei Lubmin. Die Bedeutung der Ukraine als Transitland für Gas nimmt damit deutlich ab.

Die Halbinsel Krim war ein weiterer wunder Punkt der ukrainisch-russischen Beziehungen. Nach dem Untergang der Sowjetunion traf der Verlust der Krim, die nun zur Ukraine gehörte, Russland besonders. Die Halbinsel war nicht nur der begehrteste Erholungsort der »Sowjetbürger«. In der Hafenstadt Sewastopol befand sich der südlichste Flottenstützpunkt der Sowjetunion, und im Taurisberg von Balaklawa, einer 15 Kilometer von Sewastopol entfernt liegenden Bucht im Südwesten der Krim, verbarg sich ein unterirdischer Hangar für die Atom-U-Boote der Schwarzmeerflotte. Intern hieß dieser geheime Ort »Objekt 825 GTS«. Bis 1993, also zu einem Zeitpunkt, da die Ukraine bereits ihre Unabhängigkeit erlangt hatte, war Balaklawa hermetisch abgeriegelt. Danach blieb der Stützpunkt ohne jegliche Bewachung und wurde geplündert. 2003 begann man, ein Museum daraus zu machen. Die gespenstische Atmo-

149

sphäre der U-Boot-Stadt nutzten Künstler seitdem auch für spektakuläre Fotoausstellungen und Kunstinstallationen.

In Sewastopol selbst unterhält die Russische Föderation bis heute ihren wichtigsten Flottenstützpunkt im Schwarzen Meer. Nach dem Zusammenbruch der Sowjetunion hatten die Ukraine und Russland einen Vertrag ausgehandelt, der der russischen Schwarzmeerflotte erlaubt, diesen Stützpunkt bis 2017 zu nutzen. Nach der »Orangenen Revolution« machte die neue ukrainische Regierung nicht nur einmal deutlich, dass sie diesen Vertrag als endlich betrachtet und eine Verlängerung nicht automatisch in Erwägung zieht. In Moskau schuf sie sich damit erbitterte Feinde.

Juschtschenko und Timoschenko suchten eine engere Anbindung an die Europäische Union. Doch als die Zelte der jugendlichen Revolutionäre auf den Kiewer Majdan abgebaut und das revolutionäre Medienspektakel vorüber war, ließ im Westen das Interesse an der Ukraine spürbar nach. An Versprechen, das Land zu unterstützen, fehlte es in der Europäischen Union zwar nicht, aber viele Ukrainer, die nach der Wahl Juschtschenkos gehofft hatten, möglichst schon morgen unkompliziert in die Europäische Union reisen zu können und am dortigen Wohlstand zu partizipieren, sahen sich enttäuscht. Ein schneller Beitritt war ohnehin ohne Chance. Den Schlüssel zu mehr Wohlstand zu finden, war die Hausaufgabe für Kiew. Doch diese Hausaufgabe, so beschieden die Ukrainer fünf Jahre später, haben die 2005 ins Amt gekommenen orangenen Revolutionäre nicht erledigt. Als Wiktor Juschtschenko im Jahr 2010, nach fünf Jahren Präsidentschaft, erneut zu den Wahlen antrat, erhielt er gerade einmal 5,4 Prozent der Wählerstimmen. Julia Timoschenko, die Verbündete von einst, war unter anderen gegen ihn angetreten. Sie schaffte es immerhin, in die Stichwahl gegen den alten, gemeinsamen Feind, Wiktor Janukowitsch, zu kommen. Janukowitsch entschied die Wahl schließlich mit knapp 49 Prozent der Stimmen für sich.[6]

Der in Kiew aufgewachsene Bestsellerautor Wiktor Kurkow, der den ukrainischen Alltag in Büchern wie »Pinguine frieren nicht« oder »Der Milchmann in der Nacht« pointiert beschrieb, antwortete auf die Frage, was Juschtschenko falsch gemacht habe: »Praktisch alles. Okay, er hat dafür gesorgt, dass Amerikaner und Europäer ohne Visum einreisen können, aber ansonsten hat er sich mehr mit der Vergangenheit beschäftigt als mit der Zukunft des Landes. Die russischsprachige Bevölkerung hat ihn nie akzeptiert, aber er hat auch die Unterstützung in der West- und Zentralukraine verloren, weil er die Korruption trotz seiner Versprechen nicht bekämpft hat. Stattdessen nimmt die Bestechlichkeit zu. Nicht mal seine Anhänger verstehen, was er macht.«[7]

Der späte Sieger

Juschtschenkos Verdienst wird es bleiben, für demokratischere Verhältnisse in der Ukraine gesorgt zu haben. Doch er war zu schwach, um das Land zu regieren, die Ost- mit der Westukraine zu versöhnen, die Wirtschaft anzukurbeln, seiner Politik eine klare Richtung zu geben und entschlossen machtpolitisch zu agieren. Unter ihm glich die ukrainische Politik einer Theaterveranstaltung, bei der zweitklassige Darsteller versuchten, neben dem Theaterspiel so viele Nebenjobs wie möglich zu haben.

Wiktor Janukowitsch, der späte Sieger, ist da aus anderem Holz geschnitzt. Er verspürt Genugtuung darüber, dass die »Orangene Revolution«, die seine Übernahme der Macht vor fünf Jahren verhinderte, gescheitert ist, und kämpft nun mit harten Bandagen gegen die Opposition. Juschtschenkos einstige Ministerpräsidentin Timoschenko wurde wegen Amtsmissbrauchs angeklagt und verhaftet. Der innenpolitische Ton ist rauer geworden, und die Ukraine wird wieder autoritärer regiert.

Außenpolitisch hat sich die neue ukrainische Administration wieder klarer Russland zugewandt. Eines der für Russland wichtigsten Themen, die Zukunft des Flottenstützpunktes in Sewastopol, brachte Janukowitsch zügig aus den Schlagzeilen. Der Stationierungsvertrag wurde um 25 Jahre mit der Option auf weitere fünf Jahre verlängert.

Moldawien

Europas Armenhaus

Aus Lemberg in der Ukraine kommend, fahren wir an einem Frühlingstag des Jahres 2010 mit der Eisenbahn in die moldawische Hauptstadt Chişinău (Kischinjow). Moldawien ist etwas kleiner als die Schweiz und hat 3,5 Millionen Einwohner. Es ist ein idyllisches Land am Rande der Karpaten. Ab und zu durchquert der Zug kleine Dörfer mit malerischen Holzhäusern. Hühner, Gänse, Ziegen und Schafe laufen auf Feldwegen und Dorfstraßen entlang. Manchmal wird die Idylle abrupt durch einen verrotteten Industriekomplex aus sowjetischer Zeit unterbrochen. Wir waren in den 1990er Jahren schon einmal in Moldawien gewesen. Die Uhren scheinen hier stehengeblieben zu sein.

Am frühen Nachmittag kommen wir in Chişinău an. Wir haben uns mit Radu, einem Germanisten, vor der Kathedrale der Stadt verabredet.

Wie überall in der früheren Sowjetunion funktioniert auch in Moldawien das Schwarztaxi-System. Man steht mit ausgestrecktem Arm am Rand des Bürgersteiges und macht wippende Bewegungen mit Zeige- und Mittelfinger. Es dauert in der Regel nur einige Minuten, dann hält entweder ein ältliches Gefährt sowjetischer Bauart oder eine teure Luxuslimousine an. Der Fahrer des sowjetischen Modells benutzt sein eigenes Auto, um für einen Zuverdienst zu sorgen. Der Chauffeur der westlichen Limousine nutzt lediglich die Abwesenheit seines Chefs, eines höheren Staatsbeamten oder eines neureichen Unternehmers, um sein Gehalt etwas aufzubessern. Ein alter Moskwitsch bringt uns zum Treffpunkt.

Radu liebt seine Heimatstadt. Chişinău, das im Zweiten Weltkrieg stark zerstört wurde, ist heute lebendig, grün und pulsierend. Es gibt viele Parks, eine Unmenge Bars, Kaffees und Restaurants im Freien, und es gibt viele junge Leute. Moldawien gilt als das ärmste Land Europas. 165 Euro beträgt das durchschnittliche Pro-Kopf-Einkommen eines Moldawiers.[1] In der Hauptstadt spürt man es nicht sofort.

Vor der Kathedrale steht ein Triumphbogen. Er ist etwas kleiner, ansonsten gleicht er seinen Vorbildern in Bukarest und Paris. »Irgendwann werden wir wieder zu Europa gehören«,

Land	Moldawien
Hauptstadt	Chişinău mit ca. 700 000 Einwohnern
Größe	33 700 km²
Bevölkerung	ca. 3,5 Millionen Menschen, davon ca. 79,4 Prozent Moldauer, 8,4 Prozent Ukrainer, 5,9 Prozent Russen, 4,4 Prozent Gagausen, 1,9 Prozent Bulgaren
Landessprachen	Amtssprache ist Rumänisch, Russisch ist als Verkehrssprache weit verbreitet, in Gagausien im Süden des Landes wird auch Gagausisch (Turksprache) gesprochen
Religionen	überwiegend russisch-orthodox, griechisch-orthodox, katholische und jüdische Minderheiten; zunehmend auch Baptisten und Zeugen Jehovas
Währung	Moldawischer Leu (1 EUR = ca. 16,7 MDL)
Datum der Unabhängigkeit	27. 8. 1991
Staats-/Regierungsform	Parlamentarische Demokratie
Staatsoberhaupt	Präsident Marian Lupu
Staatsoberhäupter seit Unabhängigkeit	3. 11. 1990 – 15. 1. 1997 Mircea Snegur 15. 1. 1997 – 7. 4. 2001 Petru Lucinschi 7. 4. 2001 – 11. 9. 2009 Wladimir Woronin 11. 9. 2009 – 28. 12. 2010 Mihai Gimpu 28. 12. 2010 – 30. 12. 2010 Vlad Filat seit dem 30. 12. 2010 Marian Lupu
Regierungschef	Premierminister Wlad Filat
Regierungschefs seit Unabhängigkeit	26. 5. 1990 – 28. 5. 1991 Mircea Druz 28. 5. 1991 – 1. 7. 1992 Valeriu Murawschi 1. 7. 1992 – 24. 1. 1997 Andrej Sangeli 24. 1. 1997 – 12. 3. 1999 Jon Ziubuz 12. 3. 1999 – 21. 12. 1999 Jon Sturza 21. 12. 1999 – 19. 4. 2001 Dumitru Bragis 19. 4. 2001 – 31. 3. 2008 Vasile Tarlew 31. 3. 2008 – 14. 9. 2009 Sinaida Grezeanij 14. 9. 2009 – 25. 9. 2009 Vitalie Pirlog seit dem 25. 9. 2009 Vlad Filat
Parlament	eine Kammer, 101 Sitze
Regierungsparteien	Allianz für die Europäische Integration II (bestehend aus drei Parteien: Liberal-Demokratische Partei (PLDM), Liberale Partei (PL), Demokratische Partei (PDM)

Opposition	Die Partei der Kommunisten der Republik Moldawien (PCRM), Allianz Unser Moldawien
Mitgliedschaft in internationalen Organisationen (u. a.)	Black Sea Economic Cooperation, Central European Initiative, Donau-Konferenz, EBRD, ECT, Europarat, FAO, Francophonie, GUAM, GUS, IATA, ICAO, IBRD, IDA, IFAD, IFC, Internationale Fernmeldeunion, ILO, IWF, Mitteleuropäisches Freihandelsabkommen, Weltbank, OSZE, KSE, Lateinische Union, NATO-Initiative »Partnership for Peace«, NATO-Kooperationsrat, SECI, Transport Corridor Europe-Caucasus-Asia, UN, UNCTAD, UNDP, UNESCO, UNICEF, UNIDO, WHO, WTO, Interpol, Partnerschafts- und Kooperationsabkommen mit der EU (1995 unterzeichnet, seit 1998 in Kraft), Südosteuropäischer Kooperationsprozess
Bruttoinlandsprodukt	5 404 605 026 US-Dollar (2009)

sagt Radu. Moldawien gehört geografisch zu Europa, doch Radu meint die Europäische Union. Mit der früheren Sowjetunion oder mit Russland verbindet ihn wenig. Radu versteht nicht, warum sich fast die Hälfte der Bevölkerung in die Sowjetzeit zurücksehnt. Für ihn gehören Moldawien und Rumänien zusammen. Knapp 80 Prozent der Einwohner Moldawiens sprechen rumänisch. Und Rumänien ist schließlich ein Mitglied der EU.

Das heutige Moldawien, das ein Teil der historischen Landschaft Bessarabien ist, fiel 1812 an Russland. Nach der Oktoberrevolution proklamierte der westliche Teil des Landes seine Unabhängigkeit. Die Bevölkerung entschied sich 1918 für die Vereinigung mit Rumänien. Im östlichen Teil installierte Stalin 1924 die Moldauische Autonome Sozialistische Sowjetrepublik (Moldauische ASSR). Sie war nicht identisch mit der späteren Moldawischen Sozialistischen Sowjetrepublik, sondern umfasste Transnistrien sowie einen Teil der Ukraine. Infolge des Hitler-Stalin-Paktes fielen 1940 die seit 1918 zu Rumänien gehörenden Gebiete Moldawiens an die Sowjetunion. 1940 wurde die Moldawische Sozialistische Sowjetrepublik mit der Hauptstadt Chişinău gegründet.[2] 1989 lebten dort ca. 65 Prozent Moldawier. Der übrige Teil der Bevölkerung setzte sich überwiegend aus Russen und Ukrainern zusammen.[3]

Moldawien galt einst als Obstgarten der Sowjetunion; Markt in Chişinău, 2010

Erste Unabhängigkeitsbestrebungen

In Moldawien gab es ab 1988 die ersten Unabhängigkeitsbestrebungen. Die Moldawische Nationalbewegung »Frontul Popular« (»Volksfront«) entstand. Eine ihrer herausragenden Figuren war Mircea Druc, der 1990 in den Obersten Sowjet der Moldawischen Sozialistischen Sowjetrepublik gewählt und letzter Regierungschef des sowjetischen Moldawiens wurde. Ziel seiner Volksfront war es, den russischen Einfluss zu mindern und sich langfristig Rumänien zuzuwenden, mit dem Moldawien die Geschichte, Sprache und Kultur teilt. Am Ende sollte die Wiedervereinigung mit Rumänien stehen. 1989 wurde Rumänisch zur neuen Amtssprache Moldawiens. Russisch war fortan nur noch die »Sprache für interethnische Kommunikation«.

Drucs Volksfront besaß großen Rückhalt in der Bevölkerung. In Chişinău fanden erste Großdemonstrationen gegen die russische Vorherrschaft statt. Sowohl in der Nationalbewegung als auch in der Regierung unter Druc wurden zunehmend auch nationalistische Töne laut. Menschen, die kein Rumänisch, sondern Russisch sprachen, erlebten eine klare Benachteiligung. Dies verstärkte unter anderem die Spannungen zwischen der Regierung in Chişinău und den nordöstlichen Gebieten Transnistrien und Gagausien, die ihrerseits bestrebt waren, sich von Moldawien abzutrennen. In Gagausien lebt eine türkischstäm-

155

Transparent zum Tag der Unabhängigkeit Moldawiens am 27. August; Eingang zum Zentralmarkt der Hauptstadt, 2010

mige Minderheit. Transnistrien ist überwiegend russisch bzw. ukrainisch besiedelt.

Allmählich bildeten sich auch innerhalb der moldawischen Volksfront Gruppen, die den radikalen Kurs von Mircea Druc missbilligten und sich von der Forderung nach der Vereinigung mit Rumänien distanzierten. Man fürchtete inzwischen, dass ein solcher Zusammenschluss eher eine Annexion Moldawiens durch Rumänien sein würde, aber keine Vereinigung zu gleichberechtigten Bedingungen. Die gemäßigten Kräfte, zu denen auch der Chef des Obersten Sowjets der Republik Mircea Snegor stieß, befürworteten ein sowohl von Russland als auch von Rumänien unabhängiges Moldawien. Sie setzten sich schließlich durch.

Nach dem Putsch gegen Michail Gorbatschow erklärte Moldawien am 27. August 1991 seine Unabhängigkeit. Mircea Snegur, der bereits durch seine Unterstützung für die Einführung des Rumänischen als Amtssprache populär geworden war, wurde erster Präsident der Republik.

Die Volksfront von Mircea Druc brach danach regelrecht zusammen. Ihre führenden Köpfe gingen überwiegend nach Rumänien. Druc selbst kandidierte 1992 sogar für das Amt des rumänischen Präsidenten.

Das »Staatswappen« Transnistriens erinnert deutlich an sowjetische Symbolik, Hauptstraße in Tiraspol mit Lenin-Denkmal, 2011.

Moldawien pendelt seit seiner Unabhängigkeit zwischen einer Kontinuität der kommunistischen Ideologie aus Sowjetzeiten sowie Versuchen, aus der rumänischen eine eigene moldawische Geschichte und Sprache zu entwickeln. 1994 wurde die Staatssprache Rumänisch offiziell in »Moldawisch« umbenannt. Obwohl sich die Sprache in Rumänien und Moldawien kaum unterscheidet, stellte man künstlich einen Unterschied her. Moldawien lag bei seiner Suche nach einer eigenen nationalen Identität in einem besonderen Spannungsfeld. Bereits die Sowjets hatten versucht, die ethnische Verbindung zu den Rumänen zu relativieren und »slawische Wurzeln« der rumänisch sprechenden Moldawier hervorzuheben.

Gagausien und Transnistrien
Der Konflikt mit dem separatistischen Gagausien konnte friedlich gelöst werden. Gaugasien liegt im Süden Moldawiens, an der Grenze zur Ukraine. Dort leben ungefähr 150 000 Menschen. 1994 schloss Moldawien mit Gagausien ein Autonomieabkommen. Die Region gehört seitdem formal zu Moldawien, verwaltet sich aber selbst. Offiziell nennt sich die Region »Uni-

157

tate teritorială autonomă Găgăuzia«: »Autonome Territoriale Einheit Gagausien«.

Einen solchen Status bot die moldawische Regierung auch dem zweiten separatistischen Problemfall, der Region Transnistrien, an. Der dortige selbsternannte Präsident, Igor Smirnow, lehnte das Angebot jedoch ab. Der Konflikt eskalierte 1992. Bei bewaffneten Auseinandersetzungen zwischen moldawischen und transnistrischen Einheiten verloren Hunderte Menschen das Leben. Schließlich griff Russland in die Auseinandersetzungen ein und stationierte in Transnistrien seine Truppen als sogenannte friedenserhaltende Kraft. Seitdem ist Transnistrien de facto von Moldawien unabhängig, eine Unabhängigkeit, die aber international nicht anerkannt wird. Dieses Schicksal teilt die Regierung in der transnistrischen Hauptstadt Tiraspol mit den Regierungen anderer separatistischer Gebiete auf dem Gebiet der früheren Sowjetunion: Berg-Karabach, Abchasien und Südossetien.

Neben dem Export von Stahl und Spirituosen sind die Einnahmen der Enklave Transnistrien weitgehend auf illegale Machenschaften wie dem Re-Export landwirtschaftlicher Produkte und Drogenhandel zurückzuführen. Ohne russischen Beistand könnte die Region nicht überleben.

Zwischen Rumänien und Russland

Moldawien selbst blieb nach der Unabhängigkeit ein gespaltenes Land. Radu, mit dem wir einige Tage in Chişinău und Bălţi, der zweiten großen Stadt Moldawiens unterwegs sind, ist überzeugt: »Wir hätten uns 1991 gleich für den Anschluss an Rumänien entscheiden sollen. Die Ostdeutschen haben es uns doch vorgemacht. Ihr seid weit gekommen nach der Wiedervereinigung. Und wir Moldawier sind das Schlusslicht in Europa geblieben!«

Zwanzig Jahre Unabhängigkeit haben den Moldawiern tatsächlich wenig gebracht. Die Jugend verlässt das Land gen Westen, sobald sie ein Visum ergattert. Wer das nicht schafft, jobbt illegal in einem EU-Land, oder er arbeitet in Moskau. Die Prostitution aus Moldawien boomt.

Zu sowjetischer Zeit machte man in Chişinău vor allem gute Geschäfte mit Wein. Moskaus Planwirtschaftler legten fest, dass in der klimatisch von der Nähe zur Schwarzmeerregion begünstigten Moldawischen Sowjetrepublik die größte Menge an Wein innerhalb der gesamten UdSSR produziert werden sollte.

Übrig geblieben ist davon einer der größten Weinkeller der Welt. Er befindet sich in Cricova, etwa 20 Kilometer von der moldawischen Hauptstadt entfernt. In labyrinthartigen Gewölben lagern nicht nur Weine aus Moldawien, sondern aus der ganzen Welt. Unter ihnen befindet sich fast die komplette Weinsammlung von Hermann Göring. Die Rote Armee hat sie 1947 nach Moldawien gebracht.

In Osteuropa, und vor allem in Rumänien, verkaufen sich moldawische Weine heute noch gut, in Westeuropa haben sie es schwerer. Der russische Absatzmarkt ist seit 2006 fast völlig zusammengebrochen. Die dortige Administration hatte damals entschieden, dass moldawischer Wein ungesund sei und ihn aus russischen Geschäften verbannt. Politischer Hintergrund der Strafaktion war ein neues Zollabkommen zwischen der moldawischen und ukrainischen Regierung, das die von Russland unterstützte Enklave Transnistrien benachteiligte.

Die ersten Jahre der Transformation Moldawiens in Richtung Marktwirtschaft und Demokratie verliefen schmerzhaft und schwierig. Die politische Klasse blieb gespalten. Eine Gruppe suchte nach wie vor den Anschluss an Rumänien, auch in der Annahme, dass komplizierte Reformen dadurch zunächst unnötig würden und erst nach der Vereinigung durchgeführt werden müssten. Die andere Gruppe, um Präsident Mircea Snegur, die sich überwiegend aus der alten sowjetischen Garde rekrutiert hatte, bemühte sich, das Land unabhängig zu halten und zu modernisieren. Dieser Zweikampf lähmte Reformen jedoch für lange Zeit. 1994 gewannen Snegur und seine Leute zwar endgültig die Kontrolle über die entscheidenden politischen Institutionen, scheiterten aber an Misswirtschaft, Missmanagement und Skandalen. Reformieren konnten sie Moldawien nicht.

Petru Lucinschi, der Snegur 1997 als Präsident beerbte, gewann die Wahlen mit dem Versprechen, Moldawien wieder mit Transnistrien zu vereinen. Außerdem versprach er, den Übergang zur Marktwirtschaft endgültig zu vollziehen, ohne dass die Bevölkerung darunter leiden müsse. Weder das eine noch das andere gelang ihm, so dass sich die moldawischen Wähler 2001 für ein gegenteiliges Modell entschieden.

Wladimir Woronin, der Kandidat der Kommunistischen Partei, gewann die Präsidentschaftswahlen und sollte bis 2009 an der Macht bleiben. Woronin stand zunächst für eine Annäherung an Russland, er wollte Privatisierungen einschränken und die um sich greifende Korruption bekämpfen. Seine Vision war die einer modernen sozialistischen Gesellschaft. Trotzdem hatte er kein Problem damit, Teile der moldawischen Wirtschaft unter die Kontrolle seiner Familie zu bringen. Außerdem kehrte er zu sowjetischen Methoden zurück. Ein »Dienst für Information und Sicherheit« kontrollierte in seinem Auftrag das Land und sammelte fleißig Informationen. Bei der Parlamentswahl im Jahr 2005 wurde die Kommunistische Partei zwar erneut stärkste Kraft, im Parlament hatte sie aber nicht genügend Sitze, um Woronin allein wiederwählen zu können. Die Kommunisten waren auf die Opposition angewiesen. Erst diverse inhaltliche Zugeständnisse ermöglichten seine Wiederwahl.

Woronins Kurs wurde nun eher prorumänisch, die Beziehungen zwischen den beiden Ländern waren so gut wie nie zuvor. Moldawien näherte sich der Europäischen Union an, was die durch den Transnistrien-Konflikt ohnehin angespannten Beziehungen zu Russland zusätzlich belastete. Auch innenpolitisch vollzog Woronin eine Kehrtwende. Sein Ziel war nicht mehr »eine sozialistische Gesellschaft«, sondern die freie Marktwirtschaft. 2007 strich er unter anderem die Gewinnsteuer für Unternehmen, um damit die moldawische Wirtschaft anzukurbeln. Die Armut, die die Bevölkerung vor allem auf dem Land plagt, konnte er in acht Jahren an der Macht nur etwas mindern. Dafür sind seine Familienmitglieder gut versorgt. Sein Sohn Oleg wurde einer der reichsten Geschäftsleute in Moldawien.

Auf dem Weg zu einem Großrumänien?

In der Kommunistischen Partei war man zuversichtlich, auch die Wahlen im Jahre 2009 wieder deutlich zu gewinnen. Die Kommunisten erzielten ein Ergebnis von knapp unter 50 Prozent. Da die moldawische Verfassung für die Wahl eines Staatspräsidenten eine Dreifünftelmehrheit im Parlament vorsieht, reichte das Ergebnis nicht aus. Zudem kam es zu Straßenprotesten, da die Opposition das gute Ergebnis der Kommunistischen Partei anzweifelte. Auch in der Bevölkerung wurde der Vorwurf »Wahlfälschung« laut. Die Demonstrationen endeten in Straßenschlachten mit der Polizei. Demonstranten stürmten und verwüsteten das Parlamentsgebäude. Präsident Woronin sprach von einem Staatsstreich.

Das Parlament einigte sich auf keinen neuen Präsidenten, worauf Neuwahlen ausgeschrieben werden mussten. Diese Wahl verloren die Kommunisten deutlich. Die bürgerliche Opposition übernahm die Macht. Nach einer ausgewachsenen Verfassungskrise amtierte der Parlamentspräsident der Demokratischen Partei 2010 als Staatsoberhaupt. Die neue moldawische Regierungskoalition nennt sich nun »Allianz für die Europäische Integration«. Man will sich von Russland ab- und Europa zuwenden. Nach und nach integrieren sich die Moldawier bereits, ohne dass ihr eigener Staat zur EU gelangte. Rumänien verteilt nämlich großzügig EU-Pässe an die Bewohner des Nachbarlandes. Sie müssen lediglich nachweisen, dass sie rumänischstämmig sind. Auch Radu, von dem wir uns nach einer Woche verabschieden, zeigt uns stolz seinen rumänischen Pass. Er freute sich darüber. Wenn es nach ihm ginge, sollte sich sein Land mit Rumänien zu einem Großrumänien in den Grenzen von 1940 zusammenschließen. Mit dieser Vorstellung ist er keineswegs allein.

Die Kaukasus-Republiken

Aserbaidschan

James Bond in Baku

Vom moldawischen Chişinău aus gibt es keine Flugverbindung direkt nach Baku. Die Hauptstädte der früheren Sowjetrepubliken sind nach wie vor meist nur über das »Drehkreuz« Moskau zu erreichen, Direktverbindungen zwischen den einzelnen GUS-Republiken gehören zur Ausnahme. Die Hauptstadt Aserbaidschans, dicht am Kaspischen Meer, zählt zum UNESCO-Weltkulturerbe.

Nirgendwo in der früheren Sowjetunion liegen Tradition und Moderne so nahe beieinander wie hier im Südkaukasus. Der Öl- und Gasreichtum macht es möglich. Als wir im Mai 2011 wieder einmal in Baku landeten, hatte das aserbaidschanische Duo Ell & Nikki gerade den »Eurovision Song Contest« gewonnen. 2012 wird der Wettbewerb in Baku stattfinden. Es herrschte Volksfeststimmung. Im Jahr 2004 ging der Sieg in dem Wettbewerb schon einmal an eine ehemalige Sowjetrepublik, die Ukraine. Damit war eine Öffnung gen Westen verbunden. Seit 2005 benötigen Schweizer und EU-Bürger für die Ukraine keine Einreisevisa mehr.

In Aserbaidschan weht politisch ein etwas rauerer Wind. Von den ca. neun Millionen Einwohnern sind 90 Prozent Aseris, und diese sind in ihrer Mehrzahl schiitische Muslime, nur 25 Prozent von ihnen sind Sunniten. Nachdem das Land am 18. Oktober 1991 von der Sowjetunion unabhängig geworden ist, verfolgt es eine streng laizistische Politik, wie sie bis vor Kurzem auch in der Türkei praktiziert wurde, zu der Aserbaidschan beste Kontakte pflegt. Beide Staaten und Völker fühlen sich verbunden. Sowohl Türken wie auch Aseris, deren Sprachen eng verwandt sind, pflegen ihre Beziehungen nach dem Modell »eine Nation, zwei Staaten«. Allerdings wird Aserbaidschan autoritärer regiert als die Türkei. Das sowjetische Modell wirkt nach, zumal die Führungsfiguren der sowjetischen Kaderschule

Land	Aserbaidschan
Hauptstadt	Baku mit ca. 2 Millionen Einwohnern
Größe	82 630 km²
Bevölkerung	9,1 Millionen Einwohner, davon ca. 90 Prozent Aseris (Turkvolk); andere Nationalitäten: Russen, Talyschen, Lesginen, Awaren, Tataren, Kurden, Armenier
Landessprachen	Aserbaidschanisch, 1992 Wechsel von kyrillischer zu lateinischer Schrift, die Bedeutung des Russischen nimmt ab
Religionen	93,4 Prozent der Bevölkerung sind Muslime, 2,5 Prozent russisch-orthodoxe Christen, 2,3 Prozent armenisch-apostolische Christen, 1,8 Prozent gehören anderen (auch christlichen Konfessionen) an
Währung	Aserbaidschan-Manat (1 EUR = ca. 1,10 AZN)
Datum der Unabhängigkeit	18.10.1991
Staats-/Regierungs-form	Republik, Präsidialdemokratie mit Einkammer-parlament
Staatsoberhaupt	Präsident Ilcham Alijew (Partei Neues Aserbaidschan)
Staatsoberhäupter seit Unabhängig-keit	30.8.1991–6.3.1992 Ajas Mutalibow 6.3.1992–14.5.1992 Jagub Mamedow 14.5.1992–16.5.1992 Ajas Mutalibow 16.5.1992–18.5.1992 Jagub Mamedow 18.5.1992–16.6.1992 Isa Gambarow 16.6.1992–1.9.1993 Abulfes Elchibej 24.6.1993–31.10.2003 Haydar Alijew seit dem 31.10.2003 Ilcham Alijew
Regierungschef	Premierminister Artur Rasisade (Partei Neues Aserbaidschan)
Regierungschefs seit Unabhängig-keit	7.2.1991–7.4.1992 Hasan Hasanow 7.4.1992–18.5.1992 Firus Mustafajew 18.5.1992–26.1.1993 Rahim Huseinow 26.1.1993–28.4.1993 Ali Masimow 28.4.1993–7.6.1993 Panach Huseinow 27.6.1993–6.10.1994 Suret Huseinow 6.10.1994–20.7.1996 Fuad Gulijew 20.7.1996–4.8.2003 Artur Rasisade 4.8.2003–4.11.2003 Ilcham Alijew seit dem 4.11.2003 Artur Rasisade
Parlament	Nationalversammlung, per Mehrheitswahlrecht gewähltes Einkammerparlament, 125 Sitze

Regierungsparteien	Partei Neues Aserbaidschan
Opposition	Volksfront-Partei, Umid-Partei, außerdem zahlreiche Splitterparteien, die zum Teil die Regierungspolitik unterstützen (konstruktive Opposition)
Mitgliedschaft in internationalen Organisationen (u. a.)	UNO, Europarat, OSZE, IWF, Islamische Konferenz, Europäische Bank für Wiederaufbau und Entwicklung, Schwarzmeer-Kooperations-Rat, Zentral- und Westasiatische Organisation für wirtschaftliche Zusammenarbeit, GUS, GUAM, Euro-Atlantischer Partnerschaftsrat, NATO-Partnerschaft für den Frieden, Kooperationsabkommen im Rahmen der Europäischen Nachbarschaftspolitik, EU-Östliche Partnerschaft
Bruttoinlandsprodukt	43 Mrd. US-Dollar (2009)

entstammen. Außerdem existiert eine verbreitete Angst, dass sich der schiitische Glaube, so wie im Iran, radikalisieren könnte. Hintergrund dieser Befürchtungen ist die Tatsache, dass im Norden des Irans 20 bis 30 Millionen ethnische Aserbaidschaner leben. Die Aktivitäten iranischer Imame und iranischer Medien werden in Baku deshalb aufmerksam beobachtet.

Jedes Mal, wenn wir in Baku sind, erinnern wir uns an den James-Bond-Film »Die Welt ist nicht genug«, der 1999 in die Kinos kam und der u. a. in Aserbaidschan spielt. Der Thriller zeigt neben viel Action und Ölpumpen vor allem das Nachtleben Bakus. Es gehört nach Moskaus zu den aufregendsten in der früheren UdSSR. Auffällig ist, wie wenig junge Leute in Baku, der mit zwei Millionen Einwohnern mit Abstand größten Stadt des Landes, Russisch sprechen. In den Schulen hat Englisch Russisch als erste Fremdsprache abgelöst. Baku versprüht südländisches Flair. Die 150 Kilometer Sandstrände am Kaspischen Meer entwickeln sich mittlerweile zu einem Geheimtipp für Touristen.

Es wird interessant zu beobachten sein, wie man die Tausenden Gäste, die 2012 zum Eurovision Song Contest nach Baku kommen werden, empfängt. Der Song Contest ist nicht zuletzt eine alljährliche große Party für Schwule. In den muslimischen Nachfolgerepubliken der Sowjetunion ist die Toleranz dafür öffentlich kaum vorhanden. Doch Nigar »Nikki« Jamal, der Gewinner des Contests 2011, ist sich sicher: »Aserbaidschan wird zeigen, dass es ein modernes und freundliches Land ist, in dem alle Gäste aus Europa willkommen sind – unabhängig von ihrer sexuellen Orientierung, Religion oder ihren politischen Ansichten.«[1]

Enklaven, autonome Gebiete und Konflikte

Das islamisch geprägte Aserbaidschan gehört gemeinsam mit den beiden Republiken Armenien und Georgien, die überwiegend von Christen bewohnt sind, zum Südkaukasus. Er umfasst den Teil Kaukasiens, der südlich der Hauptkette des Großen Kaukasus liegt. Vor dem Ende der Sowjetunion waren die Verhältnisse für Europäer insofern überschaubar, als der gesamte Kaukasus auf dem Gebiet der UdSSR lag. Die nordkaukasischen Regionen bzw. Republiken Tschetschenien, Dagestan, Adygeja, Krasnodar, Stawropol, Inguschetien, Kabardino-Balkarien, Karatschai-Tscherkessien und Nordossetien-Alanien waren während der Sowjetperiode verwaltungspolitisch Teile der Russischen Sozialistischen Sowjetrepublik. Heute gehören sie zur Russischen Föderation.

Der Südkaukasus ist mit seinen drei unabhängig gewordenen Staaten Armenien, Georgien und Aserbaidschan sowie Sezessionsgebilden wie Berg-Karabach, Südossetien und Abchasien die komplizierteste Konfliktregion der untergegangenen Sowjetunion. Von alters her nennt man den Kaukasus den »Berg der Sprachen«. In der Region werden annähernd 50 verschiedene Sprachen gesprochen. Einige Völker stehen sich seit Jahrhunderten feindselig gegenüber.

In der Sowjetunion gab es verschiedene verwaltungsrechtliche Gebilde. Neben den pro forma selbständigen Sowjetrepubliken wie Aserbaidschan existierten sogenannte Autonome Sozialistische Sowjetrepubliken (ASSR). Auch innerhalb Aserbaidschans gab es eine solche Republik: die ASSR Nachitschewan. Sie behielt nach der Unabhängigkeit Aserbaidschans ihren Autonomiestatus und bildet eine Enklave, die von Armenien, dem Iran sowie einem elf Kilometer langen Grenzabschnitt zur Türkei umschlossen wird. Die christlichen armenischen Bewohner wanderten aufgrund von Repressionen nach 1991 aus. Heute leben in Nachitschewan größtenteils Aseri, die dem schiitischen Islam angehören. Wer von ihnen ins Kernland, also nach Aserbaidschan, reisen möchte, muss den Umweg über den Iran nehmen. Die Grenzen zu Armenien sind geschlossen.

Blick auf die Altstadt von Baku, 2010

Neben den Autonomen Sozialistischen Sowjetrepubliken kannte die sowjetische Verfassung als weitere Abstufung »Autonome Gebiete«, wie zum Beispiel das überwiegend armenisch besiedelte Berg-Karabach in Aserbaidschan. Zum Herrschaftsprinzip der Sowjetdiktatur gehörte es, ganze Völkerschaften zu verschieben und gegeneinander auszuspielen. Grenzziehungen erfolgten willkürlich, die autonomen Rechte der kleinen Völker beschränkten sich darauf, von KPdSU-Funktionären vertreten zu werden, die keine Russen, sondern Aseri, Georgier, Armenier, Ukrainer, Tadschiken oder Usbeken waren – eine reine Alibifunktion. Wirkliche Autonomie gab es im zentralistisch gelenkten Sowjetsystem nicht. Die bis heute bestehenden Nationalitätenkonflikte liegen teilweise in der rücksichtslosen Nationalitätenpolitik Stalins begründet, die seine Nachfolger fortsetzten.

Nach dem Zusammenbruch des Sowjetreiches entluden sich die Konflikte in Kriegen um Gebiete, in denen sich Völkerschaften unversöhnlich gegenüberstanden und in denen Russland heute gern als Ordnungsmacht auftritt. Berg-Karabach, um das sich Aserbaidschan und Armenien seit ihrer Unabhängigkeit erbittert streiten, gehört dazu. Der gegenwärtige Zustand in Berg-Karabach wie auch die Lage in Nachitschewan gleichen einer eingefrorenen Stabilität, die Konflikte selbst blieben ungelöst.

Eine zweite Golfregion

Die kritische Situation wurde damals durch die angespannte wirtschaftliche Lage noch verstärkt. Wie überall in der ehemaligen Sowjetunion führten in den 1990er Jahren die Transformationsprozesse auch im Südkaukasus zu einer Verarmung breiter Bevölkerungsschichten. Die Industrieproduktion war praktisch zusammengebrochen, das zentralistische Planwirtschaftssystem der Sowjetunion hatte viele Produktionsruinen hinterlassen. Nationalistische Alleingänge führten ferner zu einer Zersplitterung des ehemals gemeinsamen Marktes bzw. Wirtschaftsraumes.

Das Bruttoinlandsprodukt pro Kopf stürzte 1992 in Aserbaidschan auf 676 US-Dollar ab, im Jahr zuvor hatte es noch 1209 US-Dollar betragen.[2] 1995 errreichte es seinen Tiefstwert mit 397 US-Dollar. Dafür boomte die Schattenwirtschaft. Korruption durchdrang alle Bereiche der Gesellschaft, eine Schere zwischen Arm und Reich begann sich weit zu öffnen, und Anarchie machte sich breit. Die Mittelschicht, zu der die einstige »sowjetische Intelligenz« gehörte, verschwand, da vor allem die Russen auswanderten.

Hoffnung schöpfte Aserbaidschan aus seiner strategischen Lage. »Pipeline statt Seidenstraße« hieß das Schlagwort. Über Jahrhunderte hinweg war man als Anlieger eines Netzes von Karawanenstraßen, welches Ostasien mit dem Mittelmeer und Europa verband, direkt mit der Hauptschlagader der Zeit verbunden gewesen. Als die Bedeutung dieses Handelsweges im 17. Jahrhundert durch die Schifffahrt abnahm, versank der Kaukasus in der wirtschaftlichen Bedeutungslosigkeit.

Seit dem Ende der Sowjetunion sind die Staaten der Region nicht nur als Durchgangsländer interessant. Im Kaspischen Raum werden 3,8 Prozent der Weltreserven an Erdöl und 4,3 Prozent der Weltreserven an Erdgas vermutet.[3] Da das Kaspische Meer keine Anbindung an die Weltmeere hat, erlangte der Kaspische Raum strategische Bedeutung. Im Westen spricht man von einer »zweiten Golfregion«.[4]

Berg-Karabach

Aserbaidschan erlangte am 18. Oktober 1991 seine Unabhängigkeit von der Sowjetunion. Doch ins internationale Bewusstsein rückten die selbständig gewordenen Südkaukasus-Republiken nach 1989 zunächst fast ausschließlich durch Konflikte zwischen den Völkerschaften. Eine Region stand dabei immer wieder besonders im Fokus: Berg-Karabach. »Der blutige Kampf zwischen Armenien und Aserbaidschan will kein Ende nehmen«[5], schrieb die *Zeit* 1992.

Berg-Karabach war ein autonomes Gebiet innerhalb der Aserbaidschanischen Sowjetrepublik, das sowohl von Aserbaidschanern als auch Armeniern besiedelt war, wobei die Armenier die Mehrheit bildeten. 1988 kam es zum ersten Mal zu bürgerkriegsähnlichen Zuständen mit Hunderten von Toten in den Bergregionen und damit zum ersten Konflikt zwischen zwei Unionsrepubliken der UdSSR. Die Moskauer Zentralmacht war bereits zu schwach, um den Konflikt im Zaum zu halten. 1991 eskalierte er ein weiteres Mal. Die Armenier, die in Berg-Karabach lebten, wollten die Abspaltung des Gebietes von Aserbaidschan erreichen. Im darauffolgenden Krieg verloren rund 25 000 Menschen ihr Leben. Bis zu einer Million Menschen wurden vertrieben.

Armenische Truppen besetzten im Kriegsverlauf Berg-Karabach sowie weitere aserbaidschanische Bezirke. Heute leben schätzungsweise 130 000 Armenier in Berg-Karabach, Aseri leben dort nicht mehr. Aus völkerrechtlicher Sicht ist Berg-Karabach aber weiterhin ein Teil Aserbaidschans. Nach wie vor fordert Aserbaidschan die Wiederherstellung seiner territorialen Integrität sowie Rückkehrrechte für die Zehntausenden Flüchtlinge. Die Armenier, die in Berg-Karabach leben, beharren auf der Anerkennung ihrer Unabhängigkeit sowie einer Anbindung an Armenien. Der Konflikt um Berg-Karabach ist ungelöst, allerdings existiert ein im Mai 1994 zwischen Armenien und Aserbaidschan durch russische Vermittlung geschlossener brüchiger Waffenstillstand.

Stabilität unter Haydar Alijew

In den ersten Jahren der Unabhängigkeit stürzten in Aserbaidschan mehrere Präsidenten über die Ereignisse in Berg-Karabach: Jagub Mamedow, Ajas Mutalibow, Isa Gambarow und Abulfes Elchibej. Die Haltung anderer Staaten zu diesem Konflikt ist für die aserbaidschanische Regierung bis heute die Messlatte für die jeweiligen bilateralen Beziehungen. Entsprechend privilegiert sind die Beziehungen zur Türkei, die als »Bruderstaat« angesehen wird.

Stabiler wurde Aserbaidschan erst unter dem im Oktober 1993 zum Staatspräsidenten gewählten Haydar Alijew. Alijew, der 1922 geboren wurde, hatte seit 1944 in verschiedenen Funktionen im sowjetischen Geheimdienst KGB gearbeitet und war ein enger Freund von Leonid Breschnew. 1967 wurde er Chef des KGB und zwei Jahre später KP-Chef in der Aserbaidschanischen Sowjetrepublik. Als einer von wenigen Provinzfürsten stieg er 1982 sogar ins höchste Gremium der KPdSU, das Politbüro, auf und war bis 1987 gleichzeitig Erster Stellvertretender Vorsitzender des Ministerrates der UdSSR. Unter Gorbatschow fiel Alijew in Ungnade, da er dessen Perestroika-Kurs nicht unterstützte.

In den Wirren der untergehenden Sowjetunion vollzog Alijew, ein Opportunist und Polit-Fuchs zugleich, eine Kehrtwende. Er trat aus der Kommunistischen Partei aus, um kurz darauf Vorsitzender der aus der KP hervorgegangenen Partei »Neues Aserbaidschan« (»Yeni«) zu werden. Er profilierte sich als Nationalist. Russisch verschwand als zweite Amtssprache. Unter Alijew wurde Aserbaidschan zu einer autoritär regierten, aber einigermaßen stabilen Republik. Das Land privatisierte er für seine Familien, schaffte es aber parallel, den Ausgleich zwischen den rivalisierenden Clans zu erreichen.

Die Außenpolitik Alijews war ausgewogen. Aserbaidschan entwickelte eine Partnerschaft zur NATO und erreichte die Aufnahme in den Europarat. Nachdem das geschafft war, widmete sich Alijew wieder der Verbesserung der Beziehungen zu Russland, das inzwischen wieder ein wichtiger Partner des Kaukasuslandes ist.

Haydar Alijew überlebte mehrere Putschversuche, die Macht gab er nicht mehr aus den Händen. Er starb 2003 in einer amerikanischen Klinik an Herzversagen. Bereits schwer krank, drehte er einen letzten politischen Coup. Er kandidierte 2003 noch einmal als Präsident, zog aber kurz vor der Wahl seine Kandidatur zugunsten seines Sohnes Ilcham Alijew zurück, der die Wahlen prompt gewann. Die Herrschaft in Aserbaidschan blieb also in der Familienhand der Alijews.

Der Sohn übernimmt das Ruder

Mahmet, mit dem wir uns bei unseren Besuchen in Aserbaidschan regelmäßig treffen, ist ein hoher Beamter in der Präsidialverwaltung. Er arbeitete schon unter Alijews Vater. »Ilcham hat die vergangenen Jahre zwar eine gute Politik gemacht, wir sind wirtschaftlich stabil geworden«, lobt er den Präsidenten. »Doch das Charisma seines Vaters hat er nicht! Haydar Alijew haben die Aserbaidschaner geliebt. Ilcham ist geachtet und gefürchtet, aber er ist keine Vaterfigur für das Volk.«

Wir fuhren mit Mahmet entlang der Küste des Kaspischen Meeres zu seiner »Datscha«. Das Wort stammt aus dem Russischen. Es war nicht nur in der gesamten Sowjetunion gebräuchlich, sondern auch in anderen Ländern des früheren Ostblocks, und bedeutet soviel wie Wochenend- oder Gartenhaus. Wir verstanden, warum Mahmet mit der wirtschaftlichen Entwicklung des Landes zufrieden war. Er hat sich einen Mercedes der besseren Klasse geleistet. Seine »Datscha« ist eine von hohen Mauern umgebene Villa, die einige Hunderttausend US-Dollar gekostet hat. Sein Personal servierte frisch gefangenen Stör mit Granatapfelsoße, eine köstliche Spezialität der Region. Mahmets Frau hielt sich gerade zu einem Wochenendausflug in Paris auf. In der Nachbarschaft wohnen Geschäftsleute, die mit dem Alijew-Clan verbunden sind, und hohe Regierungsbeamte. Allein von den Beamtengehältern haben sie sich ihre prächtigen Häuser nicht leisten können. Aserbaidschan rangiert in der Korruptionsrangliste von Transparency International 2010 im vorderen Viertel.[6]

Pipeline-Politik

Wirtschaftlich ging es unter Ilcham Alijew in Aserbaidschan steil aufwärts, vor allem dank der Öl- und Gasreserven. Eine zentrale Frage ist die nach dem Transport in den Westen. Die Hauptakteure, deren Interessen hierbei miteinander kollidieren, sind Russland, die USA, Europa sowie die Mittelmächte Türkei und Iran. Auch China zeigt zunehmend Interesse und gewinnt als Gegengewicht zu Russland immer mehr Bedeutung. Die Kollision unterschiedlicher wirtschaftlicher und politischer Interessen hat in den letzten Jahren zur Bildung von de facto zwei Achsen geführt, einer vertikalen (Russland–Armenien–Iran) sowie einer horizontalen (Mittelasien–Aserbaidschan–Türkei).

Es gibt drei Wege, das kaspische Öl in den Westen zu transportieren. Der erste Weg führt vom Kaspischen zum Schwarzen Meer. Er wird von Russland favorisiert, hat aber den Nachteil, dass die Pipelineführungen regionale Konfliktherde (zum Beispiel Tschetschenien) umgehen müssen. Eine russische Pipeline

Ölpumpe am Stadtrand von Baku

über Grosny wurde bereits Opfer des Tschetschenienkrieges. Die derzeit wichtigste Trasse führt – an Tschetschenien vorbei – von Baku (Aserbaidschan) nach Noworossisk (Russland) am Schwarzen Meer. Eine weitere Leitung geht von Baku durch Georgien nach Supsa ans Schwarze Meer. Seit 2001 gibt es außerdem eine Pipeline, die vom kasachischen Aktau nach Noworossisk führt.

Ein zweiter Weg könnte zukünftig von Aserbaidschan über seinen südlichen Nachbarn Iran zum Persischen Golf führen. Eine solche Variante wäre wirtschaftlich sinnvoll, doch die USA wollen dem Iran den damit verbundenen Einfluss nicht gewähren. Infolgedessen kontrolliert bislang Russland mit einer Ausnahme – der durch Georgien – alle wichtigen Pipelines.

Es ist schwer vorstellbar, auf Dauer eine Infrastruktur zu schaffen, die den Iran ausklammert, obwohl die USA eine dritte Trassenführung befürworteten und sich damit zunächst auch durchsetzten: Seit 2005 transportiert die Baku-Tiflis-Ceyhan-Pipeline kaspisches Öl an die türkische Mittelmeerküste, von wo aus es weiter verschifft wird. Der aserbaidschanische Teil der Pipeline heißt Haydar-Alijew-Pipeline, da es der erste Alijew war, der 1999 die Absichtserklärung zum Bau der Pipeline unterschrieb.

Allerdings hat der Iran selbst ein wachsendes Ölpipeline-Netz, das von Neka am Kaspischen Meer an den Persischen Golf führt und auch eine Raffinerie in der Nähe der türkischen

Grenze bedient. Die Infrastruktur für eine Beteiligung Irans an internationalen Pipeline-Projekten wäre also zum Teil schon vorhanden, auch wenn es bisher aus politischen Gründen keine ernsthaften Bemühungen in dieser Richtung geben darf.

Auch bei der Gasförderung und beim Transport spielt der kaspische Raum eine große Rolle. Von Baku aus gibt es mehrere Gaspipelines, eine davon führt durch den Iran an den Persischen Golf und versorgt zudem den Irak und sogar Syrien. Gas wird außerdem über Armenien und die Türkei nach Europa gepumpt, eine andere Leitung führt, ähnlich wie die Ölpipeline, an Tschetschenien vorbei nach Noworossisk. Aus dem Aserbaidschan gegenüberliegenden Turkmenistan kommt ebenfalls Gas. Es wird in ein Pipelinenetz eingespeist, das das gesamte Kaspische Meer umschließt. Direktere Verbindungen, die durch das Kaspische Meer verlaufen sollen, sind bereits geplant, ebenso wie einige größere Projekte, die Europa direkt, ohne den Umweg über Russland, mit Gas versorgen sollen.

»Raus mit dem Diktator«
Auf den Einnahmen aus der Erdölproduktion kann sich Aserbaidschan allerdings nicht ausruhen. Die Produktion lässt sich nicht mehr steigern.[7] Alijew muss etwas gegen die Arbeitslosigkeit der Jugend tun, wenn er sich an der Macht halten will. Das Durchschnittsalter beträgt 27,6 Jahre, und die Bevölkerung wächst.[8] Die Situation ähnelt in Vielem der Lage in den arabischen Staaten: Die Politik wird von einer Familiendynastie bestimmt, die Einnahmen aus der Öl- und Gasproduktion kommen nicht mehrheitlich bei der Bevölkerung an, sondern verschwinden in undurchsichtigen Kanälen. Es fehlt an beruflichen Perspektiven. Deshalb kam es in Aserbaidschan, als einzigem Land der GUS, im März 2011 auch zu Protesten gegen die Regierung, ganz ähnlich wie in den arabischen Staaten. Der Ort dafür war symbolträchtig gewählt: Vor einer Statue des am 11. Februar 2011 in Kairo gestürzten ägyptischen Präsidenten Husni Mubarak, die bei Baku in einem Park steht, riefen junge Leute Parolen wie »Raus mit dem Diktator«.[9] Alijew ist seit den Unruhen in der arabischen Welt bemüht, sein Image zu verbessern. Er kündigte Maßnahmen gegen die allgegenwärtige Korruption an und versprach weiteren wirtschaftlichen Aufschwung. Die Mubarak-Statue ließ er vorsorglich entfernen.

Georgien

Heiliger Georg und Jerusalemkreuz

Zwischen der aserbaidschanischen Hauptstadt Baku und der georgischen Hauptstadt Tiflis gibt es eine Flugverbindung. Und so dauert es nur eine reichliche Stunde, bis wir uns in einer völlig anderen Kultur befinden. In der Rückschau kommt es einem Wunder gleich, dass die religiös und kulturell so unterschiedlichen Völker der Sowjetunion weitgehend friedlich in einem Staat zusammenlebten. Nirgends wird deren Verschiedenheit auf engstem geografischem Raum so deutlich wie im Kaukasus. Mahmet, unser Bekannter in Baku, hatte uns kurz vor dem Abflug nach Tiflis noch die Bibi-Heybat-Moschee gezeigt, die im 13. Jahrhundert nach der Schwester eines schiitischen Imams benannt worden ist. Georgien, das Nachbarland Aserbaidschans, gehört hingegen zu den ältesten christlichen Staaten der Welt, genau wie Armenien.

Die Geschichte Georgiens reicht bis in das 4. Jahrhundert v. Chr. zurück. Kaukasische Iberier (Ost-Georgier) errichteten damals einen eigenen Staat. Die Georgier betrachten eine Syrerin namens Nino als Glaubensbringerin. Sie war aus römischer Gefangenschaft geflohen und hatte sich in Mzcheta, der Hauptstadt der heutigen Region Mzcheta-Mtianeti, niedergelassen. Mzcheta war damals das Zentrum des Iberischen Reiches, das neben dem Königreich Kolchis als einer der Vorgängerstaaten des heutigen Georgiens gilt. Die Syrerin Nino soll mit Gottes Hilfe Kranke geheilt haben, darunter auch die Frau des iberischen Königs, der daraufhin das Christentum annahm. Diese Entscheidung im 3. Jahrhundert hatte bleibenden Einfluss und spielte bei der Nationenbildung eine entscheidende Rolle.

Zwei Drittel der Georgier fühlen sich heute der georgisch-orthodoxen Kirche [10] zugehörig. Der mit dem Zerfall der UdSSR 1991 unabhängig gewordene georgische Staat ist eng mit seiner Kirche verbunden, deren Oberhaupt, Patriarch Ilia II., großen Einfluss hat. Die Kirche zahlt in Georgien keine Steuern. Seit 2005 sind auf der Staatsfahne das Jerusalemkreuz und auf dem Staatswappen der heilige Georg als Schutzpatron zu sehen.

In Tiflis leben über eine Million Menschen, fast ein Viertel der gesamten Einwohner Georgiens. Die Altstadt liegt unterhalb des

Land	Georgien
Hauptstadt	Tiflis (Tbilissi) mit ca. 1,3 Millionen Einwohnern
Größe	69 700 km²
Bevölkerung	4,3 Millionen Menschen, davon 71 Prozent Georgier; 9 Prozent Russen, 7,1 Prozent Armenier, 6 Prozent Aseris, 7 Prozent weitere Volksgruppen
Landessprachen	Georgisch ist Amtssprache, Russisch, Englisch und Deutsch sind gängige Fremdsprachen. Minderheitensprachen sind Abchasisch, Armenisch, Aserisch und Ossetisch
Religionen	georgisch-orthodoxe Apostelkirche, ferner Religionsgemeinschaften der Armenier, Muslime, Katholiken, Protestanten, Juden
Währung	Georgischer Lari (1 EUR = ca. 2,41 GEL)
Datum der Unabhängigkeit	9.4.1991
Staats-/Regierungsform	Demokratische Republik
Staatsoberhaupt	Staatspräsident Micheil Saakaschwili
Staatsoberhäupter seit Unabhängigkeit	14.4.1991–10.3.1992 Swiad Gamsachurdia (gestürzt) 10.3.1992–26.11.1995 Eduard Schewardnadse (als Übergangspräsident) 26.11.1995–23.11.2003 Eduard Schewardnadse 23.11.2003–25.1.2004 Nino Burjanadse 25.1.2004–25.11.2007 Micheil Saakaschwili 25.11.2007–20.1.2008 Nino Burjanadse 20.1.2008 Micheil Saakaschwili
Regierungschef	Premierminister Nikolos Gilauri
Regierungschefs seit Unabhängigkeit	18.8.1991–23.8.1991 Murman Omanidse 23.8.1991–6.1.1992 Bessarion Guguschwili 6.1.1992–6.8.1993 Tengis Sigua 6.8.1993–20.8.1993 Eduard Schewardnadse 20.8.1993–5.10.1995 Otar Patsatsia 5.10.1995–26.7.1998 Nikolos Lekischwili 31.7.1998–11.5.2000 Watzha Lortkipanidse 11.5.2000–21.12.2001 Giorgi Arsenischwili 21.12.2001–27.11.2003 Awtandil Jorbenadse 27.11.2003–3.2.2005 Surab Schwania 3.2.2005–17.2.2005 Giorgi Baramidse 17.2.2005–16.11.2007 Surab Nogaideli 22.11.2007–1.11.2008 Wladimir Gurgenidse 1.11.2008–6.2.2009 Grigol Mgaloblischwili

	seit dem 6.2.2009 Nikolos Gilauri
Parlament	Einkammerparlament mit 150 Sitzen (75 Listenplätze und 75 Direktmandate)
Regierungsparteien	Die Partei Vereinigte Nationalbewegung hält mit 119 von 150 Sitzen die absolute Mehrheit im Parlament.
Opposition	Arbeitspartei, Christlich-Demokratische Bewegung, Vereinigter Nationaler Rat (Parteienblock) und Republikaner; ein Großteil der oppositionellen Abgeordneten boykottiert derzeit die Arbeit des Parlamentes
Mitgliedschaft in internationalen Organisationen (u. a.)	Schwarzmeerkooperationsrat, OSZE, Nordatlantischer Kooperationsrat, IWF, UN, Vertrag über die Nicht-verbreitung von Kernwaffen, GUAM, Europarat, WTO, (NATO-)PfP und EAPC, Partnerschafts- und Kooperationsabkommen mit der EU, Aktionsplan im Rahmen der Europäischen Nachbarschaftspolitik; Austritt aus der GUS im August 2008
Bruttoinlands-produkt	10,7 Mrd. US-Dollar (2009)

Berges Mtatsminda, der als heiliger Berg verehrt wird. Sie ist bekannt für ihre heißen Schwefelquellen. Tiflis wirkt nicht so belebt wie Baku. Georgien hat im Gegensatz zu Aserbaidschan ein demografisches Problem. Eduard Schewardnadse, der von 1992 bis 2003 georgischer Präsident war, hatte das schon klar benannt: »Nach den letzten Angaben beträgt die Bevölkerung Georgiens vier Millionen Einwohner. In der Zeit der Sowjetunion lag die Zahl bei mehr als fünf Millionen. Nach der Prognose der WHO wird im Jahr 2025 die Bevölkerung Georgiens 3,75 Millionen betragen, und im Jahr 2050 nur noch 2,76 Millionen. Und was wird im Jahr 3000 sein? Wird es uns dann überhaupt noch geben?«[11]

In Swanetien
Sewarion, ein Politikwissenschaftler aus Tiflis, der die letzten Jahre eine steile Karriere als Talkmaster im georgischen Fernsehen gemacht hat, lernten wir 2004 kennen. Er drängte uns danach bei jedem Besuch, in die Provinz zu fahren. Georgien, so seine Überzeugung, sei eines der schönsten und vielfältigsten Länder der Welt.

In der Tat findet man nicht so schnell ein Land, das so vieles vereint. Der Kaukasus ist wild und in weiten Teilen noch unberührt, bis 5200 Meter hoch. Die Georgier bezeichnen ihr Land als »Balkon Europas«. Im Westen grenzt Georgien ans Schwarze Meer. Hier herrscht subtropisches Klima. In Georgien leben annähernd 30 Volksgruppen: Georgier, Aserbaidschaner, Armenier, Swanen, Abchasen, Aramäer, Juden, Russen, Kurden, Metscheten etc., etc. Das Land gliedert sich in neun Regionen und zwei Autonome Republiken. Südossetien und Abchasien haben 2008 jedoch ihre Unabhängigkeit erklärt und gehören de facto nicht mehr zum georgischen Staatsverbund.

Gleichgültig, wo man sich in Georgien aufhält, die Gastfreundschaft, gutes Essen und die Qualität des georgischen Weines sind sprichwörtlich. Früher waren die Georgier auch stolz auf ihren Tee, die Plantagen haben aber die Sowjetzeit größtenteils nicht überlebt. »Wir produzieren fast nur noch für den Eigenbedarf«, erklärt uns Lado, der Onkel von Sewarion, der Direktor einer Teeplantage bei Kutaissi im westlichen Teil von Georgien ist. »Einst haben wir die meisten Unionsrepubliken mit unserem schwarzen Tee beliefert«, berichtet er. Die Produktionsanlagen, die er uns dann zeigt, sind allerdings heruntergekommen. Man verwaltet hier nur noch den Verfall.

Lado bringt uns von hier aus in seine Heimatstadt Mestia, das Verwaltungszentrum der Region Swanetien. Deutschsprachige Spezialreiseanbieter preisen einen Besuch Swanetiens als eines der letzten Abenteuer in Europa. »Die höchsten Berge des Kaukasus, alle über 4000 Meter, ohne einen Skilift, ohne Luxushotels und ohne Werbung können besichtigt werden. Was Ihnen dafür geboten wird sind aufregende und atemberaubende Aussichten, unberührte Berge, tiefe Schluchten, schäumende Flüsse – und Straßen, die nicht für nervöse Fahrer geeignet sind! (…) Sie führen zu verborgenen Dörfern, gespickt mit mittelalterlichen Wehrtürmen. Man fühlt sich in dieser Region, als ob die Zeit um sich herum stehen geblieben wäre.«[12]

Wir fahren mit einem russischen Jeep der Marke »Lada Niwa« ins Gebirge hinein. Unser Fahrer sagte, dieser Autotyp sei am geeignetsten für die Fahrt nach Mestia, die großen Jeeps, mit denen manchmal die Ausländer herumfahren, wären zu breit für die Straßen dort. Das erleben wir wenig später, als uns diese Wagen entgegenkommen und die Fahrer gezwungen sind,

Mittelalterliche Wehrtürme in Swanetien

entlang des Abgrundes gefährliche Ausweichmanöver zu machen. In Mestia erwartet uns eine Überraschung. Die Verwandten Lados wohnen in keinem umgerüsteten Wehrturm, sondern in einer Plattenbauwohnung, in der gerade die Heizung schlecht funktioniert. Da es schon Ende November ist und die Temperaturen in der Nacht bei minus 15 Grad liegen, wird uns ein Zimmer im Haus des Arztes von Mestia vermittelt. In dem zweistöckigen Gebäude, direkt im Zentrum, lebte der 62-jährige Doktor zusammen mit seiner Frau, Tochter und Schwiegersohn, vier Enkeln sowie seinen knapp 90 Jahre alten Eltern. In der Küche wird kräftig Feuer im Herd gemacht, nach dem Abendessen sitzen wir lange zusammen. Seine Tochter, die als Biologielehrerin an der örtlichen Schule arbeitet, berichtete vom dortigen Lehrermangel. »Wir haben kaum Nachwuchs«, sagte sie. Wer aus Swanetien stammt und einmal in Tiflis, Kutaissi oder anderswo studiert hat, kommt selten zurück. »Hier gibt es nichts, was für junge Leute interessant ist.« Zu Sowjetzeiten war das anders. Stalin, der berühmteste Georgier, hatte dafür gesorgt, dass es »seiner« Sowjetrepublik gut ging, und auch nach Stalins Tod hatte Georgien im Vergleich zu anderen Sowjetrepubliken wirtschaftlich eine Spitzenposition inne. Das kulturelle und wissenschaftliche Leben Georgiens blühte hier. Am Ende des Abends fragen unsere Gastgeber, ob wir mit ihnen in der Küche schlafen wollen oder allein in der zweiten Etage. Die Frage verwundert uns, wir entscheiden uns gegen die Küche. Es wird eine der kältesten Nächte unseres Lebens. Das Haus ist schlecht isoliert, und seine einzige funktionierende Wärmequelle besteht aus dem Küchenherd. Im Gästezimmer herrschen Frosttemperaturen. Der Rotwein, den wir zum Abendessen reichlich konsumiert haben, lässt uns noch einschlafen, doch halten wir es irgendwann nicht mehr aus und ziehen mit unseren Matratzen in die Küche hinunter.

Die ersten Jahre der Unabhängigkeit

Bereits vor der Auflösung der Sowjetunion war die damalige Georgische Sozialistische Sowjetrepublik von ungelösten inner-ethnischen Konflikten bedroht. Das setzte sich nach der Unabhängigkeitserklärung im Jahre 1991 fort. Eine spannungsgeladene Situation bestand vor allem an der Grenzregion zu Tschetschenien, wo die tschetschenische Minderheit Georgiens siedelt. Außerdem gab es in den georgischen Provinzen Adscharien, Abchasien und Südossetien Abspaltungstendenzen.

Die ethnischen Konflikte polarisierten Georgien noch verstärkt nach der Machtübernahme des nationalistisch orientierten Präsidenten Swiad Gamsachurdia. Der 1939 in Tiflis geborene Schriftsteller hatte 1976 zusammen mit anderen Gegnern des Sowjetregimes die »Helsinki-Gruppe« ins Leben gerufen.[13] 1989 gründete er die Partei »Runder Tisch – Freies Georgien«. Gamsachurdia gehörte zu jenen sowjetischen Intellektuellen, die zur Zeit der Perestroika die einzige Chance für einen tiefgreifenden Wandel in der Unabhängigkeit ihrer Republiken von Moskau sahen. Die meisten dieser Dissidenten schafften es nach der Unabhängigkeit nicht, daraus politisches Kapital zu schlagen. Egal ob in Russland, Weißrussland, der Ukraine oder in Mittelasien: die Macht übernahmen frühere Funktionäre der KPdSU, die zwar formal der kommunistischen Ideologie abgeschworen hatten, jedoch den »Stallgeruch« nicht verleugnen konnten.

In Georgien war das anders. Swiad Gamsachurdia entschied 1990 den Machtkampf für sich und seine neu gegründete Partei. Im Mai 1991 wurde er mit 86 Prozent zum Präsidenten Georgiens gewählt. Doch es folgten erbitterte Auseinandersetzungen im eigenen politischen Lager, wirtschaftliches Chaos und innerethnische Konflikte breiteten sich aus. Paramilitärische Einheiten, die sogenannten Mchedrioni, begannen, ganze Landstriche zu kontrollieren. Anführer dieser mafiaähnlichen Struktur war Dschava Iosseliani, seines Zeichens Bankräuber, Totschläger und Dramatiker. Während der Sowjetzeit hatte er 20 Jahre im Gefängnis verbracht. Nach seiner Entlassung machte er sich in Georgien zunächst als Autor populärer Theaterstücke einen Namen, bevor er erneut in die Unterwelt entschwand. Die Angehörigen der Mchedrioni, die einheitlich Jeans, Pullover, Jackets und Sonnenbrillen trugen, waren für unzählige Raubzüge und Entführungen verantwortlich.

Swiad Gamsachurdia versuchte, deren Treiben mit diktatorischer Gewalt ein Ende zu bereiten, doch nachdem er im Januar 1992 die Kontrolle über seine eigene Nationalgarde verloren hatte und die Mchedrioni das Präsidentenamt stürmten, musste er fliehen. Aus Moskau war keine Hilfe zu erwarten. Dort hatte er sich durch seine nationalistische Politik zu viele Feinde gemacht. In Tiflis übernahm kurzzeitig ein Militärrat die Macht, dem auch der Boss der Mchedrioni, Iosseliani, angehörte. Man spielte mit dem Gedanken, Georgien wieder in eine Monarchie zu verwandeln.

Eduard Schewardnadse als Präsident
In der Folge konnte sich aber der gebürtige Georgier und frühere sowjetische Außenminister Eduard Schewardnadse durchsetzen. Er hatte zwischen 1972 und 1985 bereits als Erster Sekretär der georgischen KPdSU an der Spitze der Georgischen Sozialistischen Sowjetrepublik gestanden. Jetzt wurde er erneut, unterstützt von Boris Jelzin, zum »starken Mann« in seinem Heimatland. 1993 trat Georgien der GUS bei. Auch im Westen war Schewardnadse populär, schließlich hatte er zusammen mit Michail Gorbatschow zur Beendigung des Kalten Krieges und zur deutschen Wiedervereinigung beigetragen.

1995 gab sich Georgien eine neue, demokratische Verfassung, die zwar präsidiale Züge trägt, aber dem Parlament eine beachtliche Rolle zusichert. Bis 1998 verliefen die innen-, wirtschafts- und rechtspolitischen Reformen Georgiens bemerkenswert erfolgreich. Schewardnadse schaffte es, die mafiotischen Strukturen der Mchedrioni aufzulösen. Er überlebte zwei Attentatsversuche. Doch Ende der 1990er Jahre änderte sich sein Regierungsstil. Der ehemalige sowjetische Außenminister agierte zunehmend autoritär und versuchte sich in georgisch-nationalistischen Tönen. Die Beziehungen zu Russland verschlechterten sich drastisch, als Schewardnadse auf die Räumung der russischen Militärbasen in seinem Land drängte, die Moskau damals noch unterhielt. Die USA versuchten ihrerseits, über Georgien Einfluss im Kaukasus zu gewinnen. Der Kampf um Ölpipelines und deren Verlauf war im vollen Gange.[14] Fehlgeschlagene ökonomische Reformen, eine zunehmende Selbstherrlichkeit, Vetternwirtschaft und Korruption ließen den Stern Schewardnadses bald sinken. Zehn Jahre nach der Unabhängigkeit standen von früheren Großkombinaten nur noch Ruinen in Georgien, neue Betriebe waren kaum hinzugekommen. Die Bevölkerung verlor zunehmend den Glauben daran, dass es wirtschaftlich einmal wieder aufwärtsgehen könnte.

Die »Rosenrevolution«

Politiker, die Eduard Schewardnadse gefördert hatte und die eigentlich als sein politischer Nachwuchs galten, stellten sich gegen ihn, allen voran sein Justizminister Micheil Saakaschwili, der in den USA studiert hatte. Saakaschwili wurde im Winter 2003/2004 zu einem Wortführer der »Rosenrevolution«. Washington hoffte, mit Georgien in unmittelbarer Nähe zu Russland einen Bündnispartner zu gewinnen. Organisationen aus den USA unterstützten die Revolutionäre nicht nur mit Rat, sondern auch materiell. Schewarnadse wurde gestürzt und Saakaschwili im Januar 2004 zum neuen georgischen Präsidenten gewählt.

In Georgien herrschte Aufbruchstimmung. Als wir im Februar 2004 Tiflis besuchten, erinnerte uns einiges an die Zeiten der »Wende« in Ostdeutschland. Saakaschwili räumte mit alten Seilschaften auf. Viele Funktionäre, die schon seit Sowjetzeiten in den Ministerien dienten, verloren ihre Posten. Ein Bekannter von unserem Freund Sewarion wurde wie aus dem Nichts neuer Chef der Polizeiakademie Georgiens. Die Polizisten, die ihn dort stramm und in Uniform zu begrüßen hatten, staunten nicht schlecht über den jungen Mann in Zivil.

Im georgischen Innenministerium entschied man sich für eine Radikalkur. Über Nacht wurden 15 000 Verkehrspolizisten entlassen, die wie überall in der früheren Sowjetunion als besonders korrupt galten. Heute gehört Georgien zu den wenigen postsowjetischen Ländern, wo die Polizei kein Schmiergeld annimmt. Saakaschwili machte einen dynamischen, eloquenten Eindruck. Sein Englisch ist perfekt und er liebt es, damit zu parlieren. Doch schon damals sahen manche Georgier in ihm eine Gefahr. Er erschien ihnen zu ehrgeizig, zu machtgierig und zu abhängig von den USA zu sein. Die Amerikaner finanzierten nach der »Rosenrevolution« über Kredite nicht nur die georgische Wirtschaft, sondern zahlten auch direkt die Gehälter georgischer Regierungsmitglieder. »Mit dem Mann stimmt etwas nicht«, sagte ein Offizier an der Polizeiakademie. »Wer so kaltblütig seinen Ziehvater (Schewardnadse) stürzt, dem vertraue ich nicht. Mit dem werden wir noch unser Wunder erleben!«

Russische Blockade gegen Georgien

Nach der »Rosenrevolution« vollzog Georgien eine Wende in der Außenpolitik. Ziel war die Mitgliedschaft in der NATO und der Europäischen Union. Vor dem Parlamentsgebäude wehte die Europafahne. Begleiten ließ dies der selbstbewusste Saakaschwili von einer antirussischen Kampagne in den georgischen Medien. Die russisch-georgischen Beziehungen erreichten daraufhin einen ersten Tiefpunkt. Im Frühjahr 2006 erließ Russland ein Einfuhrverbot für Weine, Spirituosen und Mineralwasser georgischer Herkunft, angeblich aus Verbraucherschutzgründen. Dieses Modell war in Moskau beliebt. Im gleichen Jahr sanktionierte der Kreml auch die Moldawier mit einem Importstopp für deren Weine.[15] Im Oktober 2006 verfügte Russland dann sogar eine totalen Ein- und Ausfuhrblockade gegenüber Georgien.

Kurz zuvor hatte die georgische Polizei vier der Spionage verdächtige russische Offiziere festgenommen. In Handschellen und vor laufenden Kameras wurden ihnen zur besten Sendezeit die Ausweisungsverfügungen verlesen. Dies nahm der Kreml als öffentliche Demütigung wahr. Als Reaktion darauf begann Russland mit der Ausweisung von dort lebenden Georgiern. 2008 trat Georgien aus der GUS aus.

In Moskau kannten wir einen Musiker namens David. Er stammte aus Zchinwali in Mittelgeorgien. David war bis Anfang der neunziger Jahre in einem Orchester engagiert gewesen, doch nach dem Zusammenbruch der Sowjetunion war im neuen Georgien kein Geld mehr für staatlich geförderte Kunst vorhanden. Seitdem ernährt er seine Familie mit dem, was ihm Passan-

Die Fahnen Georgiens und der Europäischen Union vor dem Parlament in Tiflis

ten in der Metrounterführung an der Station »Leninbibliothek« in den Violinenkoffer werfen. Alle drei Monate fuhr er nach Hause zu seiner Frau und seinen zwei Töchtern, denn länger als ein Vierteljahr dürfen sich Ausländer nicht ohne Unterbrechung in Russland aufhalten. Im Jahre 2007 sahen wir ihn gar nicht. Dann tauchte er wieder am alten Platz auf. Seine Wut auf die russischen Behörden war groß, noch mehr aber regte er sich über die georgische Führung auf. »Wenn man Streit sucht, muss man doch vorher wissen, ob man ihn gewinnen kann oder nicht«, schimpfte er.

Abtrünnige Provinzen

Georgien war seit seiner Unabhängigkeit im Jahre 1991 damit konfrontiert, dass drei Provinzen versuchten, sich vom georgischen Staat zu lösen: Adscharien, Abchasien und Südossetien.

Adscharien, eine autonome Region, hatte mit der am Schwarzen Meer gelegenen Hauptstadt Batumi zu den bevorzugten Urlaubsorten in der Sowjetunion gehört. Wirtschaftlich ging es der Provinz früher gut, das Geschäft mit den Urlaubern florierte. Anders als die Georgier sind die Adscharier Muslime. Bereits 1990 wollten sie die staatliche Unabhängigkeit erreichen. Regelmäßig kam es zu Auseinandersetzungen mit der Zentralgewalt in Tiflis. Im Jahre 2004 wurde Micheil Saakaschwili sogar die

182

»Einreise« nach Adscharien von den dortigen Behörden verweigert. In Batumi forderten Tausende Demonstranten eine versöhnlichere Haltung gegenüber Tiflis. Aslan Abaschidse, der die Provinz seit 1991 autokratisch regierte und stärkster Befürworter der Herauslösung Adschariens aus Georgien war, trat zurück. Die Lage hat sich seit 2005 entspannt. Der georgische Verfassungsgerichtshof sitzt heute in Batumi, die Regierung in Tiflis wollte damit zeigen, dass ihr ein Ausgleich mit der Küstenregion wichtig ist.

Auch Abchasien liegt am Schwarzen Meer. Die Hauptstadt der Provinz ist Suchumi. Wie in Adscharien erholten sich hier zur Sowjetzeit alljährlich Zehntausende von Touristen aus der Sowjetunion und dem Ostblock. Abchasien ging stärker in die Konfrontation und erklärte im Juli 1992 seine Unabhängigkeit von Georgien. Unmittelbare Folge war der Beginn eines blutigen Bürgerkriegs. 20 000 Menschen verloren dabei ihr Leben.[16] Die Auseinandersetzungen endeten im Herbst 1993. Es kam zu einem Waffenstillstand und der Schaffung einer UN-Friedensmission, was faktisch die Unabhängigkeit Abchasiens herbeiführte. Während der Kriegshandlungen war der Großteil der ethnischen Georgier vertrieben worden.

Südossetien wollte zum Ende der Sowjetunion einen Zusammenschluss mit Nordossetien erreichen, das zur Russischen Föderation gehört. Die Osseten sind ethnisch mit dem Kaukasusvolk der Georgier nicht verwandt, sie stammen von den indogermanischen Alanen ab. Der russische Einfluss geht auf das Jahr 1774 zurück, als ganz Ossetien ins Zarenreich eingegliedert wurde. 1920 sagte sich Südossetien schon einmal von Tiflis los, allerdings vergeblich. Georgische Truppen marschierten 1921 in die südossetische Hauptstadt Zchinwali ein. Im Jahre 1991, noch vor dem endgültigen Zerfall der Sowjetunion, proklamierte Südossetien erneut die Unabhängigkeit von Georgien und gründete die »Südossetische Demokratische Sowjetrepublik«. 1992 entbrannte auch hier ein Bürgerkrieg, bei dem 1500 Menschen ihr Leben verloren und Zehntausende zu Flüchtlingen wurden. Der Krieg endete erst nach einem Waffenstillstandsabkommen unter Vermittlung der neu gegründeten GUS im gleichen Jahr. Seitdem spielt Russland, ähnlich wie in Abchasien, eine zentrale Rolle. Moskau bot den Südosseten kostenlose medizinische Versorgung sowie schulische Bildung an und ließ die Bewohner über russische Mobilfunknetze telefonieren. Es stellte freizügig russische Pässe aus, finanzierte Straßenbau und andere Infrastrukturprojekte. In Südossetien leben rund 80 000 Menschen. Die meisten von ihnen sind bereits russische Staatsbürger.

Die beiden Sezessionsrepubliken Abchasien und Südossetien wollten im Jahre 2006 durch Volksabstimmungen ein weiteres Mal eine Entscheidung für ihre Unabhängigkeit erzwingen. Die Mehrzahl der Bewohner sprach sich für die Herauslösung aus dem georgischen Staatsgebilde aus. Jede Streitpartei baute auf die Unterstützung auswärtiger Mächte – Georgien auf die EU, die NATO und insbesondere die USA, während Abchasien und Südossetien auf die Hilfe aus Russland zählten.

Krieg um Südossetien

August 2008: »Krieg in Georgien!«[17], »Russland greift Georgien an zwei Fronten an«[18] – so lauteten die Schlagzeilen in der deutschen Presse. Russische Truppen waren in die südossetische Hauptstadt Zchinwali einmarschiert. Der georgische Präsident Micheil Saakaschwili forderte Hilfe: »Es geht nicht mehr nur um Georgien. Es geht um Amerika und seine Werte. Wir sind ein Freiheit liebendes Land, das derzeit angegriffen wird.«[19] In Tiflis zeigten Demonstranten Plakate, die Wladimir Putin mit Hitler-Bart abbildeten. Der Westen stellte Georgien nach der »russischen Aggression« die NATO-Mitgliedschaft in Aussicht. Die amerikanische Außenministerin Condoleezza Rice sagte: »Wir haben nicht 1968, als Russland einfach über seine Nachbarn herfallen konnte.«[20] Die Welt schien wie vor 20 Jahren wieder in Gut und Böse geteilt.

Doch es waren nicht die Russen gewesen, die in der Nacht vom 7. zum 8. August 2008 Südossetien überfallen hatten, sondern der georgische Präsident Micheil Saakaschwili hatte seinen Truppen Marschbefehl in Richtung Südossetien gegeben und dort ein Blutbad angerichtet.[21] Russland war allerdings darauf vorbereitet. Nach dem georgischen Überfall griffen russische Truppen massiv an. Die georgische Armee zog sich daraufhin wieder zurück. Übrig blieb das zerstörte Zchinwali.

Die USA und ihre Verbündeten waren jedoch zunächst so sehr von Saakaschwili und der Richtigkeit ihrer bisherigen Politik im Kaukasus überzeugt, dass sie nicht sehen wollten, was nicht sein durfte. Nach der »Rosenrevolution« hatten sie alles

Russische Panzer an der Grenze zu Georgien während der Spannungen um Südossetien

getan, um Saakaschwili zu unterstützen. Georgien konnte massiv aufrüsten. Nach dem georgischen Einmarsch in Südossetien folgte man im Westen zunächst der georgischen Propaganda. Erst später wurde klar, dass man sich in Saakaschwili getäuscht und er den Konflikt begonnen hatte. Die Ausrichtung Georgiens auf Amerika und die Vernachlässigung eines vernünftigen Verhältnisses zu seinen Nachbarn und speziell zu Russland hatte die gesamte Region instabil gemacht. Micheil Saakaschwili hat den Konflikt innenpolitisch überlebt. Das Verhältnis zu Russland, das mittlerweile Abchasien und Südossetien als unabhängige Staaten anerkannt hat, ist jedoch endgültig belastet.

Im Westen, wo man in Saakaschwili lange Zeit den Demokraten und Helden der »Farbigen Revolutionen« im postsowjetischen Raum sah, verblasst dessen Bild. Saakaschwili regiert Georgien immer selbstherrlicher und lässt in Tiflis Demonstranten, die seinen Rücktritt fordern, genauso verprügeln wie sein Kollege in Weißrussland.[22]

Armenien

Grenzerlebnisse

Von Georgien nach Armenien fuhren wir mit dem Auto. Zwar wird man in Georgien nicht mehr von Polizisten, die sich wie Raubritter benehmen, aufgehalten, dafür verzögern schlechte Straßen mit Schlaglöchern die Fahrt. Der Grenzübergang bei Sadachlo liegt auf einer Anhöhe. Vor der Grenze hatten sich Dutzende Bewohner eines nahe gelegenen Dorfes eingerichtet. Sie standen bereit, um Autos, die sich im Sand der unbefestigten Straße festgefahren hatten, wieder freizuschaufeln. »Wir machen das schon zwei Jahre, man verdient hier besser als mit der Landwirtschaft zu Hause«, sagte uns ein älterer Mann, der unser Auto wieder auf Spur brachte.

Der Grenzübergang bot die übliche trügerische Idylle postsowjetischer Grenzen. Die Grenzpolizisten und Zöllner regten sich kaum, die Abfertigung kam nicht vom Fleck, nur manchmal, wenn sie das Gefühl hatten, ein Reisender schaue besonders ängstlich aus, kam ein Leuchten in die Augen der Beamten. Zöllner leben von den Bestechungsgeldern, die selbst für Alltäglichkeiten fällig werden, sehr gut. Als Reisender mit deutschem Pass kommt man vergleichsweise problemlos zurecht. Meist reicht ein Gespräch über die neuesten Fußballergebnisse in der Bundesliga aus, um die Beamten zufrieden zu stimmen. Schweizer werden noch interessierter wahrgenommen, es passiert nicht oft, dass sich Eidgenossen als Individualreisende in die frühere Sowjetunion verirren.

Den armenischen Einreisestempel holten wir uns in einer Baracke, in der sich der Grenzpolizist mit einer ganzen Batterie von Stempeln umgeben hatte, die er in einer für uns nicht nachvollziehbaren Systematik und mit spürbarer Lust und Freude an seiner Arbeit auf eine Vielzahl von Formularen und schließlich in unsere Pässe drückte. Neben ihm ruhte sein Kollege auf einer Pritsche. Er hatte sich wegen der Hitze, es war der Sommer des Jahres 2010, seiner Uniformjacke entledigt und schnarchte und schwitzte im Schlaf. Er trug nur noch sein Unterhemd und die Uniformhose, von deren Gürtel die Pistolentasche lose herabbaumelte.

Land	Armenien
Hauptstadt	Jerewan mit ca. 1,5 Millionen Einwohnern
Größe	29 800 km²
Bevölkerung	3,2 Millionen Einwohner (nach offiziellen Angaben), davon 96 Prozent Armenier, ferner Russen, Kurden und Griechen
Landessprachen	Armenisch (Amtssprache), Russisch (immer noch gängige Verkehrssprache)
Religionen	Die Mehrheit der Bevölkerung gehört der armenisch-apostolischen Kirche an.
Währung	Armenischer Dram (1 EUR = ca. 500 AMD)
Datum der Unabhängigkeit	21.9.1991
Staats-/Regierungsform	Präsidialrepublik
Staatsoberhaupt	Präsident Sersch Sargsjan (Republikanische Partei)
Staatsoberhäupter seit Unabhängigkeit	11.11.1991 – 3.2.1998 Lewon Ter-Petrosjan 4.2.1998 – 9.4.2008 Robert Kotscharjan seit dem 9.4.2008 Sersch Sargsjan
Regierungschef	Premierminister Tigran Sargsjan
Regierungschefs seit Unabhängigkeit	25.9.1991 – 22.11.1991 Wasgen Manukjan 22.11.1991 – 30.7.1992 Gagik Harutjunjan 30.7.1992 – 2.2.1993 Khosrow Harutjunjan 2.2.1993 – 4.11.1996 Hrant Bagratjan 4.11.1996 – 2.3.1997 Armen Sargsjan 20.3.1997 – 10.4.1998 Robert Kotscharjan 10.4.1998 – 11.6.1999 Armen Darbinjan 11.6.1999 – 27.10.1999 Wasgen Sargsjan 3.11.1999 – 2.5.2000 Aram Sargsjan 2.5.2000 – 12.5.2000 Robert Kotscharjan 12.5.2000 – 25.3.2007 Andranik Markarjan 4.4.2007 – 9.4.2008 Sersch Sargsjan seit dem 9.4.2008 Tigran Sargsjan
Parlament	Eine Kammer: die Nationalversammlung (131 Sitze), ihre Abgeordneten werden alle fünf Jahre direkt gewählt
Regierungsparteien	Republikanische Partei (47 Sitze), Partei Blühendes Armenien (25 Sitze), Partei Rechtsstaat (7 Sitze)
Opposition	Partei Erbe (7 Sitze), Armenische Revolutionäre Föderation (13 Sitze), ferner 30 parteilose Abgeordnete

Mitgliedschaft in internationalen Organisationen (u. a.)	OSZE, UNO, Weltbank, IWF, UNIDO, UNESCO, GUS, WTO, NATO-Kooperationsrat, Schwarzmeer-Kooperationsrat, Europarat, Vertrag über Kollektive Sicherheit
Bruttoinlands-produkt	8,7 Mrd. US-Dollar (2009)

Der älteste christliche Staat der Erde

Auf der Fahrt in die armenische Hauptstadt Jerewan machen wir zunächst einen Stopp am Sewan-See. Mit seiner maximalen Ausdehnung von 78 Kilometern in der Länge und 54 Kilometern in der Breite ist er einer der größten Hochgebirgsseen der Welt. Von den Bergen des Kaukasus umgeben, liegt er auf einer Höhe von knapp 1900 Metern über dem Meeresspiegel. Heute kämpft man in Armenien um das Überleben des Sees. Klimawandel und Überfischung gefährden das Wasser. Dem See droht die Versumpfung. Es war Wochenende und viele Ausflügler aus Jerewan besuchten das Sewan-Kloster, das auf einer Halbinsel im See steht. Es wurde 874 gegründet. Eine der drei Klosterkirchen sprengten die Sowjets in die Luft. In den Jahren des Stalin'schen Terrors wurden insgesamt über 3000 armenische Kirchen geplündert oder zerstört. Etwa 10 000 Geistliche starben in Lagern.[23]

Viele der Ausflügler binden Tücher an Sträucher und Bäume in der Nähe der Kirchen, eine uralte Tradition. Die Wunschtücher sollen Kranken in der Familie helfen oder dafür sorgen, dass Ehen nicht kinderlos bleiben. In Armenien vertraut man noch auf Gottes Hilfe. Die Armenier sind stolz darauf, dass ihre Kirche im Jahre 301 – noch vor Rom – als erste christliche Staatskirche der Welt gegründet wurde. Genauso wie die georgische Kirche ist sie apostolisch, denn nach der Überlieferung soll den Armeniern und den Georgiern das Christentum von Aposteln gebracht worden sein.

Zwischen Vernichtung, Vertreibung und Perestroika

Armenien ist ein kleines Land, aber ein Land mit großer Geschichte und viel Kultur. Die armenische Sprache, deren erste schriftliche Zeugnisse aus dem 5. Jahrhundert stammen, hat im Wortschatz Verwandtschaft mit dem Griechischen. Armenien hat nur 3,2 Millionen Einwohner, doch heute sprechen weltweit

Kirche bei Jerewan

knapp sieben Millionen Menschen Armenisch.[24] Die große armenische Diaspora, die vor allem in Russland, den USA, Kanada und Frankreich lebt, hält an ihrer Sprachtradition fest. In der Geschichte befand sich Armenien stets an der Grenze großer östlicher und westlicher Reiche. Das prägte auch sein Schicksal. Die Armenier versuchten, zwischen Persern, Arabern, Mongolen und Türken auf der einen Seite und Griechen, Römern, Byzantinern und dem russischen Zarenreich auf der anderen Seite ihre Eigenständigkeit zu bewahren. Aber die Perioden der Unabhängigkeit waren meist nur von sehr kurzer Dauer. Immer wieder wurden die Armenier von Kriegen und Vertreibungen heimgesucht.

Bereits im Mittelalter gab es große Auswanderungswellen. Zwischen 1915 und 1917 kam es im Osmanischen Reich zu einem Völkermord. Bei Massakern und auf Todesmärschen starben Hunderttausende Armenier. Die Überlebenden wurden vollständig aus Ostanatolien vertrieben, wo sie über zweieinhalb Jahrtausende gelebt hatten. Im Zuge der Ereignisse gegen Ende des Ersten Weltkrieges, den Deutschland und die mit ihm verbündeten Mittelmächte, darunter das Osmanische Reich, verloren, wurde Armenien 1918 unabhängig, aber bereits 1920 Teil der Sowjetunion.

In den Perestroika-Jahren setzten sich armenische Dissidenten wie in anderen Sowjetrepubliken auch für demokratische Reformen ein, aber hier war der Reformgedanke stets auch mit einem starken nationalen Anspruch verbunden. 1988 reiste eine Gruppe armenischer Reformer nach Moskau, um während einer Sitzung des Präsidiums des Obersten Sowjets für eine Angliederung der Exklave Berg-Karabach an die Armenische Sowjetrepublik zu werben. Gorbatschow, im Gegensatz zu seinen Vorgängern an der Spitze der KPdSU eher ein Mann der leisen Töne, empörte sich über solch eine »Politische Paranoia« und bezeichnete dies als »höchste Stufe von Verantwortungslosigkeit«. Er verstehe nicht, »wie so etwas einem normalen Menschen in den Kopf kommen kann«, kanzelte er die Armenier ab.[25] Das oberste Staatsgremium der UdSSR entschied gegen den armenischen Antrag. Doch die Perestroika hatte den »Wind of Change« bereits in die Sowjetunion hineingelassen.

Postsowjetische Entwicklungen und Berg-Karabach

Im August 1990 wurde der armenische Literaturwissenschaftler Lewon Ter-Petrosjan zum Vorsitzenden der »Armenischen Allnationalen Bewegung« gewählt. Die Oppositionsbewegung kämpfte vor allem für die Angliederung Berg-Karabachs an Armenien. Für die Armenier war die Berg-Karabach-Frage eine bestimmende. Im August 1990 wurde Ter-Petrosjan zum Vorsitzenden des Obersten Sowjets Armeniens, also des Parlaments, gewählt und wie auch in anderen Sowjetrepubliken zu dieser Zeit entwickelte sich diese eher protokollarische Funktion zur entscheidenden politischen Schnittstelle. Am 21. September 1991 erklärte Armenien die Unabhängigkeit von der Sowjetunion. Ter-Petrosjan wurde in der Rolle des Parlamentschefs erstes Staatsoberhaupt des unabhängigen Armeniens. Ein Jahr später, im Oktober 1992, fanden Präsidentschaftswahlen statt, die der charismatische und damals populäre Lewon Ter-Petrosjan für sich entscheiden konnte.

Die armenische Innen- und Außenpolitik verschleißt sich seitdem an der Berg-Karabach-Frage.[26] Eine Lösung ist bis heute nicht in Sicht, für die armenische Regierung ist es schwer, eine Regelung zu akzeptieren, welche die de jure noch bestehende Zugehörigkeit der Exklave zu Aserbaidschan akzeptiert. Eine solche Regelung würden die Bevölkerung und die mächtige armenische Diaspora nicht verstehen. Vermittlungen, auch unter Ägide internationaler Organisationen, blieben bisher ergebnislos. Selbst der OSZE-Gipfel im Dezember 2010 in Astana, bei dem der Berg-Karabach-Konflikt ein Hauptthema sein sollte, brachte keine Ergebnisse. Armenien und Aserbaidschan stehen sich nach wie vor unnachgiebig gegenüber, dem jeweils anderen die Schuld an der Situation zuschiebend. In Berg-Karabach sind heute armenische Truppen stationiert. Das Gebiet ist von Armeniern bewohnt.

Im bewaffneten Konflikt Anfang der 1990er Jahre wurden die Aserbaidschaner, die in dem umstrittenen Gebiet gewohnt hatten, vertrieben, nachdem es immer wieder zu gegenseitigen Pogromen gekommen war. Sowohl Armenien als auch Aserbaidschan gründen ihren Anspruch auf die Region auf die wechselvolle Historie Berg-Karabachs. Über die Jahrhunderte hinweg haben hier abwechselnd armenische und aserbaidschanische bzw. andere muslimische Bevölkerungsgruppen gelebt und das Land mit ihren Kulturen geprägt. Es ist ein besonders schwieriger Konflikt, in dem es eigentlich kein Richtig und kein Falsch gibt.

Präsident Robert Kotscharjan und ein Blutbad im Parlament

Lewon Ter-Petrosjan musste 1998 wegen allzu großer Kompromissbereitschaft in der Karabach-Frage seinen Rücktritt erklären. Sein Nachfolger, Robert Kotscharjan, galt in dieser Angelegenheit als Hardliner. Er stammt selbst aus Berg-Karabach, war seit 1988 einer der Führer der Bewegung zur Abspaltung des Gebietes von Aserbaidschan. 1992 wurde er Regierungschef und 1994 Präsident der armenischen Exklave. Im März 1998 wählten ihn die Armenier in direkter Wahl mit knapp 60 Prozent der Wählerstimmen auf fünf Jahre zum Staatsoberhaupt.

Danach agierte Kotscharjan im Hinblick auf seine eigene Machtsicherung politisch geschickt, was sich vor allem nach dem Blutbad im armenischen Parlament vom 27. Oktober 1999 zeigte. Bewaffnete Männer überfielen die Nationalversammlung und erschossen Ministerpräsident Wasgen Sargsjan, Parlamentspräsident Karen Demirtschjan, einen Minister sowie fünf Abgeordnete. Sargsjan und Demirtschjan waren führende Köpfe im Regierungsbündnis »Einheit«. Ein Jahr zuvor noch hatte sich Karen Demirtschjan gemeinsam mit Kotscharjan um das Präsidentenamt beworben und war unterlegen. Die fünf Attentäter wurden verhaftet, die Hintergründe der Bluttat sind bis heute nicht eindeutig geklärt. Es soll sich um eine Verschwörung nationalistischer Gruppierungen gehandelt haben, die damit auf die schlechte Wirtschaftslage des Landes aufmerksam machen wollten, hieß es. Aber auch Präsident Kotscharjan wurde bezichtigt, indirekt mit dem Attentat etwas zu tun zu haben. Den nach dem Anschlag einsetzenden Machtkampf entschied Kotscharjan für sich. Er spaltete die Fraktion »Einheit« und schaffte es nach einem kurzen Zwischenspiel, eine Regierung zu bilden, die aus seinen Gefolgsleuten bestand.

Präsident Kotscharjan regierte bis 2008 nahezu unangefochten. Die Verfassung räumt einem armenischen Präsidenten ohnehin eine große Machtfülle ein. Die Stellung des Ministerpräsidenten und des Parlaments sind dagegen eher schwach. Als Papst Johannes Paul II. im Jahre 1999 anlässlich der Ausrufung des Christentums zur Staatsreligion vor 1700 Jahren Armenien besuchte, verstand es Kotscharjan geschickt, diesen Besuch als Erfolg seiner Politik zu verkaufen.

Armenien, die Türkei und ein Fußballspiel

2008 wurde Kotscharjans Ministerpräsident Sersch Sargsjan mit 52,9 Prozent der Stimmen zum neuen Präsidenten Armeniens gewählt. Er galt als Wunschnachfolger Kotscharjans. Einer seiner Gegenkandidaten war Lewon Ter-Petrosjan, der erste Präsident Armeniens. Ihm gelang es, 21 Prozent der Stimmen auf sich zu vereinigen. Nach der Wahl sprach er von Wahlfälschung. In Jerewan kam es zu blutigen Ausschreitungen, die von der armenischen Polizei beendet wurden.

Sargsjan war kaum im Amt, da kam es zu einer politischen Sensation. Gerade liefen die Qualifikationsspiele für die Fußballweltmeisterschaft. Das Schicksal wollte es, dass sich Armenien und die Türkei in einer Gruppe befanden und das Los entschied, dass Jerewan der Austragungsort des Qualifikationsspieles sein sollte. Die Beziehungen zwischen Armenien und der Türkei sind von jeher aufs Höchste angespannt. Armenien bezeichnet den Tod Hunderttausender Armenier bei deren Vertreibung aus Ostanatolien im Jahre 1915 als »Genozid«. Auch die UNO spricht von »Völkermord«. Die Türkei bestreitet, dass es sich um einen solchen handelt.[27]

Armenierinnen verkaufen frisch gebackenes Brot.

Anlässlich des Fußball-Ereignisses besuchte 2008 mit Abdullah Gül erstmals ein türkischer Präsident Armenien. Robert Kotscharjan, der ehemalige armenische Präsident, schien nun mit der Auswahl Sargsjans als seinem Nachfolger im Amt nicht mehr zufrieden zu sein. Kotscharjan hatte die Position vertreten, dass jegliche Verbesserung des armenisch-türkischen Verhältnisses zwingend mit der Anerkennung des Völkermordes von 1915–1917 durch die Türkei verbunden sein müsse. Nun schimpfte er: »Wenn ich noch Präsident wäre, würde ich es sicher nicht zulassen, dass Herr Gül nach Armenien kommt.«[28] Sargsjan nahm in Hinblick auf die Türkei eine kompromissbereitere Haltung ein als sein Vorgänger. Er ließ trotz geschlossener Grenzen sogar 250 türkische Fußballfans nach Armenien einreisen. Das WM-Qualifikationsspiel endete mit einem 2:0-Sieg für die Türkei, doch am Ende hatte auch Armenien gewonnen. 2009 schlossen Armenien und die Türkei, die sich offiziell im Kriegszustand befanden, einen Friedensvertrag und vereinbarten erstmals in ihrer Geschichte die Aufnahme diplomatischer Beziehungen.

Doch die zaghafte Annäherung ist brüchig. 2010 drohte der türkische Ministerpräsident Recep Erdoğan den rund 100 000 Armeniern, die nach seiner Auffassung illegal in der Türkei lebten und arbeiteten, mit der Ausweisung. Kurz vorher hatte das

US-Repräsentantenhaus die Ereignisse des Jahres 1915 als »Völkermord« eingestuft. Dies wirft die Entspannungsbemühungen deutlich zurück. Das Land ist geografisch hoffnungslos isoliert. Die Grenzen zur Türkei sind wegen des Völkermord-Vorwurfes geschlossen, die Grenzen nach Aserbaidschan sind wegen der Berg-Karabach-Frage geschlossen, und selbst nach Russland können die Armenier nur noch per Flugzeug gelangen, da aufgrund des russisch-georgischen Konfliktes[29] die Grenzen zwischen Russland und Georgien geschlossen sind.

Lizenz zum Gelddrucken

Auf unserer Fahrt nach Jerewan hielten wir auf der nördlichen Einfahrtsstraße am Denkmal der »Mutter Armeniens« an. Die sowjetische Statue erinnert an den Sieg im Zweiten Weltkrieg. Von hier aus hat man einen schönen Blick auf die armenische Hauptstadt. Im Hintergrund sieht man den Ararat, den 5137 hohen »Berg der Armenier«, der aber schon in der Türkei liegt. Hier soll nach der Sintflut die Arche Noah gestrandet sein. Jerewan hat reichlich eine Million Einwohner.

Uns empfängt Karen, der Rektor einer privaten Universität. Er arbeitet mit unserem russischen Freund Alexej aus Moskau zusammen, beide haben gemeinsam ein Modul für Fernstudienkurse entwickelt. In Armenien gibt es unzählige private Hochschulen und Universitäten. Wie in vielen postsowjetischen und osteuropäischen Ländern war es lange Zeit auch in Armenien relativ einfach, eine Institution zu eröffnen und diese »Universität« zu nennen. Wer einigermaßen geschäftstüchtig war, besaß mit solch einer Einrichtung eine Lizenz zum Gelddrucken.

Die Berufsausbildung war nach dem Untergang der Sowjetunion fast überall zusammengebrochen, die jungen Leute saßen entweder auf der Straße – oder sie studierten. Die wenigen Universitäten, die ihren guten Ruf noch aus Sowjetzeiten gerettet haben, sind hoffnungslos überlaufen. Es gibt bis heute in den früheren Sowjetrepubliken, mit Ausnahme des Baltikums, kein Abitur. Wer studieren möchte, muss nach dem elf Jahre dauernden Schulbesuch die Aufnahmeprüfung an einer Universität bestehen. Daraus hat sich eine ganze Industrie entwickelt. Professoren bieten spezielle Kurse dafür an, die Korruption im Bildungswesen ist extrem hoch. Da es vielen der Bewerber nicht gelingt, die Zulassung für eine staatliche Universität zu bekommen, bieten sich die privaten Institute an. Für Geld bekommt man dort fast jedes Diplom und der Zulauf ist enorm. Karen, der in sowjetischer Zeit Professor für Literaturwissenschaft war, beklagt den Verlust an wissenschaftlicher Qualität nach dem Untergang der Sowjetunion. »Natürlich ging es damals darum, alles mit dem Marxismus-Leninismus in Verbindung zu bringen. Aber wir wussten das und wir wussten, wie man den Schein wahrt. Ein paar Lenin- und Breschnew-Zitate und du konntest publizieren, was du wolltest«, sagt er. »Heute ist die Wissenschaftslandschaft nicht nur bei uns in Armenien, sondern in der ganzen früheren Sowjetunion kaputtgegangen.« Karens Privatuniversität bildet Werbefachleute aus. Die Studiengebühren betragen knapp 1500 Dollar im Jahr. Derzeit studieren pro Jahrgang ca. 500 Studenten. Sein Klagen über die verlorengegangene Qualität der sowjetischen Wissenschaft wird verständlich, wenn man seine »Universität« besucht. Der »Lehrkörper« besteht aus drei Angestellten. Der Lehrbetrieb findet in den Räumen eines ehemaligen Kindergartens statt. Schlecht bezahlte Honorarkräfte bilden dort die jungen Leute aus. Die Präsenz der Studenten ist allerdings gering. Sie haben ihre Gebühren bezahlt, das genügt als Garantie, dass sie ein Diplom erhalten werden. Sehr wissenschaftlich geht es dort nicht zu, aber der Gewinn ist enorm. Mit dem Fernstudienangebot, das Karen vorbereitet, will er nun noch weiter expandieren. Er gehört damit zu den Gewinnern des Unterganges der Sowjetunion, auch wenn er diesen noch so sehr bedauert. Seine »Universität« hat ihn zum Dollar-Millionär werden lassen.

Die armenische Diaspora und die Wirtschaft

In Russland, wo mittlerweile die größte armenische Diaspora lebt, dominieren die Armenier heute den Bankensektor. Doch im eigenen Land ist die wirtschaftliche Lage schlecht. Innerhalb der sowjetischen Arbeitsteilung war Armenien Standort von Rüstungsbetrieben, Maschinenbau, chemischer Industrie sowie Aluminiumhütten. Heute fehlen Absatzmärkte für armenische Produkte, die Industrieproduktion liegt am Boden. Ein langfristiger Aufschwung ist nur über den Export denkbar, dieser wiederum setzt die Öffnung der Grenzen sowie substanzielle Investitionen und eine technologische Modernisierung der Betriebe voraus. Beides ist derzeit nicht zu erwarten.

Die wirtschaftlichen Probleme blieben nicht ohne Auswirkungen. Die meisten Wissenschaftler haben längst das Land verlassen. Aufgrund knapper Budgets fehlen Mittel für Gebäudereparaturen, einfachstes technisches Gerät, Heizung sowie Lehr- und Lernmittel.

Eine konsistente Wirtschaftspolitik ist in Armenien nicht erkennbar, obwohl in den neunziger Jahren einige tiefgreifende Wirtschaftsreformen durchgeführt wurden, die unter anderem die Inflation erheblich eindämmen konnten. Eine Weiterentwicklung dieser Reformen wäre notwendig. Gesetze, die für die Unterstützung kleiner und mittlerer Unternehmen wichtig wären, wurden jedoch nur schleppend verabschiedet. Einheimische Firmen und ausländische Investoren leiden an institutioneller Korruption und Schikanen unzähliger Kontroll- und Aufsichtsbehörden.

Darüber hinaus besitzt Armenien keine nennenswerten Energiequellen. Mindestens bis ins Jahr 2016 soll deshalb eines der größten Sicherheitsrisiken im Südkaukasus, das armenische Kernkraftwerk Mezamor, in Betrieb bleiben, das nur 30 Kilometer von Jerewan entfernt steht. Das Kraftwerk wird seit 1980 betrieben, es gab bereits mehrere Störfälle. Armenien ist zudem ein stark erdbebengefährdetes Gebiet. Die letzten schweren Beben, 1988 und 1997, forderten 25 000 bzw. 1100 Menschenleben. Nur mit russischer Unterstützung konnte das Land wieder aufgebaut werden.

Im Jahr 1999 lebten knapp 55 Prozent der Bevölkerung Armeniens unterhalb der Armutsgrenze.[30] 2009 war es immer noch über ein Viertel der Einwohner.[31] Armenien ist ein armes Land. Allerdings geben diese offiziellen Zahlen der Weltbank nur die halbe Wahrheit wieder. Wie überall in der ehemaligen UdSSR boomt auch in Armenien die Schattenwirtschaft, die von keiner offiziellen Statistik erfasst wird. Außerdem ist die finanzielle Unterstützung der armenischen Diaspora ein wichtiger Faktor für das Land. Die Transferzahlungen von Verwandten aus dem Ausland erhöhen das Einkommen sehr vieler Haushalte.

Seit der Unabhängigkeit haben über eine Million Armenier ihr Land verlassen. Zurück blieben alte Menschen, Kinder, Frauen und zerrüttete Familien. Die Armutskrankheit Tuberkulose greift um sich. Ohne die Unterstützung der Auslandsarmenier und ohne Russland wäre das Land kaum überlebensfähig.

Mittelasien: Die »Stan-Länder«

Zu Beginn der 1990er Jahre waren die einstigen mittelasiatischen Sowjetrepubliken Kasachstan, Kirgistan, Usbekistan, Tadschikistan und Turkmenistan für den Westen »Terra incognita«. Von Hauptstädten wie Alma-Ata, Bischkek, Taschkent, Duschanbe und Aschgabat hatten viele noch nie gehört. Ostdeutschen war die Region nicht ganz so fremd. Das staatliche Reisebüro der DDR hatte einst Reisen an die Seidenstraße verkauft. Buchara, Chiwa und Samarkand, drei historische Städte im heutigen Usbekistan, waren dabei die beliebtesten Ziele, aber die Reisegruppen machten auch einen Stopp in Taschkent, Duschanbe oder Alma-Ata.

Heute sind die fünf mittelasiatischen Staaten für viele Europäer zumeist unbekannte Länder geblieben. Für Diplomaten beispielsweise stehen sie ganz unten auf der Wunschliste, wenn es um neue Einsatzorte geht. Sie bezeichnen sie nach der Endsilbe der Ländernamen abschätzig als »Stan-Länder«. »Stan-Länder« gelten als wild, unwirtlich und unzivilisiert. Die Nachbarschaft zu Pakistan und Afghanistan trägt ein Weiteres dazu bei, dass man die einstigen Sowjetrepubliken in Mittelasien eher mit Terror und unruhigem Leben als mit Seidenstraße und Kultur in Verbindung bringt. Das Bild ändert sich erst, wenn man sie besucht.

Für Mittelasien wird oft auch das Wort Zentralasien verwendet. Im Westen wurde diese Bezeichnung nach dem Zusammenbruch der UdSSR gebräuchlich. Eine verbindliche Konvention darüber, wie die Region zu bezeichnen ist, gibt es aber bis heute nicht.

In den mittelasiatischen Republiken leben mehr als 63 Millionen Menschen mit über 100 ethnischen Zugehörigkeiten. Vor Gründung der UdSSR existierten diese Staaten nicht. Mittelasien war in sogenannte Khanate, aus Clans bzw. Stämmen bestehende Staatsgebilde, aufgeteilt, die zum Großraum Turkestan gehörten. Bei der Aufgliederung der Region in fünf Sowjetrepubliken wurden die einstigen Khanatsgrenzen bewusst unberücksichtigt gelassen und die Völkerschaften vermischt. Ziel war es, eine neue sowjetische Identität zu schaffen und alte Bindungen abzustreifen. (Ähnlich wurde dann ja auch unter sowjetischem Einfluss in der DDR verfahren: An die Stelle der fünf Länder mit ihren regionalen Eigenheiten traten 15 neugeschaffene Bezirke nach rein administrativen Kriterien.) Regionale Spannungen, die dies zur Folge hatte, nahm man billigend in Kauf, war die Region doch dann mit sich beschäftigt und begehrte nicht gegen die Zentralmacht in Moskau auf, die eher die Funktion des Schlichters bekam. Manche der nach wie vor bestehenden ethnischen Konflikte liegen in Mittelasien wie auch im Kaukasus unter anderem in dieser Nationalitätenpolitik Stalins begründet, die seine Nachfolger fortsetzten.

Clanstrukturen und Spuren der Sowjetherrschaft prägen zusammen mit neuen marktkapitalistischen Bedingungen das heutige Bild der Region. Die Menschen sind patriotisch, Traditionen spielen im alltäglichen Leben eine große Rolle. Die Bevölkerungen Mittelasiens glauben an starke Führer und Autoritäten, Sippen- und Claninteressen herrschen vor. Die traditionell geprägten Wertvorstellungen sind uns, die wir aus dem Westen kommen, viel fremder als die in Russland. Aber in den Jahren der Unabhängigkeit haben sich parallel zu den erhalten gebliebenen, manchmal fast feudal anmutenden Strukturen auch Entwicklungen vollzogen, die einen staunen lassen. Wie aus dem Nichts hat Kasachstan beispielsweise eine neue Hauptstadt, Astana, aus dem Boden gestampft, in der sich weltbekannte Architekten einen Wettbewerb der Sonderklasse liefern.

In der mittelasiatischen Region sind die Regierungssysteme autoritärer geprägt als in den übrigen postsowjetischen Staaten. In der Auseinandersetzung mit dem fundamentalistischen Islam, der, aus Pakistan und Afghanistan kommend, die Grenzen nach Norden schon längst überschritten hat, sind die mittelasiatischen Republiken so etwas wie die »letzte Bastion« für Russland und Europa.

Große Probleme haben die früheren mittelasiatischen Sowjetrepubliken bei der regionalen Zusammenarbeit. Fehden zwischen den heutigen Präsidenten bestimmen die Politik stärker als Kooperationsbemühungen. Dabei wäre in solch lebenswichtigen Handlungsbereichen wie der Regelung der Wasserverteilung oder der Bekämpfung des Drogenhandels eine Zusammenarbeit dringend geboten. In einer funktionierenden regionalen Kooperation lägen für die Region große Chancen. Durch gemeinsames Handeln könnten die Staaten die politischen und ökonomischen Voraussetzungen für eine spätere Weltmarktöffnung schaffen. Zwar sind sie Mitglieder in verschiedenen Integrationsgemeinschaften (Gemeinschaft Unabhängiger Staaten, Eurasische Wirtschaftsgemeinschaft, Schanghaier Organisation für Zusammenarbeit u. a.),[1] doch eine Politik, die zu einer funktionierenden regionalen Integration führt, ist bisher nicht in Sicht. Nach wie vor herrschen Misstrauen und Egoismus vor.

Die Sowjetunion hat nach Mittelasien auf dem Gebiet des Bildungs- und des Gesundheitswesens einen enormen Fortschritt gebracht. Viele mittelasiatische Völker wurden erst unter der Sowjetherrschaft umfassend alphabetisiert. Die Infrastruktur, die man heute in Mittelasien vorfindet, geht auf Straßenbau- und Elektrifizierungsprojekte der Sowjetjahre zurück. Inzwischen gibt es in Mittelasien kaum noch Dörfer ohne Stromversorgung.

Als die Sowjets 1917 die Macht übernahmen, war Kasachstan ein reines Agrarland, in dem Nomaden lebten und überwiegend Viehzucht betrieben wurde. Zu sowjetischen Zeiten wurde die Erdölförderung aufgenommen, die ersten Steinkohletagebaue entstanden, es entwickelte sich eine erdölverarbeitende Industrie. Heute schaut man aus Mittelasien oft gen Süden, nach Afghanistan. Auch wenn es kein offizieller Vertreter der 1991 unabhängig gewordenen fünf Republiken offen aussprechen wird, weiß man genau, dass ohne die Herrschaft der Sowjets heute möglicherweise ähnliche feudale Strukturen in Mittelasien existieren würden, wie es sie in Afghanistan gibt.

Erhalten hat sich aus sowjetischen Zeiten eine besondere Art, Politik zu betreiben. Es überwiegt eine Art deklaratorischer Politik, die Demokratie predigt, andererseits jedoch Pluralismus verhindert und Personenkult fördert. In Kasachstan ist 20 Jahre nach dem Untergang der UdSSR nach wie vor nur eine Partei im Parlament vertreten. Es ist nicht mehr die Kommunistische Partei, die neue kasachische Staatspartei heißt »Nur Otan« – »Licht des Vaterlandes«.

Kasachstan

Schwerer Aufbruch in die Unabhängigkeit

Als wir Mitte der 1990er Jahre Kasachstan besuchten, kämpfte einer von uns mit einem vereiterten Weisheitszahn, der schließlich in Alma-Ata, das schon den kasachischen Namen Almaty trug, gezogen wurde. Im Sprechzimmer des Zahnarztes stand ein Behandlungsstuhl aus den 1960er Jahren. Sergej Sergejewitsch war ein Arzt alter, sowjetischer Schule. Er machte nur wenige Worte. Nach der Betäubung setzte er ein Instrument an, das einem Korkenzieher für Weinflaschen ähnelte, und nach einigen Minuten hatte er den Zahn herausgedreht. Sergej arbeitet heute nach wie vor in Kasachstan. »Die Konkurrenz«, sagt er, »ist mittlerweile größer geworden. An jeder Ecke gibt es jemanden, der sich Zahnarzt nennt. Die russischen Kollegen von einst haben das Land aber seit langem verlassen, da es in Russland mehr zu verdienen gibt.« Seinen kasachischen Kollegen vertraut er nicht. »Die kaufen heute doch alle ihre Diplome«, meint er.

Die Auflösung der Sowjetunion und der Wegfall der sozialistischen Versorgungssysteme bescherten den Staaten Mittelasiens große Probleme. Qualifizierte Fachkräfte wanderten nach Russland ab. Obwohl es heute in Kasachstan jährlich doppelt so viele Hochschulabsolventen gibt wie zur Zeit der Sowjetunion, ist das Bildungsniveau zurückgegangen. Der Befund für das Gesundheitswesen ist nicht besser. Auch die Industrieproduktion brach zusammen, das zentralistische Planwirtschaftssystem Moskaus mit seinen Großbetrieben hinterließ zumeist nur Industrieruinen.

Kasachstan wurde am 16. Dezember 1991 unabhängig. Zu diesem Zeitpunkt hatten sich alle anderen früheren Sowjetrepubliken bereits von der UdSSR losgesagt. Der kasachischen Unabhängigkeit gingen keine vergleichbaren Reformbestrebungen wie im europäischen Teil der Sowjetunion voraus. Der Vorsitzende des Obersten Sowjets der Kasachischen Sozialistischen Sowjetrepublik, Nursultan Nasarbajew, unterschrieb am 21. Dezember 1991 in Alma-Ata zusammen mit den Führern der anderen ehemaligen Teilrepubliken der Sowjetunion die Gründungsurkunde der GUS. In der Sowjetära war Nasarbajew

Land	Kasachstan
Hauptstadt	Astana mit ca. 700 000 Einwohnern
Größe	2 724 900 km²
Bevölkerung	16,2 Millionen Menschen, davon 10,4 Millionen (63,9 Prozent) Kasachen, 4,1 Millionen (23,7 Prozent) Russen, Ukrainer und Weißrussen sowie 1,64 Millionen (11,2 Prozent) andere Nationalitäten (Usbeken, Deutsche, Uiguren, Tataren, Tschetschenen, Aserbaischaner, Armeniern, Kirgisen, Griechen, Koreaner, Türken u. a.)
Landessprachen	Kasachisch ist Staatssprache, Russisch ist Verkehrs- und offizielle Amtssprache in staatlichen Organisationen und Organen der örtlichen Selbstverwaltung
Religionen	Mehrheitlich sunnitischer Islam (Hanafiten), daneben russisch-orthodoxe, katholische und evangelische Christen und Juden
Währung	Kasachischer Tenge (1 EUR = ca. 204 KZT)
Datum der Unabhängigkeit	16. 12. 1991
Staats-/Regierungsform	Präsidialrepublik, Parlament hat nur eingeschränkte Kompetenzen
Staatsoberhaupt	Präsident Nursultan Nasarbajew
Staatsoberhäupter seit Unabhängigkeit	seit dem 24. 4. 1990 Nursultan Nasarbajew
Regierungschef	Premierminister Karim Massimow
Regierungschefs seit Unabhängigkeit	14. 10. 1991 – 12. 10. 1994 Sergej Tereschtschenko 12. 10. 1994 – 10. 10. 1997 Akeschan Kaschegeldin 10. 10. 1997 – 1. 10. 1999 Nurlan Balgimbajew 1. 10. 1999 – 28. 1. 2002 Kasimschomart Tokajew 28. 1. 2002 – 13. 6. 2003 Imangali Tasmagambetow 13. 6. 2003 – 10. 1. 2007 Danijal Achmetow seit dem 10. 1. 2007 Karim Massimow
Parlament	Zweikammerparlament: Senat (Oberhaus) und Maschilis (Unterhaus)
Regierungsparteien	Partei Nur Otan (Vaterland); eng verbunden mit dem Staatsapparat
Opposition	(nicht im Parlament vertreten): Partei Ak Schol (regierungsfreundlich), Nationale Sozialdemokratische Partei Asat, Kommunistische Partei, Partei Adilet (regierungsfreundlich), Sozialdemokratische Partei Aul,

	Kommunistische Volkspartei, Patriotenpartei Kasachstans, Partei Ruchanijat, Partei Tabigat (Umweltbewegung)
Mitgliedschaft in internationalen Organisationen (u. a.)	OSZE, UNO, IWF, Weltbank, Asiatische Entwicklungsbank, GUS, Internationale Organisation für Migration, UNDP, Shanghaier Organisation für Zusammenarbeit
Bruttoinlandsprodukt	115,3 Mrd. US-Dollar (2009)

Vorsitzender der Kommunistischen Partei der Kasachischen Sowjetrepublik sowie Vorsitzender des kasachischen Ministerrates gewesen.

Die Kasachen kennen bis heute kein anderes Staatsoberhaupt. Der kommunistische Karrierepolitiker Nasarbajew verstand es, nach 1991 alle Macht auf sich zu vereinen. Seitdem regiert er das Land autoritär. Zunächst betrugen die Amtszeiten fünf Jahre, später dann sieben Jahre. Das Parlament spielt in Kasachstan nur eine Scheinrolle. Nursultan Nasarbajew ist zugleich aber auch Vorsitzender der einzigen dort vertretenen Partei »Licht des Vaterlandes«. Seit 2010 darf sich der Präsident zudem mit dem Titel »Führer der Nation« schmücken.

Zu Beginn des Jahres 2011 initiierte das kasachische Parlament eine Verfassungsänderung. Da es ohnehin keine Alternative zu Nasarbajew gebe, so die Begründung, sollte die Amtszeit des zu diesem Zeitpunkt 70-jährigen Präsidenten ohne Wahlen bis 2020 verlängert werden. Die Mehrheit beider Parlamentskammern stimmte dafür, die nächsten beiden Präsidentschaftswahlen ausfallen zu lassen. Stattdessen solle das Volk durch das Referendum die Amtszeit einmalig verlängern. Nach heftiger internationaler Kritik wurde dieser Plan aber schließlich fallengelassen, und es wurden wieder Präsidentschaftswahlen angesetzt.

Die neue Hauptstadt zwischen Disneyland, Dubai und »Germania«

Die Flugzeit zwischen den beiden wichtigsten Städten Kasachstans, Almaty und Astana, beträgt 90 Minuten. Astana hat 1997 Almaty als kasachische Hauptstadt abgelöst, aber erst seit ein paar Jahren nimmt es wirklich alle Hauptstadtfunktionen wahr.

Der neue Präsidentenpalast in Astana

Der Präsident hatte das staatliche Zentrum aus Almaty in das klimatisch unwirtliche ehemalige Zelinograd verlegen lassen, weil in dieser nördlichen Gegend fast nur Russen lebten. Der Gefahr einer separaten Entwicklung der Region sollte von vornherein begegnet und ein Ausgleich zwischen den verschiedenen Landesteilen geschaffen werden. Alle Regierungsbeamten mussten nach Astana umziehen, die wichtigsten Wirtschaftsunternehmen haben heute ihren Sitz genauso in Astana wie die Botschaften der ausländischen Staaten. Fast alle, die die Beschaulichkeit, das funktionierende kulturelle Leben und die Infrastruktur des von Bergen umgebenen Almaty mit dem Leben in Astana eintauschen mussten, jammern. Die Sommer in Astana sind heiß und staubig und gehen abrupt in extrem frostige Winter über. Es kann zwischen Sommer und Winter Temperaturunterschiede von über 80 Grad geben. Dazu pfeift meist ein unwirtlicher Steppenwind durch die Stadt.

Da aber vor allem junge Leute, die ihre Karriere noch vor sich haben, dem Ruf in die neue Hauptstadt gefolgt sind, herrscht in Astana dennoch Aufbruchstimmung. Junge Manager in Maßanzügen bestimmen das Straßenbild. Nur weniges vermittelt den Eindruck, in der ehemaligen Sowjetunion zu sein. Mehrmals am Tag starten und landen die Flugzeuge, meist sind sie bis auf den

Im neuen Zentrum von Astana

letzten Platz ausgebucht. Regierungsbeamte und Wirtschafts-
manager, die am kasachischen Öl gut verdienen, pendeln regelmäßig zwischen den beiden Städten hin und her.

Die kasachische Steppe, die man überfliegt, scheint endlos zu
sein. Plötzlich taucht, wie eine Fata Morgana, Astana auf. Zur
Sowjetzeit hieß die Stadt Zelinograd. »Zelina« bedeutet auf
Russisch »Neuland«. Mitten in der Steppe entstand unter Stalin
eine triste sowjetische Siedlung. Heute erinnern nur noch wenige
russische Plattenbauten an diese Vergangenheit. Kasachstan
boomt.

Astana ist sichtbarer Ausdruck des wirtschaftlichen Aufschwungs, der dem Land im vergangenen Jahr einen beneidens-
werten Anstieg des Bruttoinlandsproduktes von über zehn Prozent bescherte. Zugpferd dieses Aufschwungs war insbesondere
die Öl- und Gasproduktion. Nasarbajew will, dass seine neue
Hauptstadt wie keine zweite Stadt für das neue Kasachstan
steht. Präsidialamt, Ministerien, Parlament – alles wurde neu
gebaut, und es wurde an nichts gespart. Die Architektur ist an-
spruchsvoll, Architekten von Weltruf, darunter der Brite Nor-
man Foster, der US-Amerikaner Frank Gehry und die Japaner
Tsubokura Takashi und Kisho Kurokawa, lebten ihre architek-
tonischen Fantasien aus. Es entstand ein gigantischer Stilmix,
durch den Astana wie eine futuristische Mischung aus Disney-
land, Dubai und Albert Speers Traum von der »Welthauptstadt

Germania« anmutet. Der neue, riesengroße Präsidentenpalast ist klassizistisch angehaucht, man findet vergoldete Bürotürme neben hohen Minaretten, es gibt eine Pyramide, Gebäude in stalinistischer Zuckerbäckerarchitektur, ein Hochhaus in Form eines Zigarettenanzünders und einen Zirkus in Form eines riesigen Ufos. Wahrzeichen der Stadt ist der von Foster entworfene Baitarek-Turm, auf dessen Aussichtsplattform sich – sozusagen als Höhepunkt – ein Handabdruck des »Führers der Nation« befindet. Über die Kosten für den Aufbau der neuen Hauptstadt gibt es keine genauen Zahlen, dennoch dürfte das neue Astana ein Milliardengeschäft für Nasarbajews Familie sein, die die Bauindustrie kontrolliert.[2]

Von dem kasachischen Wirtschaftsaufschwung profitieren aber bei Weitem nicht alle Bewohner Kasachstans. Nirgendwo ist das deutlicher zu sehen als an den Ausfallstraßen der alten Hauptstadt Almaty. Dort stehen die Tagelöhner zu Hunderten. Sie finden sich in Gruppen zusammen: Maurer, Zimmerer, Elektriker, Leute für alles. Die reicheren Kasachen fahren mit den Autos langsam die Straße entlang und fragen nach den Preisen. Man kann sie mieten. Ein moderner Sklavenmarkt!

Kasachische Wahlen

Am Wahltag, im April 2011, hielten wir uns in Astana auf. Im Außenministerium, einem neuen Prachtbau, hatten wir den Eindruck, im Ministerium einer Welthauptstadt zu sein. Für ein Land mit 16 Millionen Einwohnern wirkt der Palast etwas überdimensioniert. Doch die Kasachen haben, wie alle Mittelasiaten, einen anderen Maßstab für solche Dinge. Prunk und Pracht gelten als Ausdruck von Stärke. Äußerlichkeiten sind wichtig, da kommt es nicht so darauf an, wenn die Spülung in der Ministeriumstoilette nicht funktioniert. Ein ähnlicher Eindruck im Parlament: Goldene Türme, wohin man auch schaut. Doch der Polizist, der Einlass auf das Gelände gewährt, hatte alte Zeitungen an die Fenster seines Wachhäuschens geklebt, um sich vor der Sonne zu schützen.

»Wir stimmen für den Führer!«: Überall im Lande blickte der 71-jährige Nasarbajew von Großplakaten faltenfrei und gütig auf sein Volk. Die Medien verbreiteten parallel dazu gute Stimmung. Im Vorfeld der Wahl berichtete die kasachische Presse, dass bei einer weltweiten Umfrage festgestellt worden sei, dass die Weltbevölkerung die Kasachen für »die schönsten Menschen auf dem Planeten«[3] hielte. So viel Schönheit macht selbstbewusst! Der Ausgang der Wahl war eindeutig: Der »Führer der Nation« wurde mit 95,5 Prozent als Präsident im Amt bestätigt. Drei Gegenkandidaten teilten sich die restlichen 4,5 Prozent, wobei einer davon freimütig angab, nicht für sich selbst, sondern für Nasarbajew gestimmt zu haben, da dieser am besten für das Amt des Präsidenten geeignet sei.

Im zentralen Parteibüro von »Nur Otan«, eine Art Stadt in der Stadt, war man sich des Wahlausganges sicher. Ein Parteifunktionär berichtete, dass Nasarbajew sogar darauf verzichtet habe, sich persönlich am Wahlkampf zu beteiligen. Er ist auch so allgegenwärtig. Sein Konterfei hängt überall, sein Clan bestimmt die wirtschaftliche Entwicklung, und er sorgt für den Ausgleich zwischen den drei kasachischen Stammesverbänden sowie dafür, dass keine Konkurrenz seine eigene Macht gefährdet. Opposition duldet er ganz im alten marxistisch-leninistischen Sinne nur dort, wo die »Machtfrage« nicht berührt wird.

Doch Nasarbajew hätte die letzte Wahl wohl auch unter demokratischen Bedingungen gewonnen. In der Bevölkerung ist er beliebt, denn die recht liberale Wirtschaftspolitik, die er seit einigen Jahren verfolgt, machte sein Land trotz der weitverbreiteten Korruption zum Spitzenreiter der ökonomischen Entwicklung in Mittelasien. In Kasachstan kursiert der Begriff »Tigerstaat«.

»Multivektorale« Außenpolitik

Die kasachische Außenpolitik bezeichnet sich offiziell als »multivektoral«. Nach 1991 versuchte – mit US-amerikanischer Unterstützung – zunächst die Türkei, politischen Einfluss in den gerade unabhängig gewordenen Ländern Kasachstan, Usbekistan, Kirgistan und Turkmenistan zu gewinnen, denn dort werden neben dem Russischen Turksprachen gesprochen. Tadschikistan, die fünfte mittelasiatische Republik, gehört zur iranischen Sprachfamilie. Die Türken mühten sich redlich, den ehemaligen vier Sowjetrepubliken sowie dem südkaukasischen Aserbaidschan, das gleichfalls turksprachig ist, die Zugehörigkeit zu einer großtürkischen Gemeinschaft schmackhaft zu machen. Zunächst schien es so, als könne es gelingen. Doch bald begannen die alten, neuen Machthaber in Mittelasien und im

Südkaukasus, die süßen Früchte der Unabhängigkeit selbst zu genießen. Den mächtigen Clans in Mittelasien, und vor allem in Kasachstan, eröffneten sich beim Verkauf von Rohstoffen und Energieressourcen früher nicht gekannte Möglichkeiten, Milliarden zu verdienen. Ein neues »Bruderland« brauchte man dazu nicht. Schon Mitte der neunziger Jahre war vom politischen Einfluss der Türkei in Mittelasien nur noch wenig zu spüren. Ökonomisch aber blieb die Türkei »im Geschäft«. Eine ähnliche Mentalität half türkischen Firmen (darunter auch viele Deutschtürken), auf dem kasachischen, aber auch auf dem usbekischen, kirgisischen, aserbaidschanischen und turkmenischen Markt Fuß zu fassen.

Daneben ist China an Einfluss in Mittelasien und vor allem im rohstoffreichen Kasachstan interessiert. Die Chinesen sind öl- und gashungrig. Die Geschäfte laufen gut. Seit 2005 führt eine erste Ölpipeline von Kasachstan nach China. Chinesische Waren haben allerdings in Kasachstan einen schlechten Ruf. Zwar überschwemmen sie die Märkte, und die Leute kaufen sie, weil sie im Vergleich zu europäischen Produkten billig sind. Aber wir haben niemanden getroffen, der mit Stolz erzählt hätte, dass er gerade einen Fernseher, einen Kühlschrank oder einen Computer aus China erworben habe. Die Chinesen überleben auf dem Markt dank der Masse, der billigen Preise und der Tatsache, dass die eigene kasachische Wirtschaft ihren Produkten wenig entgegenzusetzen hat. Die Chinesen verwirren ihre Abnehmerländer zudem nicht mit Forderungen nach Demokratie oder Menschenrechten. Sie sind unkomplizierte Kunden.

Der wichtigste Partner für Kasachstan ist jedoch Russland. Während der sowjetischen Periode diente Kasachstan dem Kreml als Rohstofflieferant, als Testgelände für Atomwaffen und als Verbannungsort. An sonstiger Infrastruktur wurde gespart. Deshalb hängen die nördlichen und nordöstlichen Gebiete Kasachstans trotz großer, eigener Ressourcen am Kaspischen Meer vollständig von der Belieferung mit russischem Gas ab. Das Handelsvolumen beider Staaten betrug 2010 15,3 Milliarden US-Dollar, die handelspolitische Verflechtung ist groß.[4] Beide Länder haben mit 7500 Kilometern die längste gemeinsame Grenze in der Welt. In Russland leben ca. eine Million Kasachen, in Kasachstan leben über vier Millionen Russen.[5] Eine Visapflicht besteht nicht, seit 2010 gibt es eine Zollunion, und es ist nicht ausgeschlossen, dass sich Russland und Kasachstan in Zukunft auch zu einer Währungsunion entschließen. Für Russland ist Kasachstan noch aus einem weiteren Grund von großer Bedeutung. Ähnlich wie in der Ukraine, wo die Russen mit Sewastopol einen strategischen Militärstützpunkt besitzen, unterhalten sie in Kasachstan das Kosmodrom Baikonur, von dem aus seit einem halben Jahrhundert alle sowjetischen bzw. russischen Weltraummissionen starten. Kasachstan hat den im Süden des Landes gelegenen Weltraumbahnhof bis zunächst 2050 an Russland verpachtet.

Die Europäische Union will in Mittelasien ihre eigene Rolle spielen. Sie verfügt seit 2007 über eine sogenannte Zentralasienstrategie. Doch einer der kasachischen Vizeaußenminister klagte uns gegenüber 2011: »Außer der Strategie ist noch nicht viel passiert. Bislang hat sich kein einziger EU-Kommissar nach Kasachstan verirrt.« Eine europäische Außenpolitik für die Region ist nicht erkennbar. Einzelne europäische Staaten haben ihre nationalen wirtschaftlichen Interessen, aber ansonsten glauben die Kasachen, dass sie in Russland den verlässlicheren Partner haben.

Anders als in den anderen mittelasiatischen Republiken gibt es in Kasachstan sogar noch einige Russen, die hohe politische Ämter bekleiden. Allerdings nimmt der Druck der »Kasachisierung« zu. Einen Job im kasachischen öffentlichen Dienst bekommt man heute nur noch nach bestandener Sprachprüfung. Das ist ein Problem – nicht nur für Russen, sondern für viele Kasachen selbst. Die meisten von ihnen sind russischsprachig aufgewachsen, nur im Süden Kasachstans ist Kasachisch im Alltag verbreitet.

»Borat«

Wenn wir zu Hause danach fragen, was Freunde oder Bekannte über Kasachstan wissen, dann bekommen wir meist zwei Antworten: »Das gehört doch zu Russland, oder?« und »Ist das nicht das Land, aus dem Borat kommt?« – »Borat« heißt ein im Jahre 2006 in die Kinos gekommener amerikanischer Film, in dem Schauspieler Sacha Baron Cohen in der Rolle eines kasachischen Journalisten nach Amerika reist und das Bild antisemitischer, homophober, sexistischer, rassistischer oder »einfach dämlicher Kasachen« in die Welt trägt.[6] Das »Borat«-Image hängt den Kasachen seitdem an. Die Komödie sorgte für handfeste Verwerfungen zwischen Kasachstan und den USA. Dabei ist der Film nicht einmal in Kasachstan entstanden, sondern er wurde in einem Zigeunerdorf in Rumänien gedreht.

Richtig bekannt wurde der Film, als der amerikanische Staranwalt Ed Fagan die »Borat«-Produktionsfirma »20th Century Fox« auf 30 Mio. Dollar Schadenersatz verklagte. Einem Schweizer Magazin lag die Klageschrift vor: »Im Borat-Film sind die kasachischen Dorfbewohner Pferde-Urin-Trinker und Sex-Maniacs. Gefilmt wurde aber im rumänischen Dorf Glod, einer armen Roma-Siedlung. Die 1700 Einwohner fühlen sich betrogen. Das Filmteam habe ihnen erzählt, man drehe eine Doku über die Armut in Rumänien!« Die Klage hielt weiter fest: »Das Projekt wollte die Bewohner als Vergewaltiger, Abtreiber, Prostituierte, Diebe, Rassisten, Fanatiker, Dummköpfe und Flegel darstellen.«[7] Die Klage blieb am Ende erfolglos. In Kasachstan gelangte der Film nie in die Kinos.

Spätestens seit »Borat« versucht Kasachstan zu zeigen, dass es ein Land ist, das seine Verantwortung in der Welt wahrnimmt. Im Jahre 2010, nahezu 20 Jahre nach dem Zusammenbruch der Sowjetunion, war Kasachstan der erste ehemalige Sowjetstaat, der den Vorsitz der Organisation für Sicherheit und Zusammenarbeit in Europa (OSZE)[8] innehatte. Die Kasachen wollten sich profilieren. Im Dezember 2010 fand ein OSZE-Gipfel in Astana statt. Es war das erste Spitzentreffen der Organisation seit elf Jahren, das erste im neuen Jahrtausend und für Präsident Nursultan Nasarbajew ein Prestigeprojekt. Obdachlose wurden aus der Stadt entfernt, Astana sollte sich von seiner besten Seite zeigen. Rund um die Uhr verkündeten die Staatsmedien, wie erfolgreich der Gipfel sei und dass Kasachstan nun im Scheinwerferlicht der Öffentlichkeit stehe. Doch dann beklagten internationale Beobachter, dass die Demokratieentwicklung in Kasachstan stagniere, kritische Journalisten und Politiker Verfolgungen ausgesetzt seien und staatliche Programme zur Korruptionsbekämpfung allenfalls dazu dienen, unliebsame Personen ins Gefängnis zu bringen. Die internationalen Medien meinten es nicht gut mit Kasachstan. Die *Frankfurter Allgemeine Zeitung* schrieb vom »Schreckgespenst Astanas«,[9] der *Spiegel* gar von einer von einer »diplomatischen Katastrophe«[10].

Dennoch dürfte sich Kasachstan in den kommenden Jahren im Vergleich zu anderen mittelasiatischen Republiken, wie Kirgistan oder Tadschikistan, eher positiv entwickeln. Der Rohstoffreichtum und die enge Anbindung an Russland wie Europa bieten vergleichsweise gute Voraussetzungen. Ferner ist das Steppenland weit weniger von islamistischer Bedrohung gefährdet als die anderen mittelasiatischen Staaten. In Kasachstan gibt es keine islamische Massenbewegung, sondern lediglich Traditionen eines Volksislam. Die Zahl der Gläubigen ist im multiethnischen Kasachstan gering. Gemessen an Umfrageergebnissen gehen nur fünf Prozent der Männer einmal pro Woche in die Moschee.[11]

Kirgistan

Die Schweiz Zentralasiens

Die Schweiz hat ein besonderes Verhältnis zu Kirgistan. Schließlich wird das mittelasiatische Land, in dem rund fünf Millionen Einwohner leben, als »Schweiz Zentralasiens« bezeichnet. In Kirgistan gibt es einiges, was die Schweizer schätzen: hohe Berge, fruchtbare Täler, Viehzucht und Alpwirtschaft. Ähnlich wie die Schweiz ist Kirgistan andererseits relativ arm an Rohstoffen. Und genauso wie die Schweizer haben auch die Kirgisen keinen Zugang zum Meer.

In den ersten Jahren nach der Unabhängigkeit wurde Kirgistan – wie auch die mittelasiatischen Staaten Usbekistan, Turkmenistan und Tadschikistan – von der Schweiz in den Führungsgremien des Internationalen Währungsfonds und der Weltbank vertreten. Die Eidgenossen suchten Allianzen mit neuen Partnern. Kirgistan stand dabei an vorderster Stelle. Im Vergleich zu seinen Nachbarstaaten galt Kirgistan als ein ziemlich demokratisches Land, sozusagen als eine »demokratische Insel« in Mittelasien. Man dachte, dass Kirgistan die Chance habe, »auch wirtschaftlich zu einer Schweiz Zentralasiens zu werden«.[12] Doch im Gegensatz zur Schweiz herrscht in Kirgistan bis heute bittere Armut.

Kirgistan genoss nach 1991 gegenüber den anderen mittelasiatischen Ländern einen Bekanntheitsvorsprung durch seinen prominentesten Bewohner: Tschingis Aitmatow. Mit Novellen und Romanen wie »Dschamila« (1958), »Abschied von Gülsary« (1967) oder »Ein Tag länger als das Leben« (1981), das in der DDR unter dem Titel »Ein Tag zieht den Jahrhundertweg« bekannt wurde, hatte er Weltliteratur geschaffen und Kirgistan über die Grenzen der Sowjetunion hinweg zu Bekanntheit verholfen. Aitmatow gehörte dem Zentralkomitee der KPdSU an. Während der Perestroika war er einer der Berater Gorbatschows. Das 1991 unabhängig gewordene Kirgistan nutzte die Prominenz seines bekanntesten Sohnes. Bis zu seinem Tod im Jahr 2008 war Tschingis Aitmatow kirgisischer Botschafter in Frankreich und den Benelux-Staaten.

Land	Kirgistan
Hauptstadt	Bischkek (ehemals Frunse) mit ca. 1 Million Einwohner
Größe	198 500 km²
Bevölkerung	Ca. 5,4 Millionen Menschen, ca. 80 verschiedene Ethnien, davon 70 Prozent Kirgisen, 15 Prozent Usbeken, 8,4 Prozent Russen
Landessprachen	Staatssprache ist Kirgisisch, Russisch ist »offizielle Sprache«, es gibt eine Bestandsgarantie für Sprachen nationaler Minderheiten
Religionen	80 Prozent sunnitische Moslems, 16 Prozent russisch-orthodoxe Christen und kleine Minderheiten anderer Glaubensbekenntnisse
Währung	Kirgisischer Som (1 EUR = ca. 66 KGS)
Datum der Unabhängigkeit	31. 8. 1991
Staats-/Regierungs-form	Parlamentarisch-präsidentiale Demokratie
Staatsoberhaupt	Präsidentin Rosa Otunbajewa
Staatsoberhäupter seit Unabhängig-keit	27. 10. 1990 – 24. 3. 2005 Askar Akajew 24. 3. 2005 – 25. 3. 2005 Ischenbaj Kadirbekow 25. 3. 2005 – 15. 4. 2010 Kurmanbek Bakijew seit dem 3. 7. 2010 Rosa Otunbajewa
Regierungschef	Premierminister Almasbek Atambajew

Regierungschefs seit Unabhängig-keit	21. 1. 1991 – 29. 11. 1991 Nasirdin Isanow
	29. 11. 1991 – 10. 2. 1992 Andrej Jordan
	10. 2. 1992 – 13. 12. 1993 Tursunbek Tschingischew
	13. 12. 1993 – 14. 12. 1993 Almanbet Matubraimow
	14. 12. 1993 – 14. 3. 1998 Apas Jumagulow
	14. 3. 1998 – 23. 12. 1998 Kubanitschbek Dschumalijew
	23. 12. 1998 – 25. 12. 1998 Boris Silajew
	25. 12. 1998 – 4. 4. 1999 Dschumabek Ibraimow
	4. 4. 1999 – 12. 4. 1999 Boris Silajew
	12. 4. 1999 – 21. 12. 2000 Amangeldi Muralijew
	21. 12. 2000 – 22. 5. 2002 Kurmanbek Bakijew
	22. 5. 2002 – 25. 3. 2005 Nikolai Tanajew
	25. 3. 2005 – 15. 8. 2005 Kurmanbek Bakijew
	22. 5. 2002 – 25. 3. 2005 Nikolai Tanajew
	25. 3. 2005 – 15. 8. 2005 Kurmanbek Bakijew
	20. 6. 2005 – 10. 7. 2005 Medetbek Kerimkulow
	   (Handelte stellvertretend für Bakijew, der zu dem
	   Zeitpunkt bereits Präsident war)
	15. 8. 2005 – 29. 1. 2007 Felix Kulow

	29.1.2007–29.3.2007 Asim Isabekow
	29.3.2007–28.11.2007 Almasbek Atambajew
	28.11.2007–24.12.2007 Iskenderbek Aidaralijew
	24.12.2007–21.10.2009 Igor Tschudinow
	21.10.2009–7.4.2010 Danijar Usenow
	7.4.2010–17.12.2010 Vakant
	seit dem 17.12.2010 Almasbek Atambajew
Parlament	Einkammerparlament
Regierungsparteien	Ata Jurt, Sozialdemokratische Partei und Respublika
Opposition	Im Parlament Ar Namys und Ata Meken, außerhalb des Parlaments viele sehr kleine Parteien
Mitgliedschaft in internationalen Organisationen (u. a.)	UN, UNESCO, UNICEF, UNIDO, UNDP, UNESO, UNHCR, IOM, WHO, FAO, ILO, SPECA, UNECE, GUS, Gemeinschaft Integrierter Staaten, Zentralasiatische Wirtschaftsgemeinschaft, Weltbank, IWF, EBRD, Islamische Entwicklungsbank, ICAO, OSZE, Internationale Telekommunikations-Satelliten-Organisation, WTO, Schanghaier Organisation für Zusammenarbeit
Bruttoinlandsprodukt	4,6 Mrd. US-Dollar (2009)

Wir trafen uns Anfang 2005 in Bischkek mit seinem Sohn, Askar Aitmatow. Er war damals Außenminister seines Landes und stolz auf die Entwicklung Kirgistans seit der Unabhängigkeit. Für ihn, so sagte er, sei Europa der Maßstab. Er wolle, dass sein Land eine »demokratische Insel« bleibe. Als wir Aitmatow kennenlernten, war Askar Akajew kirgisischer Präsident. Er hatte das Amt seit 1991 inne und war das erste Staatsoberhaupt Kirgistans nach der Unabhängigkeit des Landes.

Askar Akajew galt lange Zeit als Hoffnungsträger in Mittelasien. Anders als seine Kollegen in Usbekistan, Kasachstan, Turkmenistan und Tadschikistan entstammte er nicht der kommunistischen Nomenklatura der Sowjetunion, und anders als seine Kollegen setzte der diplomierte Physiker und bekennende Anhänger von Ludwig Erhard auf Demokratie und soziale Marktwirtschaft. Akajew war kurz vor dem Zusammenbruch der UdSSR zum Vorsitzenden des Obersten Sowjets der Kirgisischen SSR gewählt geworden. Er hatte sich vor allem um die Versöhnung der verschiedenen Volksgruppen[13] im Lande bemüht und galt als Mann mit Zukunftspotenzial.

Volksfest in Bischkek, 2008

Er wollte das Land ab 1991 zügig reformieren und wandelte die Plan- in eine Marktwirtschaft um. 1993 verabschiedete das kirgisische Parlament eine neue Verfassung, die tatsächlich relativ demokratisch war. 1995 wurde Akajew wiedergewählt. Von nun an begann sich sein Führungsstil zu verändern. Mithilfe von Referenden gelang es ihm im Verlaufe der Folgejahre, seine präsidentialen Machtbefugnisse zu erweitern und die Rechte des Parlaments einzuschränken. Akajew wandelte sich vom Reformer zum autoritären Staatsführer. Korruption und Vetternwirtschaft machten sich breit. Durch Wahlfälschungen und ein System von Günstlingen in der Regional- und Lokalpolitik zementierte er seine Stellung.

Gleichzeitig verschlechterte sich die Wirtschaftslage Kirgistans. Die Ausbeutung einzelner Wirtschaftszweige durch Akajew und seine Protegés sowie die Korruption in allen Lebensbereichen trugen maßgeblich dazu bei. Außerdem zeigte sich, dass der schroffe Wechsel von der sozialistischen zur kapitalistischen Wirtschaftsordnung die Menschen völlig unvorbereitet getroffen und im Endeffekt ihre Situation verschlechtert hatte. Das ohnehin schwache Bruttoinlandsprodukt Kirgistans fiel bis 1999 auf 257 US-Dollar pro Kopf,[14] und damit im Vergleich zu 1991 um mehr als die Hälfte. Die Zufriedenheit mit Akajew und seiner Politik sank proportional dazu.

Im Blickpunkt der Weltöffentlichkeit

Nach den Terroranschlägen des 11. September 2001 und dem einsetzenden Kampf gegen den internationalen Terrorismus richtete sich das Augenmerk der Weltöffentlichkeit schlagartig auf die mittelasiatischen Nachfolgestaaten der Sowjetunion. Waren sie bislang von eher geringer Bedeutung für die internationale Politik gewesen, rückten sie nun in den Vordergrund des weltpolitischen Interesses. Sowohl Kirgistan wie auch der Nachbarstaat Usbekistan stellten der von den USA angeführten Anti-Terror-Allianz Flughäfen zur Verfügung, von denen aus die Truppen in Afghanistan versorgt werden können.

In Moskau betrachtete man das »Eindringen« der Amerikaner in die traditionell russische Einflusssphäre mit Unbehagen, und man versuchte, Kirgistan diplomatisch und wirtschaftlich wieder stärker an Russland zu binden. Akajew kam den Wünschen des Kreml entgegen. Seit 2002 unterhält Russland eine Militärbasis in Kant bei Bischkek.

Um aber nicht von der möglicherweise unsteten Gunst Russlands oder der USA abhängig zu sein, wandte sich Akajew zudem China zu. Mit dem östlichen Nachbarn hoffte er eine dauerhafte Partnerschaft etablieren zu können. Um die Beziehungen zu China auf eine solide Basis stellen zu können, war es nötig, die gemeinsame Landesgrenze neu festzulegen, um deren Verlauf es in der Vergangenheit immer wieder Streit gegeben hatte. Akajew warb für entsprechende Verträge, gegen die die kirgisische Opposition energisch protestierte. Zum wirtschaftspolitischen Ärger kam nun noch Streit um die Außenpolitik, und alsbald folgte die Innenpolitik.

Brennpunkt Fergana-Tal (Südkirgistan)

Der Süden des Landes und dessen Grenze zu Usbekistan war schon immer eine konfliktbeladene Gegend. Dort, im fruchtbaren Fergana-Tal, lebt die Hälfte der kirgisischen Bevölkerung, darunter eine große usbekische Minderheit. Industrie gibt es hier kaum, die Menschen sind sehr arm. Das Fergana-Tal ist 300 Kilometer lang und reichlich 100 Kilometer breit. Es umfasst Territorien der heutigen Staaten Kirgistan, Usbekistan und Tadschikistan. Hier leben ca. 15 Millionen Menschen, das ist rund ein Viertel der Bewohner Mittelasiens. Sie gehören den unterschiedlichsten Volksgruppen an, die teilweise erst unter Stalin hierher umgesiedelt worden waren. Der Diktator wollte die Bindungen der Muslime an ihre Stämme lockern und durch Durchmischung ein »sowjetisches Bewusstsein« schaffen.

Nach dem Ende der Sowjetunion und ihrer Ideologie als verbindendem Überbau traten die religiösen und nationalen Unterschiede deutlich hervor. Hier tummelten sich bald Anhänger radikaler Gruppierungen wie der »Islamischen Bewegung Usbekistans« oder »Hizb-ut-Tahrir«. Nirgendwo in Mittelasien schreitet die Islamisierung und Radikalisierung der Bevölkerung heute schneller voran als im Fergana-Tal.

Nachdem Kirgistan und Usbekistan den gegenseitigen Grenzübertritt durch die Einführung der Visapflicht erschwert hatten, ging eine der letzten Einnahmequellen vieler Südkirgisen – der Handel mit dem Nachbarland – verloren. Die destabilisierenden Faktoren hatten sich zu einer kritischen Masse angestaut.

Die Unzufriedenheit der Bevölkerung nutzend, initiierte ein aus Südkirgistan stammender Abgeordneter des kirgisischen Parlaments, Asimbek Beknasarow, ein Amtsenthebungsverfahren gegen Präsident Akajew und protestierte damit gegen dessen unbeliebte Annäherungspolitik an China. Die Zustimmung, die er in der Bevölkerung erfuhr, war gewaltig und erschreckte den Akajew-Clan. Im Januar 2002 wurde Beknasarow verhaftet. Dies löste eine Protestwelle aus, mit der die Regierung nicht gerechnet hatte. Akajew hatte die Stabilität seines Regimes überschätzt. In Bischkek fanden Demonstrationen vor dem Parlament, dem Regierungsgebäude und dem Sitz der OSZE statt. Dabei kam es zu Auseinandersetzungen mit Spezialeinheiten des Innenministeriums, in deren Folge fünf Demonstranten erschossen und viele weitere zum Teil schwer verletzt wurden. Damit brach ein Damm, überall im Land wurden aus Solidaritätskundgebungen für Beknasarow gewaltsame Fundamentalproteste. Der Rücktritt Akajews und die Durchführung von Reformen zur Verbesserung des allgemeinen Lebensstandards waren die zentralen Forderungen. Der Präsident konnte sich durch Zugeständnisse an die Bevölkerung und die Opposition zunächst noch einmal retten.

Da sich die Lage der Menschen aber nicht verbesserte, änderte sich auch nichts an der gefährlichen Stimmung im Land – im Gegenteil. Viele Politiker wechselten zur Opposition, die dadurch immer mehr Gewicht und Rückhalt in der Bevölkerung bekam. Als Akajew die Parlamentswahlen Anfang 2005 mehr als offensichtlich zu seinen Gunsten fälschen ließ, hatte er den Bogen überspannt. Wiederum kam es in Südkirgistan zu Unruhen, die sich schnell im ganzen Land ausbreiteten.

US-amerikanische Organisationen, die in Kirgistan tätig waren, unterstützten Akajews Sturz tatkräftig, zumal dieser als Mann Putins galt. Wie vorher schon in Georgien und in der Ukraine, kam es auch in Kirgistan zu einer sogenannten »Farbigen Revolution«. Sie ging als »Tulpenrevolution« in die kirgisische Geschichte ein. Immer größere und gewaltsamere Demonstrationen fanden statt, Regierungsgebäude wurden gestürmt, Sicherheitskräfte gezielt angegriffen. Dutzende Menschen kamen ums Leben. Als Demonstranten schließlich den Präsidentenpalast in Bischkek besetzten, floh Akajew nach Kasachstan. In Moskau verkündete er schließlich im April 2005 seinen offiziellen Rücktritt. Bis heute lebt er in Russland und widmet sich wieder der Wissenschaft.

»Askar Akajew hat uns versprochen, Kirgistan in eine Schweiz Mittelasiens zu verwandeln. Doch Ende der neunziger Jahre habe ich begriffen, dass er aus Kirgistan nur eine Schweiz für seine eigene Familie macht«, klagte damals Rosa Otunbajewa, eine der früheren Weggefährtinnen Akajews, die aber dann auf die Seite der Opposition wechselte. Die wirtschaftliche Dominanz des Akajew-Clans habe nach 14-jähriger Präsidentschaft die wirtschaftliche Entwicklung des Landes gelähmt.[15]

Die Amtszeit Bakijews

Akajews ehemaliger Premierminister Kurmanbek Bakijew wurde sein Nachfolger, Rosa Otunbajewa neue Außenministerin Kirgistans und Asimbek Beknasarow Generalstaatsanwalt. Alle drei waren zentrale Personen der Protestbewegung gegen Akajew gewesen. Bakijew wurde mit 90 Prozent aller Stimmen zum neuen Präsidenten gewählt. Die Kirgisen setzten große Hoffnungen in ihn, sie erwarteten, dass er etwas gegen die Armut und die schlechte Wirtschaftslage unternimmt. Doch es zeigte sich schnell, dass sie sich gründlich in ihm getäuscht hatten.

Bakijew riss alle Pfründe, die er erreichen konnte, an sich und besetzte die wichtigsten Ämter in Politik und Wirtschaft mit Mitgliedern seines Clans. Misswirtschaft und Korruption unter Bakijew übertrafen noch das Akajew-System, er regierte noch

Vor dem Regierungsgebäude erinnern Gedenktafeln an die Toten des Aufstandes von 2010.

autoritärer und vor allem brutaler. Bakijew entdeckte das Mittel der Verfassungsänderungen für sich, um seine persönliche Macht zu stärken und das Parlament bis zur Bedeutungslosigkeit zu schwächen.

Diesmal dauerte es nur fünf Jahre, bis die Bevölkerung die Geduld mit ihrem Präsidenten verlor. Die Verhaftung von Vertretern der Opposition und die Erhöhung der Preise für Energie brachten 2010 das Fass zum Überlaufen. Die enttäuschte Wut der Kirgisen entlud sich erneut auf den Straßen und Plätzen des Landes. Der Aufstand begann am 6. April 2010, nur drei Tage später floh Bakijew mit seiner Familie über Kasachstan nach Minsk. Der weißrussische Präsident Lukaschenko gewährte ihm Asyl.

Die Unruhen, die zum Sturz führten, forderten 68 Tote und mehr als 600 Verletzte. Bakijews Innenminister wurde zusammengeschlagen, sein Vizepremier verlor ein Auge. Der Mob nutzte die Situation, plünderte und brandschatzte. In Bischkek herrschten vorübergehend bürgerkriegsähnliche Zustände. Die parlamentarische Opposition, angeführt von der früheren Außenministerin Rosa Otunbajewa, die 2005 noch gemeinsam mit Bakijew Akajew gestürzt hatte, übernahm die im Wortsinne auf der Straße liegende Macht. Große Teile von Polizei und Armee, die zuerst noch gewaltsam versucht hatten, die Demonstranten aufzuhalten, wechselten die Seite und stellten sich hinter die neuen Kräfte um Rosa Otunbajewa. Bakijew war schwer enttäuscht und sprach von einem Putsch. Aus dem Exil erhebt er nach wie vor Anspruch auf das Präsidentenamt.

Die provisorische Übergangsregierung

Am 8. April 2010 bildete die kirgisische Opposition eine »Provisorische Regierung des Volksvertrauens«, die aus ehemaligen Spitzenpolitikern besteht, die schon zur Anti-Akajew-Front zählten. Präsidentin der Übergangsregierung wurde die ehemalige Außenministerin Rosa Otunbajewa, ihre Amtszeit endet am 31. Dezember 2011, zwei Monate zuvor wird neu gewählt.

Als wir Rosa Otunbajewa im Mai 2010 trafen, machte sie einen müden Eindruck. In Bischkek sah man die Einschusslöcher der letzten Revolution. Die muskelbepackten Sicherheitsleute, die uns empfingen und zur Übergangspräsidentin brachten, trugen noch keine Uniformen, sondern Kleidung, der man ansah, dass sie lange nicht gewechselt worden war. Es herrschte revolutionäre Stimmung. In den Büros des Präsidialamtes saßen Dutzende von Männern und Frauen herum, die gerade die Macht übernommen, aber noch nichts zu tun hatten. Man trank Tee, diskutierte die politische Lage und empfing Gäste. Otunbajewa warb um ausländische Unterstützung. Wichtig sei, sagte sie, dass man den kommenden Winter überstehe, dann würde es besser werden.

Nach der Bildung der Interimsregierung beruhigte sich vorerst die Lage in Kirgistan. Als stabil konnte man das Land jedoch nicht bezeichnen, es kam immer wieder zu kleineren Protesten, oft von Bakijew-Anhängern organisiert. Die neue Regierung beeilte sich, einen Entwurf für eine neue Verfassung vorzulegen. Diese sollte demokratische Strukturen in Kirgistan etablieren, der Übergangsregierung Legitimität verschaffen und die Unruhen beenden. Im Mai 2010 wurde der Verfassungsentwurf veröffentlicht. Kirgistan sollte, als einziges Land Mittelasiens, eine parlamentarische Republik werden. Die Macht eines künftigen Staatsoberhauptes würde damit erheblich eingeschränkt werden.

Ethnische Unruhen im Süden

Doch die Situation im Land blieb angespannt. Im Juni 2010, vor der Abstimmung über die Verfassung, entlud sie sich zunächst in Osch im Fergana-Tal. Osch ist die größte Stadt Südkirgistans. Aus den Unruhen wurde ein Pogrom gegen die usbekische Minderheit. Innerhalb weniger Stunden entwickelten sich in Osch und später auch in umliegenden Städten bürgerkriegsartige Zustände. Kirgisen machten gezielt Jagd auf ethnische Usbeken. Usbekische Wohnviertel, sogenannte »Machallas«, wurden in Brand gesteckt und verwüstet, vor den Flammen fliehende Menschen erschossen.

Said, der für uns ab und zu als Fahrer arbeitete, ist ethnischer Usbeke. Seine Familie besitzt in Osch zwei Häuser. »Wir haben uns auf den Dächern versteckt in der Hoffnung, dass uns die Kirgisen nicht finden«, berichtet er. »Die haben vor niemandem Halt gemacht. Alte Leute wurden genauso erschossen und erstochen wie kleine Kinder.«

Sicherheitskräften gelang es nicht, die Gewalt einzudämmen, geschweige denn zu unterbinden. Ein später veröffentlichter unabhängiger Untersuchungsbericht warf den Verantwortlichen bei Polizei und Militär vor, durch unklare Befehle und unkoordiniertes Handeln für die weitere Ausbreitung der Gewalt mitverantwortlich zu sein.[16]

Insgesamt kamen bei den drei Tage andauernden Unruhen nach Angaben der internationalen Untersuchungskommission mindestens 470 Menschen ums Leben, 1900 wurden verletzt. Über 400 000 Menschen flohen, etwa 100 000 davon über die nahe Grenze nach Usbekistan. Sowohl bei den Toten als auch bei den Verletzten und den Flüchtlingen waren die ethnischen Usbeken klar in der Überzahl. Die Untersuchungskommission definierte die Ereignisse zwar nicht als versuchten Genozid, wie es die usbekische Minderheit in Kirgistan gefordert hatte, jedoch sei die Gewalt eindeutig als »Verbrechen gegen die Menschlichkeit« zu definieren.[17]

Ob die endgültig festgestellten Zahlen der Todesopfer, Verletzten und Flüchtlinge stimmen, wird man wohl nie eindeutig klären können. Bereits während der Unruhen berichteten Ärzte und andere Augenzeugen von deutlich mehr Opfern. Viele Usbeken trauten sich nicht, ihre Toten in öffentliche Leichenhallen zu bringen und beerdigten sie auf eigene Faust irgendwo außerhalb der Städte. Scharf kritisiert wurde im Bericht der Untersuchungskommission die Aufarbeitung der Ereignisse durch die kirgisischen Behörden. Die Mitschuld der Sicherheitskräfte sei nie richtig untersucht worden, es sei nichts getan worden, um Täter zur Rechenschaft zu ziehen. Usbeken, die Anzeige gegen ihre Peiniger erstatten wollten, nahm die Polizei gar nicht erst ernst oder schüchterte sie ein. Viele Ermittler versuchten, Usbeken als Gewalttäter zu überführen, es kam zu willkürlichen Festnahmen.[18]

Wie so plötzlich so heftige Unruhen ausbrechen konnten, ist bis heute, trotz zahlreicher Untersuchungen, ungeklärt. Die kirgisische Regierung macht Anhänger des gestürzten Präsidenten Bakijew dafür verantwortlich, die Unruhen gezielt ausgelöst zu haben, um Bakijew zurück an die Macht zu bringen.

Gefahr des Auseinanderbrechens

Trotz der schwierigen Lage im Land – die interethnischen Spannungen haben sich bis heute nicht beruhigt – wurde Ende Juni 2010 die Abstimmung über die neue Verfassung durchgeführt. Die Wahlbeteiligung lag nach offiziellen Angaben bei 72 Prozent, knapp 91 Prozent der Wähler stimmten für die Verfassung.

Im Oktober 2010 wurde dann ein neues Parlament gewählt. Fünf Parteien, darunter eine revisionistische, die dem Expräsidenten Bakijew nahesteht, zogen ins Parlament ein. Nach zwei etwas chaotischen Monaten gelang es, eine Regierungskoalition zu bilden. Seitdem geht der Politikbetrieb in Kirgistan seinen Gang, auch wenn alles noch etwas holprig anmutet. Denn vor den unerfahrenen Demokraten stehen gewaltige Probleme, die äußerst schwer zu lösen sind. Die Wirtschaft des Landes liegt nach wie vor am Boden, ausgeblutet durch Korruption und Misswirtschaft unter Akajew und Bakijew. Den Menschen geht es schlecht, Inflation und Lebensmittelpreise steigen, feudal anmutende Clanstrukturen behindern Demokratie und Fortschritt. Das Bildungssystem ist am Ende. Heute unterrichten ältere Schüler die jüngeren, weil es kaum noch Lehrer gibt, die bereit sind, für den Hungerlohn zu arbeiten. Angestellte von Behörden, Polizei und Justiz bessern sich ihr dürftiges Gehalt mit Korruptionszahlungen auf. Nationalistische Ressentiments machen den Usbeken weiterhin das Leben schwer, denn es arbeiten fast ausschließlich ethnische Kirgisen im Staatsdienst.

Kirgisische Jurten vor dem Bergsee Issik Kul, 2011

In Bischkek will man nicht recht akzeptieren, was internationale Beobachter sagen und was die Untersuchungskommission schriftlich festgehalten hat: dass die Gewalt im Juni 2010 von ethnischen Kirgisen ausging und die usbekische Minderheit das Opfer war. Das widerspricht dem Patriotismus und dem Nationalstolz, mit dem man versucht, die Menschen bei Laune zu halten. Bischkek, die Hauptstadt, soll möglicherweise sogar in »Manas« umbenannt werden. Manas ist ein mythischer kirgisischer Volksheld aus dem 9. Jahrhundert. Verzweifelt sucht man nach Möglichkeiten, die kirgisische Identität zu stärken. Trotz der Meinung der Präsidentin, Kirgistan sei eine geeinte Nation, in der alle Menschen friedlich miteinander leben könnten, sieht der Alltag anders aus.

De facto ist das Land in Nord und Süd geteilt. Kirgistan ist mittlerweile als Staat gefährdet. Sollte es erneut zu solch blutigen Exzessen kommen wie im Jahre 2010, steht die zentrale Staatsmacht endgültig in Frage. Der Süden des Landes könnte sich dann Usbekistan und der Norden Kasachstan zuwenden.

Tadschikistan

Im »Land der Arier«

Von den fünf Staaten Mittelasiens ist Tadschikistan derjenige mit der wechselvollsten Geschichte seit der Unabhängigkeit am 9. September 1991. Die erste Hälfte der neunziger Jahre war von Machtkämpfen, Terror und Bürgerkrieg geprägt. Schon vor 1990 galt Tadschikistan als das Armenhaus der Sowjetunion und war stets von Transferleistungen abhängig. Auch heute noch lebt der größte Teil der Bevölkerung in Armut. Knapp 70 Prozent der Einwohner sind Tadschiken, ein muslimisches, persisches Volk. Sie sind aber keine Schiiten wie die Iraner, sondern Sunniten. Die tadschikische Sprache ist dem Persischen verwandt. 25 Prozent der Einwohner Tadschikistans sind Usbeken, der Rest setzt sich vor allem aus Russen, Kasachen, Kirgisen und Turkmenen zusammen. Bis 1991 hatten auch Aschkenasen (Juden) in Tadschikistan gelebt. Sie wurden vertrieben.

Nur sieben Prozent der Fläche Tadschikistans ist bewohnbar und für die Landwirtschaft geeignet, der Rest ist eine beeindruckende, jedoch kaum zugängliche Hochgebirgslandschaft. Der »Pik Kommunismus« (»Kommunismus-Gipfel«), der zwischen 1932 und 1962 »Pik Stalin« hieß, war mit 7495 Metern der höchste Berg der Sowjetunion, gefolgt vom »Pik Lenin« (gleichfalls Tadschikistan) mit 7134 Metern. Heute heißt der »Kommunismus-Gipfel« »Pik Ismoil Somoni«, benannt nach Ismail I., der im 10. Jahrhundert die persisch-muslimische Samanidendynastie auf ihren Machthöhepunkt führte. Die Samaniden, von denen die Tadschiken abstammen, beherrschten damals ganz Mittelasien und das Gebiet des heutigen Iran und drangen sogar ins Grenzgebiet zu Indien vor.

Doch der Stolz der Tadschiken reicht noch weiter zurück. Sie verstehen sich als »Land der Arier«. Die Deutschen mag man. Nicht nur, weil sie die Ersten waren, die 1991 eine Botschaft in Duschanbe eröffnet haben, sondern wegen ihrer angeblichen Herkunft. »Wir haben doch gemeinsame arische Wurzeln«, behauptet Firus, ein Historiker, den wir in Istarawschan im Norden Tadschikistans treffen. Die Tadschiken halten sich für Abkömmlinge indogermanischer bzw. arischer Stämme, die vor 3500 Jahren den indischen Subkontinent erreichten. Sie haben

Land	Tadschikistan
Hauptstadt	Duschanbe (ehemals Stalinabad) mit ca. 680 000 Einwohnern
Größe	143 100 km²
Bevölkerung	Ca. 7,2 Millionen Menschen, davon 68,4 Prozent Tadschiken, 24,8 Prozent Usbeken, 3,2 Prozent Russen sowie Kasachen, Kirgisen, Turkmenen
Landessprachen	Amtssprache ist Tadschikisch, Russisch ist als Verkehrssprache noch gebräuchlich, im Grenzgebiet zu Usbekistan auch Usbekisch
Religionen	Sunnitischer Islam, kleinere christliche Gemeinden
Währung	Tadschikischer Somoni (1 EUR = ca. 6,5 TJS)
Datum der Unabhängigkeit	9. 9. 1991
Staats-/Regierungsform	Präsidialrepublik
Staatsoberhaupt	Präsident Emomali Rachmon
Staatsoberhäupter seit Unabhängigkeit	30. 11. 1990 – 31. 8. 1991 Kachor Machkamow 31. 8. 1991 – 23. 9. 1991 Kadreddin Aslonow 23. 9. 1991 – 6. 10. 1991 Rachmon Nabijew 6. 10. 1991 – 2. 12. 1991 Akbarscho Iskandarow 2. 12. 1991 – 7. 9. 1992 Rachmon Nabijew 7. 9. 1992 – 19. 11. 1992 Akbarscho Iskandarow seit dem 19. 11. 1992 Emomali Rachmon
Regierungschef	Premierminister Akil Akilow
Regierungschefs seit Unabhängigkeit	25. 6. 1991 – 9. 1. 1992 Isatullo Kajojew 9. 1. 1992 – 21. 9. 1992 Akbar Mirzojew 21. 9. 1992 – 18. 12. 1993 Abdumalik Abdulladschanow 18. 12. 1993 – 2. 12. 1994 Abdudschalil Samadow 2. 12. 1994 – 8. 2. 1996 Jamsched Karimow 8. 2. 1996 – 20. 12. 1999 Jachjo Asimow seit dem 20. 12. 1999 Akil Akilow
Parlament	Unterhaus mit 63 Abgeordneten und Oberhaus mit 33 Abgeordneten
Regierungsparteien	Volksdemokratische Partei
Opposition	Kommunistische Partei Tadschikistans, Partei der Islamischen Wiedergeburt, Partei der Wirtschaftsreformen, Partei der Landwirte

Mitgliedschaft in internationalen Organisationen (u. a.)	UN und Unterorganisationen, IWF, Weltbank, Europäische Bank für Wiederaufbau und Entwicklung, Asiatische Entwicklungsbank, OSZE, GUS, Organisation der Islamischen Konferenz (OIC)
Bruttoinlandsprodukt	4,9 Mrd. US-Dollar (2009)

kein Problem damit, dass der Arier-Begriff in den Jahren des Nationalsozialismus in Deutschland auf eine antijüdische Bedeutung verengt wurde. Im Gegenteil. Als der gerade einmal neunjährige Sohn von Firus hört, dass wir deutsch miteinander sprechen, begrüßt er uns mit »Heil Hitler!«. Er will freundlich zu uns sein. Sein Vater zeigt uns dann voller Stolz den »Palast der Arier« in Istarawschan. So bezeichnet man ein zweistöckiges Haus, das man zu einem Museum umgewandelt hat. Wir betrachten ein paar Fotos des tadschikischen Präsidenten Emomali Rachmon, der sich mit seinem »arischen Kollegen« aus dem Iran, Machmud Achmadinedschad, trifft. Außer dieser Wandzeitung gibt es in dem Haus nichts zu sehen. In der zweiten Etage liegt Gerümpel herum. Auf der schmutzigen Toilette läuft kein Wasser. Dem »Arier-Stolz« der Tadschiken tut dies keinen Abbruch. »Euer Hitler war ein großer Mann«, gibt uns Firus mit auf den Weg.

Wir fahren weiter nach Duschanbe. Zwischen 1929 und 1961 hieß die Hauptstadt der damaligen Tadschikischen Sozialistischen Sowjetrepublik Stalinabad. Wir überqueren die hohen Pässe des Sarawschan-Gebirges. Als wir 2002 die gleiche Strecke schon einmal gefahren waren, führte eine kaputte, unbefestigte Straße an den Berghängen entlang. Der Abgrund ist geblieben. Wir zählen bis Duschanbe über ein Dutzend Autowracks. Sie liegen in Hunderten Meter Tiefe. Doch die Straße ist vor kurzem neu asphaltiert worden. Man verlangt Straßenmaut. Noch ein oder zwei Jahre, und der Norden Tadschikistans wird mit Duschanbe im Westen durchgehend mit einer ordentlichen Straße verbunden sein. Wir halten an, um die traumhafte Aussicht zu genießen. Auf einmal kommt eine Gruppe Bauarbeiter auf uns zu. Es sind ausgemergelte Gestalten, die etwas zu essen haben wollen. Es handelt sich um chinesische Strafgefangene. Die Straßen in Tadschikistan werden von China erneuert. Die

Das »Haus der Arier«
in Istarawschan

Arbeiten erledigen die Chinesen preiswert mit eigenen Häftlingen und im eigenen Interesse. Für den Export chinesischer Waren in Richtung Norden benötigen sie eine gute Infrastruktur.

Rivalitäten nach der Unabhängigkeit

Nach der Unabhängigkeit konkurrierten in Tadschikistan islamische und säkulare Kräfte sowie einzelne Clans um die Macht. Zu dieser schwierigen Interessenlage kamen unterschiedliche Einflüsse aus den Nachbarländern. Aus Afghanistan drangen Drogenschmuggler und Islamisten über die Grenze. Russland brauchte Tadschikistan als geografischen Puffer. Der Iran griff durch die kulturelle und sprachliche Gemeinsamkeit beider Länder nach politischem Einfluss. Usbekistan betrachtete sich als Schirmherr für die in Tadschikistan lebenden Usbeken. Und China hatte Interesse am Markt seines Nachbarlandes.

Im November 1991 gewann Rachmon Nabijew die Präsidentschaftswahlen. Er hatte zuvor bereits alle wichtigen Ämter im sozialistischen Tadschikistan innegehabt: Er diente als Vorsitzender des Ministerrates und Erster Sekretär des Zentralkomitees der Kommunistischen Partei. Nach dem Augustputsch von 1991 gegen Michail Gorbatschow, in dessen Folge es auch in Tadschikistan zu Absetzbewegungen aus dem Verbund der UdSSR kam, wurde Nabijew Vorsitzender des Obersten Sowjets der Noch-Sowjetrepublik. Als erster Präsident des unabhängigen Tadschikistan baute er zügig ein autokratisches Herrschaftssystem auf und knüpfte an Sowjetstrukturen an.

Doch der Widerstand der islamischen Oppositionellen, die es im postsowjetischen Raum so nur in Tadschikistan gab, war stark. Nur ein halbes Jahr später, im Mai 1992, mündeten die Auseinandersetzungen in einen grausamen Bürgerkrieg. Die »Vereinigte Tadschikische Opposition« – ein Zusammenschluss muslimisch bestimmter Interessengruppen, der von der »Partei der Islamischen Wiedergeburt« dominiert wurde – stürmte den Präsidentenpalast. Nach und nach breitete sich die Gewalt im ganzen Land aus. Im November 1992 stand Nabijews Regime vor einer militärischen Niederlage, seine eigenen Leute stürzten ihn schließlich.

Nachfolger wurde Emomali Rachmonow, der einen Anschluss des Landes an Russland und die Wiederherstellung der Sowjetunion forderte. Er sicherte sich die militärische Unterstützung der russischen Armee. Die islamische Opposition kämpfte ihrerseits mit Unterstützung von Mudschaheddin aus Afghanistan, die den bewaffneten Konflikt immer wieder anfachten. Rachmonow wurde 1994 zum neuen Präsidenten gewählt. Kurz darauf gelang es ihm, mit russischer und usbekischer Hilfe, einen Waffenstillstand zu schließen. 1997 endete der Krieg offiziell mit einem Friedensvertrag, der in Moskau unterzeichnet wurde. Rachmonow musste der »Partei der Islamischen Wiedergeburt« zusichern, sie an der Macht in Tadschikistan zu beteiligen. Das geschah formal auch. Die »Volksdemokratische Partei Tadschikistans« – die Präsidentenpartei – und die »Partei der Islamischen Wiedergeburt« bildeten eine Einheitsregierung. Damit ist die »Islamische Wiedergeburt« Tadschikistans die einzige legale religiöse Partei in ganz Mittelasien.

Die Mehrheit der oppositionellen Warlords, also der bewaffneten Clanchefs, hielt sich zunächst an den Friedensschluss. Einige von ihnen erhielten staatliche Ämter, viele aufständische Kämpfer wurden in die tadschikische Armee und Polizei integriert. Zunächst kehrte Ruhe ein. Der langjährige Bürgerkrieg hatte das ohnehin schon schwache Land regelrecht zerstört. Nach UN-Angaben forderte er über 50 000 Todesopfer.[19] Die heimische Wirtschaft, Landwirtschaft und Infrastruktur lagen 1997 in Trümmern. Hunderttausende Menschen waren nach Afghanistan geflohen und der Großteil der slawischen Bevölke rung nach Russland abgewandert, was einem Exodus der wissenschaftlichen, kulturellen und wirtschaftlichen Elite gleichkam.

Der letzte Stalin der Sowjetunion

Während unserer letzten Reise nach Tadschikistan, im Jahr 2011, besuchten wir Ascht, eine Stadt im Fergana-Tal, ganz im Norden des Landes. Wir waren zu einer Hochzeit eingeladen worden. Der Sohn eines Bekannten aus Duschanbe, der dort im Außenministerium arbeitet, heiratete die Tochter eines anderen gutsituierten Beamten. Die Ehe war vermittelt worden. In Mittelasien ist es nach wie vor üblich, dass die Eltern ihre Kinder verheiraten. Unser Bekannter, Tolib, hatte die Heirat bereits arrangiert, als sein Sohn 15 Jahre alt war. Heute sind beide jungen Leute gerade einmal 18 und 19 Jahre. Die Hochzeitsgesellschaft feierte getrennt. Männer und Frauen begegneten sich nicht.

Für ein paar Stunden verließen wir die Feier und schauten uns im Ort um. In Ascht, nahe an der Grenze zu Usbekistan gelegen, stießen wir durch Zufall auf ein ganz besonderes Denkmal: Stalin. Es dürfte sich hierbei um eines der letzten Stalin-Denkmäler in der früheren Sowjetunion handeln. In Tadschikistan scheint alles möglich zu sein – ein Stalin-Denkmal und eine zugelassene islamische Partei. Auch an anderen Stellen waren wir überrascht. Die Medien berichteten ausgesprochen frei im Vergleich zu den Nachbarstaaten, es gab beinahe so etwas wie demokratische Strukturen. Doch Tolib war damit nicht zufrieden: »Diese Art von Demokratie hat uns nur Unglück gebracht. Die Sowjetunion war besser!«

Personenkult und Gottesstaat

Der tadschikische Präsident, Emomali Rachmonow, festigte nach dem Ende des opferreichen Bürgerkrieges seine Macht. In hohen staatlichen Ämtern fanden sich bald nur noch seine Verwandten oder Vertraute aus seiner südlichen Heimatregion Kulab wieder. Die gemeinsame Regierung mit der »Partei der Islamischen Wiedergeburt« wurde zur Fassade. Korruption, Inkompetenz und Vetternwirtschaft breiteten sich aus. Rachmonow genießt den aufkommenden Kult um seine Person. Keine Stadt in Tadschikistan kommt ohne Plakatwände aus, von denen aus der Landesvater herunterlächelt. Sogar seinen

Stalin-Denkmal in Ascht
im Fergana-Tal

Namen änderte der Präsident, er strich die russische Endung
»ow«, und heißt seitdem nur mehr Rachmon – das klingt tadschikischer. Zum 20. Jahrestag der tadschikischen Unabhängigkeit, am 9. September 2011, ließ er in Duschanbe den höchsten
Fahnenmast der Welt einweihen. In 165 Meter Höhe weht nun
die Staatsflagge.

Da die Stellung der Opposition in Duschanbe mit der Zeit
schwieriger wurde, zogen sich die ehemaligen Warlords allmählich wieder in ihre Stammesgebiete zurück. Sie beschränkten
sich zunächst darauf, die Lokalpolitik möglichst unabhängig
von der zentralen Staatspolitik zu betreiben. Doch mit der Zeit
wuchs der Ärger über Rachmons Regierung immer weiter.

Der Osten des Landes besteht fast ausschließlich aus unzu-
gänglichem Gebirge und wurde Rückzugsort für Angehörige
der verbotenen »Islamischen Bewegung Usbekistans« (IBU) und
der »Hizb-ut-Tahrir«, beides radikale Organisationen, die die
Abschaffung der säkularen Staaten in Mittelasien fordern und
von einem islamischen Groß-Khanat, einem Gottesstaat, träumen. Solche Ideen finden zunehmend auch im Norden des Landes Anklang, wo im Fergana-Tal Kirgistan, Tadschikistan und
Usbekistan aufeinandertreffen. Fundamentalistische Einflüsse,
die aus Afghanistan nach Tadschikistan drängen, und die nach
wie vor schlechte wirtschaftliche Lage beflügeln islamistische

Träume. Seit dem Wegfall der Versorgung durch die Sowjet-union ist das kleine Land permanent auf Unterstützung durch internationale Hilfsorganisationen angewiesen.

Ein Stück Afghanistan im eigenen Land

Tadschikistan ist eng mit Afghanistan verbunden. Im Norden Afghanistans leben vier Millionen Tadschiken, das ist mehr als die Hälfte der Einwohner Tadschikistans selbst. Der Norden Afghanistans wird immer unruhiger, die Taliban werden immer aktiver. Der Prozess überträgt sich spürbar auf den Süden und Südosten Tadschikistans. Eine funktionierende Infrastruktur existiert dort kaum noch. Immer wieder gab es in letzter Zeit Anschläge oder Scharmützel Aufständischer mit der tadschikischen Armee, Straßen und Brücken wurden gesprengt.

Die Grenze zu Afghanistan verläuft Hunderte Kilometer durch mehr oder weniger unzugängliches Gebirge und ist schwer zu sichern. Afghanische Rebellen nutzen die Berge Tadschikistans als Rückzugsgebiet. Zudem führen mehrere lukrative Drogen-schmuggelrouten über die afghanisch-tadschikische Grenze. Die Ware ist für den russischen bzw. den europäischen Markt bestimmt. Russland und die EU zeigen sich entsprechend besorgt. Die Moskauer Regierung bot an, russische Grenztruppen zu entsenden, doch die Tadschiken verbinden damit schlechte Erinnerungen und wollen davon nichts wissen. Auch andere fremde Hilfe wird abgewiesen, obwohl die tadschikischen Grenztruppen schlecht ausgerüstet sind. Es gibt zu wenig Personal und zu wenige Posten, um die Grenze ernsthaft kontrollieren zu können. Offenbar ist das in bestimmten Gebieten auch gar nicht gewollt, wie wir selbst erleben konnten.

In der dünn besiedelten Ostprovinz Berg-Bedachstan im Pamir-Gebirge, wo auch der »Pik Ismoil Somoni« liegt, bildet der Fluss Pjandsch die natürliche Grenze nach Süden zu Afghanistan. Hier leben keine Sunniten, sondern Ismaeliten, die schon im Mittelalter erbitterte Feinde ihrer sunnitischen Nachbarn waren. Die ismaelitischen Tadschiken bewohnen beide Seiten des Flusses, d. h. sowohl in Tadschikistan als auch in Afghanistan.

Ischkaschim, an der südlichsten Spitze Tadschikistans gelegen, war während der Sowjetzeit ein beliebter Kurort im Hochgebirge. In den vergangenen zwei Jahrzehnten wurde er jedoch vernachlässigt, es gibt kaum noch Besucher. Kein Wunder also, dass wir nicht nur als Touristen gern gesehen waren, sondern so etwas wie eine lokale Attraktion darstellten. An jedem Samstag wird auf afghanischer Seite der Basar abgehalten, zu dem Menschen aus der ganzen Region strömen. Auch wir wurden eingeladen mitzukommen. Ein Visum zum Überschreiten der Grenze nach Afghanistan wurde von uns so wenig verlangt wie von allen anderen.

Terror in Tadschikistan

Das dicht besiedelte Fergana-Tal im Norden, dessen tadschikischer Teil zur Region Sogd gehört, gilt den islamistischen Ideologen als Herz des geplanten religiösen Großreichs. Hier ticken die Uhren traditionell anders als in der Hauptstadt Duschanbe, wo man Frauen mit Kopftuch eher selten sieht, geschweige denn mit Ganzkörperschleier. Stattdessen ist moderne, westliche Kleidung angesagt, Miniröcke und High-Heels gehören zum Straßenbild. Selbst im tadschikischen Parlament liegt der Frauenanteil bei 21 Prozent.

Im Fergana-Tal tragen hingegen viele Frauen Kopftücher, die Trennung von Männern und Frauen wird in vielen Lebensbereichen konsequent praktiziert. Die Sicherheitsbehörden der säkularen tadschikischen, kirgisischen und usbekischen Regierungen halten die religiösen Bürger hier besonders scharf im Auge. Es kommt immer wieder zu Verhaftungen.

Im August 2010 gelang 25 Häftlingen die Flucht aus einem Gefängnis in Duschanbe. Dafür töteten sie sechs Wärter.[20] Es war der Beginn einer Welle der Gewalt. Am 3. September 2010 gab es den ersten Selbstmordanschlag in der Geschichte des unabhängigen Tadschikistans: Ein Attentäter lenkte sein Fahrzeug auf ein Polizeigelände in Chodschent, einer großen Stadt im Norden des Landes, brachte es zur Explosion und tötete dabei drei Polizisten.[21] Knapp 30 Personen wurden verletzt. Zwei Tage später explodierte in einem Nachtklub der Hauptstadt eine Bombe, sieben Menschen wurden verletzt.[22] Am 19. September geriet in Grenznähe zu Afghanistan, im Rascht-Tal, ein Militärkonvoi in einen Hinterhalt, zwischen 20 und 40 Soldaten sollen dabei ums Leben gekommen sein.[23] Man vermutete in der Region die geflüchteten Gewalttäter, weshalb die Regierung das Gebiet weitgehend abriegelte, Telefonverbindungen unterbrach und die journalistische Berichterstattung behinderte. Im Internet konnte man daraufhin lesen, der tadschikische Staat sei nicht mehr in der Lage, für Sicherheit im Land zu sorgen. Die Regierung reagierte darauf äußerst ungehalten, ließ zahlreiche Webseiten sperren und beschuldigte die Massenmedien der Destabilisierung des Landes. Seitdem gibt es kaum noch unabhängige Informationen aus dem Osten Tadschikistans.

Angst vor Bärten

In allen Ländern Mittelasiens weiß man um die Gefahr für Sicherheit und Stabilität, die von islamistischen Gruppierungen ausgeht. Aber in keinem Land wird diese Furcht so umfangreich in Gesetze umgesetzt wie in Tadschikistan. Moscheen und Imame werden von staatlicher Seite strengstens kontrolliert, die Zahl der legalen Moscheen sinkt stetig. Kindern ist der Zutritt zu Moscheen inzwischen verboten worden, kürzlich wurden Hunderte Theologiestudenten aus dem Ausland zurückbeordert. Schon 2009 war ein Gesetz erlassen worden, das es Lehrern verbietet, einen Bart zu tragen.[24] Seitdem wird von Festnahmen von Bartträgern berichtet, auch wenn sie keine Lehrer sind. Präsident Rachmon ruft seine Bürger gebetsmühlenartig dazu auf, sich auf ihre tadschikischen Traditionen zu besinnen, die er implizit von islamischen Traditionen trennt. Eltern sollen ihren Kindern keine arabischen Namen wie Aischa oder Mohammed geben, sondern lieber persische, wie Tahmeena und Jamshed. Der Trend weist jedoch in die entgegengesetzte Richtung, muslimische Namen für Babys werden immer populärer. Bei Problemen wenden sich die Menschen inzwischen lieber an religiöse Autoritäten als an staatliche Stellen, denen kaum noch jemand vertraut.

Aus Ascht, wo wir die Hochzeit von Tolibs Sohn gefeiert hatten, fuhren wir gemeinsam mit dem stolzen Vater in die tadschikische Hauptstadt zurück. Tolib musste wieder ins Ministerium. Präsident Rachmon plante eine Auslandsreise. Die Vorbereitungen bedeuteten für Tolib mehrere Nachtschichten.

Nach acht Stunden hatten wir die tunnelreiche Strecke fast hinter uns gelassen. Kurz vor Duschanbe durchquerten wir einen weiteren, fünf Kilometer langen Tunnel. »Den haben die Iraner gebaut«, erzählte Tolib: »Ahmadinedschad hat ihn 2006 persönlich eingeweiht.«

Vermutlich hat er ihn aber nie befahren, seinen Bauarbeitern wäre die vorstellbare Wut des jähzornigen iranischen Staatschefs schlecht bekommen. Die Fahrbahn ist nicht asphaltiert und holprig, Wasser dringt ein, und steht an manchen Stellen kniehoch, auf fünf Kilometern gibt es weder Notausgänge noch eine Beleuchtung. Es ist nur eine Frage der Zeit, bis es hier zu einer Katastrophe kommt. Nach zehn Minuten verließen wir die Todesröhre mit Kopfschmerzen. Durch fehlende Entlüftungsanlagen können Autoabgase nicht entweichen.

Der Iran versucht seit Jahren, seinen Einfluss auf das einzige persische Land Mittelasiens auszuweiten. In Teheran träumt man von einer kulturellen und politischen Union – und natürlich davon, dass Tadschikistan der erste islamische Staat in Mittelasien wird.

Präsident Rachmon steht vor einem schwierigen Spagat. Er lässt sich von Ahmadinedschad gern umwerben. Auch wenn der Tunnelbau ein Fehlschlag war, investieren die Iraner in die tadschikische Infrastruktur, geben Kredite und unterstützen das Land beim Bau von Wasserkraftwerken. Andererseits fürchtet er den religiösen Einfluss und lässt immer mehr Menschen unter dem Verdacht des islamischen Extremismus festnehmen. Dies wiederum treibt der »Partei der Islamischen Wiedergeburt« neue Sympathisanten zu.

Der gleich-ungleiche Nachbar Usbekistan

In Duschanbe treffen wir uns mit dem stellvertretenden Außenminister des Landes. Er weiß, dass wir bald nach Usbekistan weiterfahren. Auf diesen Nachbarn ist er nicht gut zu sprechen. Auf tadschikischem Territorium leben über eine Million Usbeken. Hingegen betrachten die Tadschiken die usbekischen Städte Samarkand und Buchara als ihr traditionelles Siedlungsgebiet. Dort leben heute noch überwiegend Tadschiken. Streitigkeiten zum jeweiligen Geschichtsverständnis des Nachbarn tragen die beiden Länder seit ihrer Unabhängigkeit aus.

Wesentlich handfester sind jedoch die Auseinandersetzungen um die Wasserverteilung. Die Länder Mittelasiens entnehmen ihr Wasser zwei großen Flüssen, die durch die Region in Richtung Aralsee fließen, dem Syr-Darja und dem Amur-Darja. Deren Quellflüsse entspringen in Kirgistan und Tadschikistan. Obwohl die Länder am Unterlauf der beiden Flüsse – Usbekistan,

Turkmenistan und Kasachstan – reich an Energieressourcen wie Erdöl und -gas sind, bleiben sie von ihren höher gelegenen Nachbarn in Bezug auf die Wasserversorgung abhängig. Niederschläge gibt es nur wenig und sehr unregelmäßig, im Sommer regnet es nahezu gar nicht.

In der Sowjetzeit erhielten Tadschikistan und Kirgistan als Kompensation für die eingeschränkten Nutzungsmöglichkeiten der eigenen Wasserressourcen Strom, Gas oder Kohle sowie landwirtschaftliche Produkte aus Russland, Kasachstan, Usbekistan und Turkmenistan. Nach der Unabhängigkeit der zentralasiatischen Staaten wurden die vorhandenen Wasserverteilungsmuster und Verträge bestätigt. Allerdings ist heute kein Kreml in Moskau mehr dafür verantwortlich, die Einhaltung der Abkommen zu überwachen. Seit 1991 entbrennt jedes Jahr aufs Neue die Auseinandersetzung um Entnahmequoten, jedes Land fühlt sich von den anderen hintergangen. Dabei geht es um viel Geld: Die einen brauchen das Wasser, um wertvolle Baumwolle zu züchten, die anderen für ihre Wasserkraftwerke.

Die tadschikisch-usbekischen Beziehungen sind besonders angespannt, seitdem Tadschikistan beschlossen hat, in Rogun, am Fluss Wachsch, das größte Wasserkraftwerk Mittelasiens zu bauen. Das Mammutprojekt stammt noch aus der sowjetischen Periode. Der Damm von Rogun soll etwa 335 m hoch werden. Damit wäre er der höchste Staudamm der Welt. Das Stauvolumen soll 12 Billionen Kubikmeter betragen.

Mit diesem Kraftwerk könnte Tadschikistan die Wassermenge des Amu-Darja beträchtlich verringern und so die Unteranlieger des Flusses massiv unter Druck setzen. »Wir haben kein Öl und wir haben kein Gas«, sagt der Vizeaußenminister: »Allah hat uns Wasser gegeben!« Den Strom will Tadschikistan später vor allem nach Afghanistan und Pakistan verkaufen.

Tadschikistan nutzt jede Möglichkeit, um Finanzmittel für den Bau von Rogun zu akquirieren. 2010 führte man im Land eine große Kampagne für den Verkauf von Aktien des neuen WKW Rogun durch. Letztlich wurden sie unter Zwang an den Mann gebracht. Rachmon hielt eine Rede, in der er seine Überzeugung zum Ausdruck brachte, dass sicherlich jeder Bürger Tadschikistans moralisch und materiell den Bau des WKW Rogun unterstützen und damit die Interessen des Staates und der Nation schützen wolle.

Partner: der tadschikische Präsident Rachmon und sein iranischer Kollege Achmadinedschad

Usbekistan lehnt den Bau von Rogun ab. Einerseits sei die Erd-bebengefahr in der Region nicht ausreichend berücksichtigt worden. Andererseits würde durch den Bau die Wasserversor-gung Usbekistans gefährdet. Eisenbahnlinien nach Tadschikis-tan wurden von usbekischer Seite aus blockiert, die gegenseiti-gen Beziehungen erreichten einen Tiefpunkt.

Visaregime und Abgrenzung

Mittlerweile gibt es zwischen den beiden Ländern, wo die Men-schen durch vielfältige verwandtschaftliche Beziehungen mit-einander verbunden sind, lediglich noch zwei Grenzübergänge. Tadschiken und Usbeken benötigen zudem ein Visum, um sich gegenseitig zu besuchen. 2011 fuhren wir, aus dem tadschiki-schen Chodschand kommend, über die Grenze nach Usbekis-tan. Autos aus den beiden Ländern sieht man dort selten. Es ist schon als Fußgänger schwer genug, die Grenze in das jeweilige Nachbarland zu passieren, bei all den Papieren und Stempeln, die erforderlich sind. Als Ausländer gelangt man nur mit viel Geduld und guten Sprachkenntnissen hinüber. Als Erstes be-grüßte uns noch vor dem Gittertor des Grenzkontrollpunktes ein Soldat, der unsere Pässe verlangte. Per Funksprechanlage meldete er uns irgendwem an, dann öffnete er mühsam das Tor.

Streunende Hunde begleiteten uns bellend zur eigentlichen Grenze. Es war ein warmer Sommerabend, ein tadschikischer Polizist hatte sich in voller Montur schon auf einem rostigen Metallbett im Freien ausgestreckt. Neben ihm tönte Musik aus einem uralten Radio, friedlich kaute er Sonnenblumenkerne. Die zwei Dutzend Usbeken und Tadschiken, die sich vergeblich bemühten, einen seiner Kollegen zu finden, der ihre Pässe abstempelt, beachtete er nicht. Wir warteten eine halbe Stunde. In einer anderen Ecke wendete ein Beamter die Papiere eines kasachischen Geschäftsmannes umständlich hin und her. Der Kasache schleppte riesige Koffer mit sich. Die beiden wurden sich erst einig, nachdem sie hinter einem Schuppen verschwunden waren. Als sie nach zwei Minuten wieder auftauchten, hatte der tadschikische Zöllner einen dicken Umschlag in seine Hosentasche. Dann kam er zu uns. Europäischen Ausländern gegenüber ist man in der Regel höflich, und so schrie er dem Musik hörenden Mann auf dem Bett zu, er solle endlich unsere Pässe kontrollieren. Die mit uns wartenden Tadschiken und Usbeken witterten Hoffnung und bildeten eine Schlange vor dem kleinen Fenster. Der Grenzbeamte stand mürrisch auf. Ein paar Frauen, die anscheinend schon am längsten warteten und sich als Erste vor dem Schalter aufgestellt hatten, machte er deren Rolle klar: Ob sie blind seien und nicht sehen würden, dass hier auch Männer über die Grenze wollten? Sie sollten sich gefälligst hinten anstellen. Die Tadschikinnen fügten sich. Nach der Grenzkontrolle folgte die Zollkontrolle und dann erneut ein Tor mit einem bewaffneten Soldaten. Ihm gefielen unsere Sonnenbrillen und es dauerte einige Minuten, ihm klarzumachen, dass wir sie ihm trotzdem nicht schenken wollten. Nach einer erneuten umständlichen Passkontrolle und mehreren Funksprüchen entließ er uns auf usbekisches Territorium. Ein weiteres Tor, wieder ein Soldat, dann fuhren wir durch ein Becken dreckigen Wassers, das das Auto von ausländischem Schmutz desinfizieren sollte. Es folgte ein ähnliches Prozedere wie auf tadschikischer Seite. Dies vollzog sich zwar etwas aufgeräumter, aber noch bürokratischer. Usbekistan versucht, sich als mittelasiatisches Kernland wichtig zu machen. Obwohl der Grenzübergang beinahe menschenleer war, haben wir am Ende doch mehr als drei Stunden benötigt, um ins andere Land zu gelangen. Wie soll da regionale Kooperation funktionieren?

Usbekistan

»Sterben wie ein Held«

Ein Kamel trottete gelassen mitten in der Wüste an einem verrosteten Fischerkahn vorbei. Diese Wüste war vor 30 Jahren der Grund des Aralsees gewesen. Wir besuchten sie im Sommer 2011. Mit uns reiste ein Kamerateam des Schweizer Fernsehens. Von der ökologischen Katastrophe, die sich in diesem Teil der Welt seit Jahrzehnten abspielt, ist im Westen nur wenig bekannt.

Während man sich in Tadschikistan darüber Gedanken macht, wohin man den Strom aus einem geplanten Riesen-Wasserkraftwerk verkaufen kann, leiden Usbekistan und Kasachstan unter Wasserknappheit.

Der Aralsee, an den im Norden Kasachstan und im Süden Usbekistan grenzen, war einst einer der größten Binnenseen der Welt. Die Stadt Muinak, in der usbekischen Provinz Karakalpakistan, ist eigentlich eine Hafenstadt. Sie lag noch in den 1980er Jahren direkt am See. Es gab Touristen, die an der Promenade spazierten, Ferienlager, Sanatorien und Schiffe, die täglich viele Tonnen Fisch in die Fabrik am Ufer brachten. Heute liegen die Schiffe auf dem Trockenen, die Fischfabrik ist verfallen. Von den früheren 200 000 Einwohnern haben über drei Viertel die Stadt verlassen, lediglich 40 000 Menschen leben hier noch. Die Fischer haben nichts mehr zu tun. Der See hat sich bereits über 130 Kilometer zurückgezogen. Dort, wo noch Wasser ist, leben keine Fische mehr. Die Salzkonzentration im Aralsee ist zehnmal höher als in den Ozeanen.

Die Tragödie, die sich am Aralsee vollzieht, hat viel mit der untergegangenen Sowjetunion zu tun. Auslöser waren Befehle Stalins. In den vierziger Jahren ordnete er an, den Amur-Darja und den Syr-Darja, die beiden Zuflüsse des Aralsees, umzuleiten. Sie sollten in Tausende Kanäle münden, um so riesige Baumwollfelder zu bewässern, die in den trockenen, heißen Sowjetrepubliken Usbekistan, Kasachstan und Turkmenistan angelegt wurden. Der Mensch wollte die Natur beherrschen und dabei, so sagte es ein sowjetischer General, müsse der Aralsee »sterben wie ein Held«.

Bald war es so weit. Die Austrocknung des Sees begann Ende der siebziger Jahre. Der Pegel fiel, das Wasser zog sich zurück.

Land	Usbekistan
Hauptstadt	Taschkent mit ca. 2,4 Millionen Einwohnern
Größe	447000 km²
Bevölkerung	Ca. 28 Millionen Einwohner, etwa 100 Ethnien, davon circa 80 Prozent Usbeken, 5 Prozent Russen, 5 Prozent Tadschiken, 3 Prozent Kasachen, 2,5 Prozent Karakalpaken, außerdem Kirgisen, Turkmenen, Koreaner, Ukrainer und Armenier
Landessprachen	Usbekisch ist Amtssprache, Russisch Verkehrssprache, wird allerdings immer mehr zur Fremdsprache
Religionen	Überwiegend sunnitisch, aber viele kleine Gruppierungen anderer islamischer Denominationen sowie christliche Gemeinden (v. a. russisch-orthodoxe)
Währung	Usbekischer Sum (1 EUR = ca. 1700 UZS)
Datum der Unabhängigkeit	31.8.1991
Staats-/Regierungsform	Präsidialrepublik
Staatsoberhaupt	Präsident Islam Karimow
Staatsoberhäupter seit Unabhängigkeit	seit dem 24.3.1990 Islam Karimow
Regierungschef	Premierminister Schawkat Mirsijajew
Regierungschefs seit Unabhängigkeit	8.1.1992–21.12.1995 Abdulchaschim Mutalow 21.12.1995–11.12.2003 Otkir Sultonow 11.12.2003 Schawkat Mirsijajew
Parlament	Zweikammerparlament; Gesetzgebende Kammer mit 150 Sitzen; Senat mit 100 Sitzen
Regierungsparteien	Die im Parlament vertretenen Parteien sind nicht unbedingt alle an der Regierung beteiligt, aber auf jeden Fall präsidenten- bzw. regierungsfreundlich: Liberal-Demokratische Partei Usbekistans (Partei des Präsidenten), 53 Parlamentssitze; Demokratische Volkspartei Usbekistans, 32 Parlamentssitze; Demokratische Partei, 31 Parlamentssitze; Adolat (Gerechtigkeit), 19 Parlamentssitze; Ökologische Bewegung Usbekistans, 15 Parlamentssitze.
Mitgliedschaft in internationalen Organisationen (u. a.)	UN, OSZE, IWF, Weltbank, Europäische Bank für Wiederaufbau und Entwicklung, Asiatische Entwicklungsbank, Islamische Entwicklungsbank, NATO-Partnerschaft für den Frieden und Euro-Atlantischer

	Partnerschaftsrat, Beobachterstatus bei der Islamischen Konferenz, GUS, Schanghaier Organisation für Zusammenarbeit, Organisation des Vertrags über Kollektive Sicherheit, Organisation für Wirtschaftliche Zusammenarbeit, Zentralasiatische Organisation für Zusammenarbeit
Bruttoinlands-produkt	32,1 Mrd. US-Dollar (2009)

Heute ist der Aralsee um fast 75 Prozent geschrumpft und damit fast verschwunden. Usbekistan und Kasachstan teilen sich den kläglichen Rest des Sees und damit die Folgeprobleme. Baumwolle wird dennoch weiter produziert.

Wir trafen uns mit Oktjabr, einem Archäologen aus Nukus, der Hauptstadt der Provinz Karakalpakistan. Er stammt aus Muinak, wo seine Eltern bis heute wohnen. »Das Klima in unserer Gegend hat sich dramatisch verändert«, sagte er. Seit der See weg ist, sind die Winter in Muinak länger und härter geworden. Die Temperaturen sinken dann unter minus 30 Grad, im Sommer kann es über 50 Grad heiß werden. »Wir bräuchten dringend frisches Wasser«, erzählte Oktjabr weiter. »Einige Leute haben Salz in der Leber. Das ist sehr schmerzhaft.« Die Chefärztin im Krankenhaus der Stadt ergänzte: »Es kommen immer mehr Menschen, die medizinische Hilfe brauchen. Die Kindersterblichkeit ist sehr hoch. Das hat unmittelbar mit dem Staub und dem Salz in der Luft zu tun. Auch Typhuserkrankungen haben sich vervielfacht.« Schuld an den Krankheiten ist der überdüngte Boden. Rund um den See befanden sich Baumwollfelder, die mittlerweile vertrocknet sind. Die Wüstenstürme wirbeln jedes Jahr tonnenweise Salze und Pestizide auf. Die Usbeken haben eine salzresistente Pflanze entwickelt, die Sand und Giftstoffe zurückhalten soll. Es ist der hilflose Versuch, das Leben für die Menschen am Aralsee erträglicher zu machen.

Experten geben den See verloren. UN-Generalsekretär Ban Ki Moon sprach bei einem Besuch am Aralsee im Jahre 2010 von »einer der schockierendsten Katastrophen des Planeten«.

Oktjabr hofft dennoch, dass der See eines Tages zurückkommen wird. »Ich bete jeden Tag dafür«, versicherte er uns. Doch es scheint aussichtslos, dass sich Oktjabrs Wunsch erfüllt. Offiziell heißt das ausgetrocknete Seebecken bereits »Aralwüste«.

Schiffsfriedhof im ehemaligen Hafenbecken bei Muinak

Die Region ist dem Tod geweiht. Sie wird sterben, so wie die Fische im See gestorben sind.

Wir fuhren mit Oktjabr von Muinak sechs Stunden lang durch das ausgetrocknete Meerbecken bis an das jetzige Ufer des Aralsees. Er war glücklich, endlich mal wieder in »seinem« geliebten Meer baden zu können. Er muss dabei nicht mehr schwimmen wie früher. Der extrem hohe Salzgehalt trägt den Körper an der Oberfläche.

Kampf um die Vorherrschaft

Mit Kasachstan teilt sich Usbekistan nicht nur den Aralsee, es konkurriert auch um die Vorherrschaft in der Region. Die Kasachen begründen ihren Führungsanspruch mit den reichhaltigen Gas- und Ölreserven des Landes und den entsprechenden Einnahmen. Doch auch die Usbeken können mit Ressourcentrümpfen pokern. Baumwolle gedeiht hervorragend, außerdem gibt es Gas-, Kupfer- und Goldvorkommen. Usbekistan ist zudem einer der größten Uranförderer der Welt. Jedoch nutzt das Land diese Asse nicht so effektiv wie sein Nachbar. Auslandsinvestoren gehen lieber in das etwas liberalere Kasachstan, um Geschäfte zu machen.

In der Altstadt von Chiwa

Usbekistan ist mit über 28 Millionen Einwohnern das am dichtesten besiedelte Kernland Mittelasiens. Auf seinem Territorium befinden sich die historischen Stätten der Seidenstraße: Samarkand, Buchara und Chiwa. Mehrere Nachbarländer sind Unruheherde. In Afghanistan herrscht Krieg, Tadschikistan wird zunehmend durch radikale, islamistische Kräfte unterwandert. Kirgistan ist instabil und bekommt seine ethnischen Konflikte nicht in den Griff. Die usbekische Führung hält dagegen das Zepter fest in ihren Händen.

Das Sowjetreich als pikante Würzmischung
Die heutige Konfliktlage der Region ist durch die Mischung der Volksgruppen geprägt. Auch hier hatte Chefkoch Stalin seine Künste bewiesen. Neben der willkürlichen Ziehung administrativer Grenzen zwischen den einzelnen Sowjetrepubliken fügte er der traditionellen Vielvölkerregion Mittelasien weitere Gewürze hinzu und siedelte ganze Volksgruppen seines Riesenreiches dorthin um. 1944 kamen Mescheten aus dem heutigen Südgeorgien ins Fergana-Tal. Im Juni 1989 führte das zu ersten nationalen Unruhen. Usbeken griffen Mescheten an. Etwa 100 Menschen, zumeist Mescheten, wurden getötet und über 1000

verletzt. Häuser gingen in Flammen auf. Die Angreifer hatten Transparente mitgeführt, auf denen zu lesen stand: »Usbekistan gehört den Usbeken«.[25] Der sowjetische Ministerpräsident Nikolai Ryschkow eilte in die mittelasiatische Sowjetrepublik. Ihm blieb nichts weiter übrig, als für die Einrichtung einer Luftbrücke zu sorgen, über die Tausende Mescheten aus der sowjetischen Teilrepublik ausgeflogen wurden.

Auch andere Volksgruppen, wie Deutsche und Koreaner, ließ Stalin in die Region deportieren. Die deutschen Volkszugehörigen sind inzwischen aber überwiegend nach Deutschland umgesiedelt. Nur in Kasachstan ist eine relevante deutsche Minderheit mit ca. 250 000 Personen verblieben.[26] In der usbekischen Hauptstadt Taschkent trifft man aber noch viele Koreaner, die unter Stalin aus dem russischen Fernen Osten nach Mittelasien deportiert worden sind.

Der Aufstieg von Islam Karimow

In dieser Völkergemeinschaft schaffte es der 1938 in Samarkand geborene Islam Karimow, 1990 in das höchste Amt der Usbekischen Sozialistischen Sowjetrepublik aufzusteigen. Nach einer steilen Karriere im Parteiapparat der KPdSU wurde er Vorsitzender des Obersten Sowjets Usbekistans.

Wenige Tage nach dem gescheiterten Putsch gegen Gorbatschow verkündete Karimow am 1. September 1991 die Unabhängigkeit seines Landes. Drei Monate später wurde er mit 86 Prozent der Stimmen zum Präsidenten gewählt.

Die erste Bewährungsprobe folgte unmittelbar nach der Staatsgründung. In Namangan, im Fergana-Tal, forderten Tausende Menschen die Gründung eines Gottesstaates und die Einführung der Scharia. Ihre Anführer waren Tahir Juldaschew und Dschuma Namangani.[27] Sie hatten mehrere Tausend Männer um sich geschart. Radikale Imame unterstützten ihre Forderungen. Im Dezember 1991 stürmte die aufgeputschte Menge Behörden und öffentliche Gebäude.

Islam Karimow begab sich in die Höhle des Löwen. Die Rebellen forderten ihn auf, Usbekistan zur Islamischen Republik zu erklären und bedrohten ihn. Karimow erreichte für sich und seine Begleiter freien Abzug, da er versprach, die Forderungen dem Parlament in Taschkent vorzutragen. Zurück in der usbekischen Hauptstadt, entschloss er sich zum harten Durchgreifen. Die usbekischen Sicherheitskräfte gingen gegen die Rädelsführer vor. Juldaschew und Namangani gelang die Flucht nach Tadschikistan, später nach Afghanistan und Pakistan. Andere Anführer und Imame des Aufstandes vom Dezember 1991 wurden verhaftet.

Nach dieser frühen Instabilität stellte sich die Frage nach der politischen Zukunft Usbekistans. Karimow, bis vor Kurzem noch Kommunist, wollte mit allen Mitteln eine religiöse Radikalisierung des jungen Landes verhindern. Sein Ziel war der Aufbau eines säkularen Staates. Er setzte es mit harter Hand durch.

Die Religionsausübung steht unter staatlicher Aufsicht ebenso wie der Betrieb einer Islamischen Universität in Taschkent. Knapp 90 Prozent der usbekischen Bevölkerung bekennen sich zum Islam. Wenn es nach dem Willen der usbekischen Regierung geht, so soll jeder seiner Religion nachgehen können. Wer jedoch dem staatlichen Machtbereich zu nahe kommt, gerät unweigerlich in das Visier der Sicherheitsbehörden.

Nach dem 11. September 2001 wurden die mittelasiatischen Staaten in die internationale Politik und Verantwortung hineinkatapultiert. Usbekistan stellte den USA und Deutschland Militärbasen bzw. Flugplätze zur Verfügung. Während die USA ihren Stützpunkt 2006 räumen mussten, ist die Bundeswehr nach wie vor in Termez, der usbekischen Grenzstadt zu Afghanistan, stationiert. Der dortige Flughafen ist für den Afghanistan-Einsatz der Antiterror-Allianz unverzichtbar.

Terror aus Usbekistan
Aufgrund der säkularen Haltung seiner Regierung ist Usbekistan zum erklärten Feind von Gruppierungen wie der »Islamischen Bewegung Usbekistans« (IBU) geworden. Die IBU wurde zu Beginn der 1990er Jahre von den Anführern des Aufstandes in Namangan, Juldaschew und Namangani, gegründet. Von ihr spaltete sich später die »Islamische Dschihad-Union« ab. Die Gruppen unterhalten enge Kontakte zu al-Qaida und agieren von Afghanistan und Pakistan aus. Ein Teil der militanten Mitglieder sympathisiert mit dem »Heiligen Krieg« in anderen Ländern.[28] Nachdem die deutsche Polizei 2007 drei Mitglieder der »Islamischen Dschihad-Union« im Sauerland festgenommen hatte, mussten Sicherheitsexperten konstatieren, dass der aus

Mittelasien stammende Terrorismus auch zu einer unmittelbaren Bedrohung für Deutschland geworden war.

Dschuma Namangani und Tahir Juldaschew, die früheren Anführer der IBU, leben indes nicht mehr. Namangani wurde 2001 bei einer US-amerikanischen Aktion in Nordafghanistan getötet. Juldaschew starb nach Angaben des pakistanischen Geheimdienstes im August 2009 durch einen amerikanischen Drohnenangriff in Südwasiristan, einer Provinz an der pakistanisch-afghanischen Grenze.[29] Vor seinem Tod hatte der Vertraute von Osama Bin Laden auf einer DVD, die man in der kirgisischen Provinzstadt Osch kaufen konnte, mit Anschlägen auf die Präsidenten Usbekistans, Kirgistans und Tadschikistans gedroht: »Wir erinnern Karimow, Bakijew und Rachmonow daran, dass sie für die Verfolgung der Muslime bestraft werden – in diesem Leben wie auch vor dem himmlischen Gericht.«[30]

Bereits mehrfach ist es an verschiedenen Orten Usbekistans zu Angriffen islamistischer Terroristen gekommen. Im Februar 1999 explodierten in der Hauptstadt Taschkent insgesamt sechs Bomben. Bei den Anschlägen, die offensichtlich Präsident Karimow persönlich galten, kamen 16 Menschen ums Leben, mehr als 100 wurden verletzt. Für die Attacke soll die »Islamische Bewegung Usbekistans« verantwortlich gewesen sein. Im März und April 2004 kam es erneut zu Anschlägen in Taschkent und Buchara. Frauen mit Sprengstoffgürteln und bewaffnete Männer griffen mehrere Polizeiposten an. Dabei kamen 33 Terroristen, zehn Polizisten und vier Passanten ums Leben. Im Juli 2004 explodierten vor den Eingängen der US-amerikanischen und der israelischen Botschaft in Taschkent zwei Sprengsätze, denen zwei usbekische Sicherheitsleute zum Opfer fielen. Zu allen Anschlägen bekannte sich die »Islamische Dschihad-Union«.

Zum Synonym für das harte Vorgehen der usbekischen Führung gegen jedwede Art von Ausschreitungen wurde 2005 die Stadt Andischan in Fergana-Tal. Dort hatte nach Angaben der usbekischen Behörden eine Gruppe Bewaffneter, die der islamistischen Organisation »Akramija« angehörte, ein Gefängnis überfallen, um Gesinnungsgenossen zu befreien. Gegen sie war ein Prozess wegen »terroristischer Aktivitäten« geplant. Die Unruhen breiteten sich aus. Es kam zu Solidaritätskundgebungen auf den Straßen der Stadt und zu schweren Zusammenstößen zwischen Aufständischen und den usbekischen Sicherheitskräften. Zivilisten, die sich an den Demonstrationen beteiligt hatten, aber unbewaffnet waren, gerieten in die Schusslinie. Nach offiziellen Taschkenter Angaben forderten die Unruhen 187 Tote. Inoffizielle Schätzungen liegen um ein Mehrfaches darüber. Einer internationalen Untersuchung der Ereignisse stimmte die usbekische Regierung nicht zu, worauf die Europäische Union ein Einreiseembargo für usbekische Regierungsmitglieder verhängte. Es wurde 2007 wieder aufgehoben.

Das erste freie Theater der Sowjetunion

Im September des Jahres 2007 erreichte uns die Nachricht, dass Mark Weil, ein Freund aus Taschkent, einem Mordanschlag zum Opfer gefallen war. Weil war einer der bekanntesten Theaterregisseure der Sowjetunion gewesen. Wir hatten ihn 2002 durch Alexej, unseren in Taschkent aufgewachsenen Bekannten aus Moskau, kennengelernt.

Mark Weil war ein in Taschkent geborener russischer Jude. Er hatte 1976 in der usbekischen Hauptstadt das »Ilkhom«-Theater gegründet, das erste freie Theater in der Sowjetunion. Für die 1970er Jahre eine Sensation: Das »Ilkhom« lebte ohne staatliche Subventionen, entzog sich zunehmend staatlicher Bevormundung und Zensur und wurde rasch zum Sammelbecken für kritische Geister und Dissidenten. Während es im abgelegenen Usbekistan zu Sowjetzeiten relativ unbehelligt regimekritische Stücke auf die Bühne bringen konnte, führten 1982 Gastspiele in Leningrad und Moskau dazu, dass Beobachtungen und Eingriffe des KGB Weils Theater in seiner Existenz bedrohten. Doch sein mittlerweile über die Grenzen der Sowjetunion hinausreichender Ruf als exzellenter Theater- und Filmemacher und die bald einsetzende Perestroika-Politik Gorbatschows ließen das »Ilkhom« überleben – ein Wunder für die UdSSR.

Nach 1991 setzte sich dieses Wunder im unabhängig gewordenen Usbekistan zunächst fort. Weil pendelte zwischen seiner Wirkungsstätte in Usbekistan, seiner ins amerikanische Seattle ausgewanderten Familie und einer Moskauer Drittwohnung hin und her. Hinzu kamen Gastspiele in der ganzen Welt. Als wir ihn einmal fragten, als was er sich eigentlich fühle und wo er zu Hause sei, antwortete er uns, ohne auch nur für einen Moment zu zögern: »Ich bin Sowjetmensch, Taschkenter Patriot und Weltbürger!«

Das Theater »Ilkhom« nimmt Abschied vom ermordeten Mark Weil

Im unabhängigen Usbekistan brachte Weil Stücke auf die Bühne, die das Verhältnis der islamischen Welt zur Moderne beschrieben. Eines seiner Themen waren der Islam und die Homosexualität. Das ist in Usbekistan nicht nur ein Tabuthema, sondern es gibt nach wie vor einen »Schwulenparagraphen« im usbekischen Strafgesetzbuch. Einen Tag vor der Premiere eines neuen Stückes lauerten vor der Haustür von Mark Weil zwei junge Männer und erstachen ihn. Sie wurden zwei Jahre später verhaftet und gaben religiöse Motive für den Mord an.

Alexej wollte nach dem Mord an Mark eigentlich nie wieder nach Taschkent kommen. Doch seine Eltern leben noch dort. Sie sind alt und wollen nicht mehr auswandern. Wenn Alexej heute nach Usbekistan reist, fliegt er in ein für ihn fremdes Land. »Früher war Taschkent eine russische Stadt. Von meinen Studienkollegen ist kaum jemand geblieben«, sagt er. »Die meisten meiner Freunde waren Russen. Heute höre ich überall nur noch Usbekisch.«

Seit Beginn der 1990er Jahre drängte die usbekische Regierung den Einfluss der russischen Sprache immer mehr zurück. Man überlegte sogar, ob man für die usbekische Sprache auf das arabische Alphabet zurückgreifen sollte. Das geschah dann letztlich aber nicht. Im Jahre 2002 löste das lateinische das kyrillische Alphabet ab. Die Bildung blieb dabei zu Teilen auf der Strecke. Noch heute, fast zehn Jahre nach der Umstellung, benutzen alle Zeitungsverlage kyrillische Buchstaben. In den Schulen jedoch wird Usbekisch mit dem lateinischen Alphabet gelehrt. Im Ergebnis können junge Leute keine Zeitungen lesen und ältere ihren Kindern nicht bei den Hausaufgaben helfen.

Beschneidungsfest in Fergana

Ulugbek, ein befreundeter usbekischer Journalist, war Vater geworden. Er hatte uns zum Beschneidungsfest in seine Heimatstadt Fergana eingeladen. Wir mussten früh am Morgen aufstehen. Die männlichen Verwandten, Freunde und Nachbarn trafen sich um sechs Uhr, um für den Nachwuchs zu beten. Über 200 Männer hatten sich im Saal eines Restaurants versammelt. Auf den Tischen standen Unmengen von Früchten, Süßigkeiten, Nüssen und Mandeln. Zum morgendlichen Hauptgang gab es Plow, ein in Baumwollöl zubereitetes Nationalgericht aus Reis, Gemüse und Hammelfleisch. Ein Imam las Suren aus dem Koran. Nach einer Stunde trennte sich die Männerversammlung wieder. Wir blieben zurück und unterhielten uns mit unserem Tischnachbarn, einem arbeitslosen Lehrer. »Denkt nicht, dass wir hier alle so reich sind und uns solche Feste wirklich leisten können«, sagte er und zeigte auf die süßen Dinge vor uns. »Das kann man bei uns mieten. Bezahlt werden nur die Kilo, die gegessen worden sind. Der Rest wird zurückgewogen.« Die wirtschaftliche Lage im Fergana-Tal ist schlecht, die soziale Situation angespannt. Immer mehr junge Menschen geraten in die Fänge von Hizb-ut-Tahrir, einer Muslimbruderschaft, die die Errichtung eines islamischen Kalifats anstrebt. »Viele Moscheen sind schon unterwandert«, meint der Lehrer.

Wirtschaftliche Abschottung

Usbekistan braucht zunehmend gut ausgebildete Fachkräfte, denn wirtschaftlich steht es nicht zum Besten. Das Land nimmt unter den postsowjetischen Staaten eine Sonderrolle ein. Als einzige Währung der früheren 15 Sowjetrepubliken ist der usbekische Sum bis heute international nicht handelbar. Das Ergebnis ist ein florierender Schwarzmarkt für ausländische Währungen. Die abgeschottete Wirtschaftspolitik des Landes zielt auf Unabhängigkeit gegenüber dem weltweiten Markt ab. Das Bankensystem ist einer strengen staatlichen Kontrolle unterzogen. Usbekische Waren sind vor ausländischer Konkurrenz geschützt. Das Straßenbild bestimmen neben alten sowjetischen Fahrzeugen vor allem Autos, die in Usbekistan produziert worden sind. Neu- oder Gebrauchtwaren aus dem Ausland sind mit solch hohen Zöllen belegt, dass sich deren Einfuhr für kaum jemanden lohnt.

Doch die wirtschaftliche Unabhängigkeit wird immer mehr zur Schimäre. Dem Land fehlt es zunehmend an Devisen. Im Sommer 2011 schränkte die Regierung bereits den Verkauf von Flugtickets in usbekischer Landeswährung ein. Gefragt sind jetzt Valuta.

Im September 2011 wurde das 20-jährige Jubiläum der Unabhängigkeit gefeiert, was zugleich Karimows eigenes Regierungsjubiläum darstellt. Er führt das Land zentralistisch. Ihm gilt die Stabilität Usbekistans als wichtigstes Ziel, das er über die Absicht stellt, demokratische Reformen durchführen zu wollen. Es ist und bleibt dabei ein Streitthema, wie die Demokratisierung des Landes unter den momentanen Bedingungen aussehen könnte, ohne das Land in die Hände radikaler Islamisten fallen zu lassen.

Turkmenistan

Der turkmenische Sonnengott

Turkmenistan erstreckt sich über eine Fläche, die mit 488 100 Quadratkilometern etwa anderthalbmal so groß ist wie Deutschland. 80 Prozent davon sind Wüste, die knapp fünf Millionen Einwohner verteilen sich auf wenige Gebiete. Der Wüstenstaat liegt an der Ostküste des Kaspischen Meeres, seine Nachbarn sind Kasachstan, Usbekistan, Afghanistan, der Iran und an der Seegrenze Aserbaidschan. 90 Prozent der Turkmenen gehören dem sunnitischen Islam an.

Die frühere Sowjetrepublik Turkmenistan zählte zu den Staaten, die den Verbund der UdSSR nur ungern verließen. Turkmenistan wurde 1991 unabhängig, weil sich die Sowjetunion in der Auflösung befand. Von turkmenischer Seite waren dem keine Unabhängigkeitsbestrebungen vorausgegangen. Erst als Jelzin erklärte, man wolle den Verbund mit den zentralasiatischen Republiken aufgeben, weil sie nicht zur Kultur Russlands gehörten, sprach sich Turkmenistan für die Unabhängigkeit aus. Zusammen mit Usbekistan war Turkmenistan der Baumwollproduzent der UdSSR. Außerdem – und das macht den Staat heute strategisch so interessant – verfügt es über die viertgrößten Erdgasvorkommen der Erde. Das erste Staatsoberhaupt des eigenständigen Staates war zugleich der letzte KP-Chef des sowjetischen Turkmenistans: Saparmurat Nijasow. Unter ihm entwickelte sich das Wüstenland zu einem der bizarrsten Staaten der Welt. »Turkmenbaschi« – der »Führer der Turkmenen«, wie er sich seit 1993 nennen ließ, sonnte sich in einem Personenkult nordkoreanischen Ausmaßes. Nijasow war ein Kind der Sowjetunion. Er wurde am 19. Februar 1940 in Aschgabat als Arbeitersohn geboren. Der Vater fiel während des Zweiten Weltkrieges, die Mutter starb bei einem schweren Erdbeben 1948, bei dem Aschgabat nahezu zerstört wurde. Saparmurat Nijasow kam in ein Waisenhaus und wuchs später bei entfernten Verwandten auf. 1962 trat er der Kommunistischen Partei bei, er studierte in Leningrad Ingenieurwesen. Zurück in Aschgabat, machte Nijasow im Parteiapparat Karriere. 1976 wurde er mit 36 Jahren Erster Sekretär der turkmenischen Sektion der KPdSU und 1985 Vorsitzender des Ministerrates der Turkmenischen

Land	Turkmenistan
Hauptstadt	Aschgabat mit ca. 860 000 Einwohnern
Größe	488 100 km²
Bevölkerung	Ca. 6,7 Millionen Einwohner (offizielle Angaben, lt. CIA-World Factbook 2010: 4,94 Millionen), davon ca. 77 Prozent Turkmenen, 9,2 Prozent Usbeken, 6,7 Prozent Russen, 2 Prozent Kasachen, 1,1 Prozent Tataren, je 0,8 Prozent Armenier, Aserbaidschaner und Beludschen, 0,5 Prozent Ukrainer
Landessprachen	Turkmenisch ist Amtssprache, Russisch ist nach wie vor Verkehrssprache
Religionen	Mehrheitlich sunnitischer Islam, ferner russisch-ortho-doxe Kirche, Bahai-Gemeinde, jüdische Gemeinde
Währung	Turkmenischer Manat (1 EUR = ca. 3,9 TMT)
Datum der Unabhängigkeit	27. 10. 1991
Staatsform	Präsidialrepublik
Staatsoberhaupt	Präsident Gurbanguli Berdimuchamedow
Staatsoberhäupter seit Unabhängig-keit	2. 11. 1990 – 21. 12. 2006 Saparmurat Nijasow (»Turkmenbaschi«) seit dem 21. 12. 2006 Gurbangul Berdimuchamedow
Regierungschef	Präsident Berdimuchamedow ist gleichzeitig Regierungschef
Regierungschefs seit Unabhängig-keit	27. 10. 1991 – 18. 5. 1992 Han Achmedow (ab dem 18. 5. 1992 galt eine neue Verfassung, nach der das Amt des Premierministers abgeschafft und seine Kompetenzen dem Präsidenten zugeschlagen wurden) 18. 5. 1992 – 21. 12. 2006 Saparmurat Nijasow (»Turkmenbaschi«) seit dem 21. 12. 2006 Gurbangul Berdimuchamedow
Parlament	Einkammerparlament
Regierungsparteien	Demokratische Partei Turkmenistans
Opposition	Außer der Demokratischen Partei Turkmenistans sind alle Parteien verboten.
Mitgliedschaft in internationalen Organisationen (u. a.)	UN, Islamische Organisation für wirtschaftliche Zusammenarbeit, OSZE, Bewegung der Blockfreien Staaten, Organisation der Islamischen Konferenz, Programm »Partnership for Peace (PfP) der NATO
Bruttoinlands-produkt	19,9 Mrd. US-Dollar (2009)

Sozialistischen Sowjetrepublik. Damit hatte er die beiden wichtigsten Machtpositionen in der Sowjetrepublik inne. Ein Anhänger von Gorbatschows Perestroika-Politik wurde er nie. Die Idee eines liberalen Sozialismus widersprach seinen stalinistisch geprägten Grundüberzeugungen. Mit dem sicheren Instinkt eines Machtmenschen spürte er, dass jeder Versuch, den Kommunismus zu »demokratisieren«, dessen Ende bedeuten würde. Dieses Ende kam 1991. In Turkmenistan fand keine Revolution statt; die Moskauer Sowjetmacht verschwand aus Aschgabat leise und beinahe unbemerkt. KP-Chef Nijasow verwandelte die alte Kaderpartei in eine »Demokratische Partei Turkmenistans«, ohne dass dieser Umbenennung eine innere Umgestaltung gefolgt wäre. Turkmenistan entwickelte sich als Mischung aus stalinistischer Diktatur und orientalischer Despotie. In dem streng zentralistisch-autoritär regierten Turkmenistan hatte Saparmurat Nijasow die sowjetische Tradition einer umfassenden Kontrolle der gesamten Gesellschaft nahtlos übernommen. Er vereinigte alle wichtigen politischen Ämter in seiner Person. Er bekleidete als Präsident das höchste Amt im Staat, einen Ministerpräsidenten gab es nicht, weil er als Präsident selbst allzuständig war. Minister konnte er nach eigenem Gutdünken ernennen und entlassen. Auch den bewaffneten Staatsorganen, dem KGB, der Polizei und der Armee, wurden lediglich andere Bezeichnungen gegeben. An die Stelle der kommunistischen Ideologie rückte nationalistische Propaganda. Auf dem Weg vom Kolchosvorsitzenden zum turkmenischen Sonnengott nahm die Herrschaft des Arbeitersohns aus Aschgabat immer absonderlichere Züge an. In Anlehnung an stalinistische Herrschaftsprinzipien und orientalische Vorbilder entstand ein extremer Kult um ihn.

Im Jahre 2005 flogen wir zum ersten Mal nach Aschgabat. Einmal pro Woche gibt es von Taschkent aus einen Flug in die Hauptstadt des Nachbarlandes, das ist bis heute so geblieben. Das Flugzeug hatte seine besten Zeiten schon lange hinter sich. Es fehlte nicht nur am Service, sondern vor allem am Gefühl, dass die Maschine regelmäßig gewartet wurde. Postsowjetischer Luftverkehr, wie wir ihn schon oft erlebt hatten: Die Ausstattung des Flugzeuges war zerschlissen, um die Sicherheitsvorkehrungen bei Start und Landung kümmerte sich niemand. Dafür waren wir von Beginn an in bester Begleitung. Präsident

Goldenes Nijasow-Denkmal
in Aschgabat

Die Turkmenbaschi-»Bibel«:
Ruhnama

Nijasow schaute lächelnd von einem im Flugzeug befestigten Porträt auf alle Reisenden hinab. Auch nach der Landung war das Konterfei des »ersten Turkmenen« überall zugegen, nicht nur auf riesigen Plakaten auf dem Weg vom Flughafen ins Zentrum, sondern auch auf den Geldscheinen, auf den Teepackungen und auf den Wodkaflaschen. Damals wie heute landet man in der turkmenischen Hauptstadt auf dem Flughafen »Großer Saparmurat Turkmenbaschi«, fährt auf der Straße »Großer Saparmurat Turkmenbaschi« vorbei am Palast des »Großen Saparmurat Turkmenbaschi« (von einigen mutig als das zweite Tadsch Mahal belächelt) sowie verschiedenen ebenso benannten öffentlichen Gebäuden zum »Platz des Großen Saparmurat Turkmenbaschi«.

2005 stand hier noch ein merkwürdiges Denkmal: Die höchste der vielen Turkmenbaschi-Statuen maß 40 Meter. Ihr architektonisch zweifelhafter Unterbau ähnelte einer Raketenabschussrampe. Darauf drehte sich ein vergoldeter Führer sonnengottähnlich um die eigene Achse und breitete seine Hände segnend über sein geliebtes Volk. Saparmurat Nijasow war in Turkmenistan allgegenwärtig. Die größte Hafenstadt des Landes trug den Namen Turkmenbaschi, ein Meteorit trug ihn, der erste Monat des Jahres war nach ihm benannt, ebenso wie Pflanzen, Tees

und Parfüms. Kleine Ortschaften mussten sogar wieder zurück-
benannt werden, da die inflationäre Verwendung des Ortsna-
mens Turkmenbaschi zu Verwirrungen geführt hatte. Das staatliche Fernsehen zeigte den Präsidenten zumeist gleich doppelt,
als kleine Ikone zur Sendererkennung und natürlich im Vollbild
bei der Ansprache ans Volk. »Halk, Vatan, Turkmenbaschi« –
»Ein Volk, ein Land, ein Turkmenenführer« – war die allgegenwärtige Losung in Turkmenistan. 1992 verabschiedete das
Präsidium des turkmenischen Parlaments, der Madschlis, eine
Resolution zur forcierten Produktion von Nijasow-Bildern.
Komplett umgestellt werden musste die Produktion im Jahre
1998, als der grauhaarige »Führer aller Turkmenen« schwarz-
haarig von einer China-Reise zurückkehrte. Eiligst wurden
Zehntausende Nijasow-Bilder überall im Land ausgetauscht.
Seitdem blickte ein dunkelhaariger Präsident, durch Retusche
um ungefähr 20 Jahre verjüngt, den Kopf auf eine brillantenbe-
ringte Hand gestützt, väterlich-streng auf sein Volk.

Im Jahr 2000, angesichts des nahenden 60. Geburtstages des
»großen, geliebten Führers«, gab es in der Präsidialverwaltung
kein Halten mehr. Es entstand ein Ehrenalbum, in dem man den
»Führer« in verschiedenen Situationen bewundern kann: Kinder küssend, Ehrenformationen abschreitend, zum Volke spre-
chend oder sich mit den Großen dieser Welt treffend. Als Dank
an das Volk für so viel Ehrerbietung erklärte Nijasow das neue
Jahrtausend zum »goldenen Jahrtausend der Turkmenen«.

»Ruhnama«-Ideologie

Saparmurat Nijasow sah sich in der Rolle des Philosophen und
Lehrers des turkmenischen Volkes. Vom Ballast des wissenschaftlichen Sozialismus befreit, schenkte er seinen Untertanen im
Jahre 2001 den ersten und im Jahre 2004 einen zweiten Band
seiner Lebensregeln und -weisheiten. Die »Ruhnama« des »großen Führers« ist ein wirres Durcheinander aus eigener, geschön-
ter Biografie, Geschichten aus seinem Leben, Anlehnungen an
Bibel und Koran, historischen, halbwissenschaftlichen Abhand-
lungen, Gedichten und tagespolitischen Einsprengseln. Ab und
zu finden sich philosophische Perlen, so beispielsweise, wenn
Nijasow seinem Volk den Begriff der Zeit erläutert: »Heutzu-
tage vergeht die Zeit sehr schnell, dies ist eine Zeit zwischen der
Unendlichkeit der Vergangenheit und jener der Zukunft.«

»Ruhnama«-Verhaltensregeln sollen den Turkmenen »körperlich gesund, geistig aufgeweckt (und) reinen Herzens« sein lassen. Der Präsident belehrt: »Der Turkmene muss auch heute wissen, wie viel er essen und trinken darf, wenn er seine körperliche Stabilität erhalten will. Er soll sich nicht gierig auf das Essen stürzen. Außerdem soll (er) auf seine Kleidung achten und sich angemessen schmücken.«[31] Nijasow gerierte sich als Prophet und Vertrauter Allahs. Der väterliche und weise Tonfall der »Ruhnama« entsprach seiner Verklärung als Vaterfigur der Nation. In Turkmenistan steht die »Ruhnama« auf einer Stufe mit den Buchreligionen, denn Altkommunist Nijasow hat seine Eingebungen schließlich von höchster Stelle bezogen. Er schreibt: »Mein verehrtes Volk, meine liebe Nation! Dieses Buch heißt Ruhnama der Turkmenen und wurde durch die Inspiration des allmächtigen Gottes (…) niedergeschrieben (…). Die Ruhnama ist das Reifezeugnis des turkmenischen Volkes! Sie ist das Hauptwerk und das Handbuch der Turkmenen (…). Ein Teil der Ruhnama ist der Himmel, der andere die Erde!«[32] Turkmenistan, das für war Nijasow der »Nabel der Welt«.

Eine verlorene Generation

Anfangs wurde die »Ruhnama« im Westen noch als exzentrische Diktatorenbibel belächelt. Nijasow selbst nahm international lange Zeit niemand ernst. In der Presse fanden sich Meldungen mit Unterhaltungswert: Turkmenbaschi fährt im gepanzerten Mercedes, aber mit angeklebtem Bart, auf den Markt, um dem Volk »unerkannt« aufs Maul zu schauen, etc. Die Weltöffentlichkeit nahm ihn als bizarren Exzentriker wahr. So wirkte Nijasow mit seinem absonderlichen Personenkult auf den ersten Blick eher komisch als gefährlich.

Doch als Nijasow im Dezember 2006 unerwartet im Alter von nur 66 Jahren starb, drangen aus dem abgeschotteten Turkmenistan immer mehr aufschreckende Nachrichten. So wurde bekannt, dass die Situation des turkmenischen Bildungswesens katastrophal ist. Während es in der Sowjetzeit, abgesehen von der ideologischen Indoktrination, eine gut funktionierende Schul- und Hochschulbildung gab, hatte Nijasow das turkmenische Schulwesen im Jahr 2002 »reformiert« und die Schulbildung auf neun Jahre verkürzt. Humanistische Fächer wurden gänzlich aus dem Lehrplan gestrichen und durch »Ruhnama«-

Stunden ersetzt, die sowohl in der Schule als auch in den Hochschulen als Lehr- und Standardwerk diente. Nach der neun-
jährigen Schulausbildung waren zwei Praxisjahre vorgesehen.
Wegen fehlender Praktikumsplätze sah es jedoch häufig so aus,
dass sich die Eltern der Schüler ein Praktikumszeugnis kauften
und ihre Sprösslinge in den zwei verlorenen Jahren im Wortsinne auf der Straße saßen. Der Praktikumsnachweis war die
Voraussetzung für den Beginn eines Studiums. Eine einfache Berufsausbildung existierte unter Nijasow nicht. Die Qualität der
Hochschulen hat sich dabei seit der Unabhängigkeit drastisch
verschlechtert. Bereits 1997 schaffte Turkmenbaschi die Möglichkeiten zur Promotion ab. An die Stelle eines funktionierenden Bildungssystems trat die ideologische Indoktrination.

Unabhängige Medien gibt es in Turkmenistan nicht mehr. Daran hat sich auch später, unter Nijasows Nachfolger Berdimuchamedow, der das Land seit 2006 regiert, kaum etwas geändert.
Die Zeitungen werden ausnahmslos vom Staat kontrolliert. Sie
konkurrieren lediglich in ihrer ergebenen Lobpreisung des Präsidenten. Schmückten bis 2006 die Fotos von Turkmenbaschi
die Titelseiten, sind es heute die Bilder von Gurbanguly Berdimuchamedow. In altkommunistischer Manier veröffentlicht die
turkmenische Presse seitenlange Reden des Präsidenten, Geset-
zestexte, Glückwunschadressen, Schmeichelbriefe sowie Meldungen über Ernteerfolge. Nachdem das Kabelfernsehen bereits
unter Nijasow abgeschafft wurde und lediglich noch staatliche
turkmenische Sender zu empfangen sind, bleibt den Zuschau-
ern, die sich keine Satellitenanlage leisten können, nichts anderes übrig, als dem Personenkult um ihren Herrscher gewidmete
Sendungen anzuschauen oder das Gerät ausgeschaltet zu lassen.
Die Nachrichten informieren minutiös von den Arbeitsbesu-
chen des Staatschefs in den Provinzen, patriotische Chöre besin-
gen das Wirken des Präsidenten, Kinder verlesen rühmende Ge-
dichte, Schriftsteller preisen ihn wie einen Gott oder Ballette
umtanzen sein Gemälde.

Die einzig existierende Partei, deren Vorsitzender Nijasow
war und heute Berdimuchamedow ist, ist nach wie vor die »Demokratische Partei Turkmenistans«, die aus der turkmenischen
Sektion der KPdSU hervorgegangen ist. Selbstverständlich errang sie bei allen Parlamentswahlen, die nach der Unabhängigkeit Turkmenistans stattfanden, sämtliche Sitze. Aber eigentlich

Das neue Aschgabat

ist das bedeutungslos, da das Parlament ohnehin ein reines Akklamationsorgan für die Beschlüsse des Präsidenten ist. Nijasow begründete die Abwesenheit von anderen politischen Gruppierungen und Parteien so: »Bei uns sind keine anderen Parteien registriert, weil potenzielle Parteigründer nicht genug Anhänger finden, um entsprechend unseren Gesetzen die Registrierung einer neuen Partei zu beantragen. Wir wollen aber nicht künstlich Parteien schaffen, um formell als ein Land mit einem Mehrparteiensystem zu gelten.«[33] Kritik an seiner Diktatur wies Nijasow mit der Begründung zurück, sein Volk sei noch nicht demokratiefähig. Bereits 1997, im Vorfeld seines ersten und einzigen offiziellen Deutschland-Besuches, erklärte Nijasow der *Welt* in einem Interview: »Dem Grundgesetz unseres Staates wurden Prinzipien zugrunde gelegt, die sich aus der jahrtausendealten Geschichte des turkmenischen Volkes ergeben. Ich bin zutiefst davon überzeugt, dass die Demokratie in ihrer Reinkultur – künstlich in einen unvorbereiteten Boden eingepflanzt – unvermeidlich eine Herrschaft des Pöbels hervorbringen wird.«[34]

Es kann jedoch nicht übersehen werden, dass der Turkmenbaschi bei den meisten Turkmenen nicht unbeliebt war. »Sein Tod bedeutete für uns alle ein Schock«, versicherte uns ein junger turkmenischer Journalist namens Murat, der uns bei einem

Besuch das neue Aschgabat zeigte, durchaus glaubhaft. Ein Grund dafür mag darin liegen, dass die Generation der 20- bis 30-Jährigen lange Zeit keinen anderen Präsidenten kannte. Aufgrund des systematischen Niedergangs des Bildungssystems fiel Nijasows »Ruhnama«-Ideologie auf fruchtbaren Boden. Hinzu kommt, dass die Lebenshaltungskosten in Turkmenistan sehr gering sind und die sozialen Unterschiede nicht so offen zutage treten wie in anderen Republiken der Region.

Zwischen Personenkult und zweitem Golfstaat

2011 flogen wir von Taschkent aus erneut nach Aschgabat. Wir planten, einige Tage in Turkmenistan zu bleiben, um eine Reihe von Gesprächen mit Regierungsvertretern und Mitgliedern der Akademie der Wissenschaften zu führen. Welch ein Unterschied zu 2005. Die turkmenische Fluglinie hatte neue Maschinen vom Typ »Boeing« angeschafft, der Service war erstklassig, die Stewardessen sprachen englisch. Nur eins erinnerte uns an die Reise vor sechs Jahren: das Porträt des Präsidenten an Bord. Jetzt hing das Foto des neuen Staatschefs in der Kabine. Gurbanguly Berdimuchamedow war der Zahnarzt des alten Präsidenten gewesen sowie dessen Gesundheitsminister und Vizeregierungschef. Der 1953 Geborene ist inzwischen das jüngste Staatsoberhaupt in Mittelasien.

Im Ausland hat das »neue« Turkmenistan keinen schlechten Ruf. Berdimuchamedow wird wieder zu Staatsbesuchen eingeladen, mit seinem Vorgänger hatte sich zuletzt kein wichtiger Politiker mehr zeigen wollen. »Der heutige Präsident«, so kommentierte der *Spiegel* 2010, sei »selbst mit diktatorischer Machtfülle ausgestattet, hat (aber) einen großen Teil des kulturellen Lebens wieder zugelassen. (…) Berdimuchamedow will sich als volksnah und weltoffen präsentieren – ein Diktator zum Anfassen, sozusagen.«[35]

Die Einreiseformalitäten am Flughafen erinnerten uns an »Asterix erobert Rom«, einen Film aus unserer Kindheit. Asterix, ein kleiner Gallier, kämpfte dort in »einem Haus, das Verrückte macht«, gegen Auswüchse römischer Bürokratie. Solche Kämpfe wären im postsowjetischen Raum im Allgemeinen und in Turkmenistan im Besonderen vollkommen unnütz. Entweder man ergibt sich dem Schicksal oder man bleibt dem jeweiligen Land lieber fern. Drei Beamte, die in kleinen Kabinen eng nebeneinander saßen, blickten uns erwartungsvoll an. Dann verlangte der mittlere schließlich unsere Pässe. Eine Stunde später hatten wir sie zurück. In dieser Zeit waren wir damit beschäftigt, diverse Formulare zwischen den Beamten hin und her zu reichen. Wir bekamen einen Zettel vom Beamten Nummer 1 und gaben ihn an Nummer 3 weiter. Engagiert versah er ihn mit zwei Stempeln und gab ihn uns zurück mit der Aufforderung, ihn erneut an Nummer 1 zu geben. Hier ein weiterer Stempel, dann ging es weiter zu Nummer 2. Vor Nummer 2 hatte sich inzwischen eine lange Schlange gebildet, denn er stempelte weniger enthusiastisch. Als wir an der Reihe waren, verschwand er ganz. Wir gingen zurück zu Nummer 1, der uns zu Nummer 3 schickte. Nummer 3 war nicht zuständig, dennoch setzte er neue Stempel auf neue Formulare. Außerdem die Aufforderung, zehn Dollar Einreisegebühr zu zahlen. Mittlerweile war Nummer 2 in seine Kabine zurückgekehrt. Er kaute noch, wahrscheinlich hatte er sich eine Pause gegönnt. Der satte Magen schien ihn zufrieden gemacht zu haben, auf jeden Fall bekamen wir nun sogar einen Stempel in unsere Pässe. Wir dachten an unsere Reise von Georgien nach Armenien im vergangenen Jahr. Dort war das Prozedere ähnlich absurd.

Die nächste Etappe, die wir zu nehmen hatten, war der Zoll. Jeder, der nach Turkmenistan einreist, sei es auf dem Land- oder auf dem Luftweg, muss sein gesamtes Gepäck durchleuchten lassen. Diese Kontrolle ähnelt den Sicherheitsvorkehrungen, die man von Flughäfen bei der Kontrolle des Handgepäcks kennt. Anschließend muss man durch den Metalldetektor, als könnte man das zu betretende Land wie ein Flugzeug in die Luft jagen. Schließlich hatten wir alle Prozeduren hinter uns gebracht, saßen in einem Taxi und ließen uns ins Zentrum der Hauptstadt bringen. Dort erwarteten uns ungewohnt ruhige Tage. Im Dezember 2010 hatte die turkmenische Telefongesellschaft den Vertrag mit dem russischen Partner gekündigt, der den Anschluss ans weltweite Roaming-Netz ermöglichte. Jetzt kann man in Turkmenistan nur noch mit turkmenischen Mobiltelefonkarten telefonieren. An Ausländer dürfen sie nicht verkauft werden.

Welch orientalisch-moderne Pracht dann in Aschgabat! Ein Teil der Gas-Milliarden Turkmenistans schien in den vergangenen Jahren in den Ausbau der Metropole geflossen zu sein. Das

Stadtbild wird von weißen Prachtbauten bestimmt, breite Boulevards, neu angelegte Parks, goldene Kuppeln, Springbrunnen – und überall Polizei. In der Nacht werden die Gebäude angestrahlt, Aschgabat wirkt wie ein modernes Märchen aus Tausendundeiner Nacht.

Berdimuchamedows vorsichtige Politik der Öffnung

Die Gespräche mit turkmenischen Offiziellen ließen erkennen, dass das Land an einer Öffnung interessiert ist, sich aber sehr schwer damit tut. Nach wie vor gilt die von Saparmurat Nijasow festgelegte Staatsdoktrin der »Immerwährenden Neutralität in den internationalen Beziehungen«. In der »Ruhnama« liest sich das so: »Unabhängiges und neutrales Turkmenistan! Turkmenisches Wunder, turkmenische Heiligkeit, mit dir fängt alles an, über dir ist nur Allah (…). Unsere Unabhängigkeit und Neutralität verbreiten Licht in unserem Goldenen Zeitalter, leuchten mit unseren nationalen Werten und die Ruhnama beseelt uns … In unserem Goldenen Zeitalter, dem 21. Jahrhundert, ist es unser Hauptziel, der Welt ein Vorbild zu sein und die turkmenische Nation voranzubringen (…). Durch die turkmenische Neutralität verbreiten sich auf der ganzen Welt Anzeichen für den Frieden.«[36]

Turkmenistan pochte auch im »Krieg gegen den Terror« auf strikte Neutralität und spielte eine Ausnahmerolle. Der nach dem 11. September 2001 entstandenen Anti-Terror-Koalition trat es nicht bei. Als einziger Staatschef der Region unterhielt Nijasow gute Beziehungen zum Taliban-Regime in Kabul. Waffenlieferungen, die vermutlich aus der Ukraine stammten, sollen über Turkmenistan abgewickelt worden sein.

Wenn ein Land der Region davon träumen kann, einmal eine Art Golfstaat Mittelasiens zu werden, so ist es Turkmenistan mit seinem Erdgasreichtum. Probleme hat das Land hingegen mit einer anderen wichtigen Einnahmequelle, der Baumwolle. Deren Weiterverarbeitung erfolgt fast ausschließlich im Ausland. Die Erträge aus dem Verkauf der Rohprodukte sinken stetig, zumal die Versalzung der Böden und andere ökologische Probleme zu geringeren Ernteergebnissen führen. Auch unter Präsident Gurbanguly Berdimuchamedow wird das turkmenische Wirtschaftssystem durch eine zentrale Planwirtschaft geprägt. Der Staat übt durch Preisvorgaben und Subventionen einen dominierenden Einfluss aus. Offiziell wurde aber 2008 der Grundsatz der freien Marktwirtschaft in die turkmenische Verfassung aufgenommen. Berdimuchamedow legte einen umfassenden Modernisierungsplan bis 2020 vor. Die Geldinflation konnte eingedämmt werden und die Schere zwischen offiziellem und inoffiziellem Kurs der Landeswährung wurde beseitigt. 2005 zahlte die Nationalbank für einen US-Dollar 5200 Manat, wie die turkmenische Landeswährung heißt. Das tat sie bereits seit mehreren Jahren, völlig unbeirrt von der Tatsache, dass der Schwarzmarktkurs damals bereits 25 000 Manat erreicht hatte. Unter dem neuen Präsidenten wurde der Manat 2008 konvertierbar und sein Kurs an den US-Dollar gekoppelt. Ein Schwarzmarkt für die Währung existiert heute nicht mehr. Wie schon unter Nijasow, sind Wasser, Gas und Strom fast kostenlos zu beziehen. Jeder Turkmene kann heute außerdem pro Monat 120 Liter Benzin kostenlos tanken. Kredite für den Wohnungskauf sind mit einem Prozent Zins zu haben, die ersten fünf Jahre sind völlig zinsfrei. Dennoch sorgen fehlende rechtliche Rahmenbedingungen, ausufernde Korruption, geringe Flexibilität und ein ständiger Personalwechsel in staatlichen Führungspositionen dafür, dass die angedachten Wirtschaftsreformen nicht vorankommen. Vieles ist nach wie vor auf repräsentative Vorzeigeprojekte ausgerichtet, die wenig produktiv sind. Viele Prachtbauten der Hauptstadt dienen vor allem der Selbstdarstellung, sind ohne richtige Funktion, wirken überdimensioniert und tot. Im neu entstandenen Zentrum Aschgabats sieht man kaum Menschen. Als wir früh am Morgen spazieren gingen und einige der weißen Paläste zu fotografieren versuchten, sahen wir uns plötzlich von Polizisten umringt, die wie aus dem Nichts aufgetaucht waren. Fotos im Regierungsviertel? So weit geht es mit den turkmenischen Reformen nun aber doch nicht. Unser Begleiter Murat zeigte uns stolz den neu angelegten »Park der Begeisterung«, mitten im Zentrum Aschgabats. Er sei erst im vergangenen Jahr entstanden, hier können sich die Hauptstädter erholen. Seine Frau, eine Russin, konterte bitter: »Schaut euch an, wer sich hier erholt! Niemand!« Früher, so schimpfte sie, gab es an gleicher Stelle eine grüne Oase. Man habe sich getroffen, auf Bänken gesessen und gelesen. Dann wurden die Bäume gefällt. »Heute sieht es aus wie überall«, so Murats Frau. »Die neuen Turkmenen mögen es protzig, aber tot!«

Ein Besuch im umgestalteten Zoo bestätigte uns, was sie sagte. Er sollte vor allem riesig und prächtig wirken. Das große Areal unter freiem Himmel bot keinen Schatten, da es kaum Hallen gab. Die Tiere aus anderen Teilen der Welt, die im Wüstenklima Turkmenistans nichts zu suchen haben, darben in der Sonne und sterben reihenweise. Auch das Kulturleben Aschgabats, unter Nijasow völlig zum Erliegen gekommen, wirkt nach wie vor ziemlich tot. Zwar gibt es neue prächtige Theater, doch kein regelmäßiges Programm. Hin und wieder wird mal turkmenische Volkskunst aufgeführt.

Mit Teilen des Personenkultes um den ersten Präsidenten des unabhängigen Turkmenistan hat Gurbanguly Berdimuchamedow aufgeräumt. Das zentrale Turkmenbaschi-Denkmal ist verschwunden. Es soll irgendwo am Stadtrand Aschgabats neu aufgestellt werden. Die »Ruhnama« ist mittlerweile nicht mehr die einzige Quelle, aus der turkmenische Schüler und Studenten ihr Wissen schöpfen. Selbst Internet-Cafés gibt es mittlerweile. Zwar muss man seinen Pass vorzeigen und sich registrieren lassen, bevor man einen Computer nutzen kann, aber immerhin! Die »Ruhnama« wird jedoch nach wie vor in der zentralen Buchhandlung Aschgabats verkauft. Erweitert wurde das Buchangebot durch Bildbände über den neuen Führer: Berdimuchamedow auf dem Pferd, Berdimuchamedow während der Erntezeit, Berdimuchamedow Kinder küssend, Berdimuchamedow in einer Fabrik, Berdimuchamedow in Mekka. Der neue turkmenische Präsident scheint zunehmend auch Gefallen am Kult um seine Person zu finden. Die Devotionalienabteilung im Historischen Museum wurde entsprechend erweitert. Neben der Ausstellung mit Geschenken für Turkmenbaschi, darunter der mit 301 Quadratmeter größte Teppich der Welt, gibt es bereits einen Saal, in dem von den Taten Berdimuchamedows berichtet wird.

Bei unserem letzten Besuch in Aschgabat beging Turkmenistan gerade den »Tag der Volksgesundheit«. Das Fernsehen übertrug in stundenlanger Wiederholung, wie der Präsident auf einem Mountain-Bike, das deutlich zu klein für den schweren Mann war, durch Aschgabat fuhr. Üblicherweise ist sonst von ihm nicht viel in der Hauptstadt zu sehen. Nur zweimal am Tag, gegen 10 Uhr und gegen 19 Uhr, wenn der Präsident von seiner Residenz zum Palast bzw. wieder nach Hause fährt, ist Lärm zu vernehmen: laute Schreie von Polizisten auf der Straße, Pfiffe.

Verkehrsschild vor einer Kreuzung
in Turkmenistan

Straßen werden abgesperrt, geparkte Autos abgeschleppt, Fußgänger zum Verharren am Straßenrand angewiesen.

Eine kritische Presse gibt es in diesem Klima nicht. In der »Rangliste der Pressefreiheit« der Organisation »Reporter ohne Grenzen« rangierte Turkmenistan in den letzten Jahren zumeist auf einem der letzten Plätze, vor Nordkorea und Eritrea. Wer etwas erfahren will, muss sich also selbst ein Bild machen, doch Einreisen für europäische Touristen sind nur dann möglich, wenn man einheimische Leistungen durch Führer vor Ort in Anspruch nimmt.

Nachwort

Unsere Zeitreise durch 15 junge Staaten geht zu Ende. Bis 1991 hatten diese Länder zu einem Imperium, der Sowjetunion, gehört. »Alles war über Jahrzehnte hinweg zusammengewachsen: Kultur, Bildung, Sprache, Wirtschaft, alles. Im Baltikum bauten sie Autos, in der Ukraine Flugzeuge, wir kommen noch heute nicht ohneeinander aus«, urteilt Michail Gorbatschow, der letzte Präsident der Sowjetunion, 20 Jahre später.[1]

Als er das Riesenreich regierte, war die Welt in Ost und West geteilt. Die politischen Verhältnisse waren angespannt, übersichtlich und klar. Beide großen Weltmächte, die Sowjetunion und die USA, sowie ihre jeweiligen Verbündeten, hatten sich – aufgerüstet bis an die Zähne – miteinander eingerichtet.

Nach 1989 war nichts mehr so wie vorher. Es gab Revolutionen, die ein Weltsystem zusammenbrechen ließen. Geopolitische Pole verschoben sich. Terrorismus breitete sich wie ein Krake aus. Der fundamentalistische Islam entwickelte sich zu einer neuen totalitären Bedrohung.

Die Sowjetunion, einst das größte Land der Welt, zerfiel Anfang der 1990er Jahre in ihre Einzelteile. Die 15 früheren Sozialistischen Sowjetrepubliken, aus denen sich die UdSSR zusammensetzte, wurden selbständig und gingen unterschiedliche Wege. Die baltischen Länder gehören seit 2004 zur Europäischen Union. Die Russische Föderation hat nach einer Schwächeperiode wieder zu neuer Stärke gefunden. Weißrussland, die Ukraine und Moldawien befinden sich mitten im Spannungsfeld zwischen Russland und der EU. Die südkaukasischen Republiken Armenien, Georgien und Aserbaidschan tragen bis heute ungelöste Territorialkonflikte aus. Die mittelasiatischen Länder hoffen, durch autoritäre Staatsführung Stabilität in einem muslimischen Umfeld und in unmittelbarer Nähe zu Afghanistan, Pakistan und zum Iran bewahren zu können.

Die Völker, die einst hinter dem Eisernen Vorhang lebten, fanden sich in Freiheit wieder, viele von ihnen zum ersten Mal in ihrer Geschichte überhaupt. Die Aufbruchstimmung war vielerorts enorm. Heute begegnen uns in den Urlaubsgegenden rund um den Erdball ganz selbstverständlich Russen, Balten, Kasachen oder Armenier. Einige Personen, mit guten Verbindungen zur alten Nomenklatura und einem sicheren Gespür für die neue Zeit, wurden innerhalb kürzester Zeit zu Multimilliardären und Oligarchen. Aber nicht alle ehemaligen Sowjetbürger haben von der neu errungenen Freiheit profitiert. Grenzen, die 1991 neu entstanden sind, trennen mitunter Familien und Freunde. Vielen Menschen geht es schlechter als in den Jahren, in denen die Sowjetunion noch existierte. In den Provinzen der 15 früheren Sowjetrepubliken, abseits der großen, boomenden Städte, trifft man oft auf Tristesse und Verfall.

Im Verlauf der vergangenen 20 Jahre sind wir in den Ländern der früheren Sowjetunion viel unterwegs gewesen. Wir haben erlebt, dass für die Menschen dort die gesellschaftlichen Umbrüche Veränderungen in einem Maße mit sich gebracht haben, wie wir uns das im Westen kaum vorstellen können. Selbst die schwierigen Transformationsprozesse, die nach 1989 in Osteuropa stattfanden, liefen vergleichsweise einfach ab.

Ein Teil der älteren Generation sehnt sich heute nach der gefühlten Sicherheit und Geborgenheit der alten Zeit zurück. Die Jüngeren, die die Sowjetunion nicht aus eigenem Erleben kennen, sind politisch wenig interessiert, sondern entweder mit den Unterhaltungsmöglichkeiten der globalisierten Welt oder dem puren Überleben beschäftigt. Eine zunehmende Zahl junger Menschen sucht nach der Verwirklichung ihrer Träume im Ausland. Aufbruchstimmung, Depression, neuer Reichtum, neue Armut und Sowjetnostalgie gehen Hand in Hand.

Lassen wir in Gedanken weitere 20 Jahre vergehen. Was wird aus diesen Ländern geworden sein? Die Geschwindigkeit, mit der sich heute politische Entwicklungen vollziehen, macht Prognosen nicht einfach. Vieles wird davon abhängen, wie sich der Westen entwickelt. Unsere Beziehungen zum postsowjetischen Raum befinden sich an einem Scheideweg. Lediglich die baltischen Staaten, Estland, Lettland und Litauen, sind durch ihren Beitritt zur Europäischen Union und zur NATO in einem politischen Lager verankert. Doch wohin tendieren Russland, Weiß-russland, die Ukraine und Moldawien, wohin die Staaten des Südkaukasus? Am spannendsten, aber vielleicht auch am risiko-reichsten, wird die Entwicklung in Mittelasien verlaufen. Wer-den es die dort Regierenden schaffen, den militanten Islamismus einzudämmen und ihre Staaten Teil der modernen Welt werden zu lassen?

Wir wagen eine Vorausschau: Russland, das untrennbar mit der europäischen Kultur und Zivilisation verbunden ist, wird in 20 Jahren zu einem Europäischen Haus gehören, das größer ist als die Europäische Union und eigene Strukturen ausbildet. Es wird sich unserem Modell von Freiheit und Demokratie an-nähern, wenn wir verstehen, dieses Modell zu verteidigen und attraktiv zu gestalten. Weißrussland und die Ukraine würden dann nicht mehr zwischen zwei Polen, der Europäischen Union und Russland, hin- und hergerissen sein. Sie hätten eine Zu-kunft in einem Europa, das keinen ideologisch geprägten Um-gang mehr mit Russland pflegt, sondern zu dem Russland wie selbstverständlich dazugehört. Moldawien könnte eine Sonder-rolle spielen und schon früher, durch eine Vereinigung mit Ru-mänien, Teil der Europäischen Union werden.

Im Kaukasus dürfte es dagegen eher unruhig bleiben. Zwar werden Georgien, das heute noch mit Russland verfeindet ist, und Armenien vermutlich in die Strukturen des größer werden-den Europäischen Hauses streben, doch genauso gut sind Rück-schläge und neue Konflikte möglich. Russische Nordkaukasus-provinzen, wie Tschetschenien und Dagestan, könnten sich von Russland abspalten und die gesamte Kaukasusregion weiterhin in einen Unruheherd verwandeln.

In Mittelasien werden sich die Länder unterschiedlich entwi-ckeln. Kasachstan, das heute schon durch eine Zollunion mit Russland verbunden ist, wird sich wohl noch stärker an den großen Nachbarn und damit an Europa annähern, was durch den enorme Ressourcenreichtum des Landes für alle Beteiligten gewinnbringend sein dürfte.

Weiter südlich jedoch könnte die Entwicklung anders ausse-hen: Die Bindungen an Russland lockern sich, der radikale Is-lam erstarkt, und der Kampf um Wasserressourcen führt zu Auseinandersetzungen mit den Nachbarländern, die kriegerisch ausgetragen werden. Usbekistan wird möglicherweise islamischer und weniger säkular sein als heute. Ob es dann noch eine stabilisierende Rolle in der Region spielen kann, ist ungewiss. Kirgistan könnte in zwei Teile zerfallen und das persischsprachige Tadschikistan in die Einflusssphäre eines erstarkten Iran geraten, so dass Teile Mittelasiens wieder mit dem Mittleren Osten verschmelzen, zu dem sie vor Jahrhunderten einmal gehörten.

Ein solcher Vorausblick gehört natürlich ins Reich der Spekulationen und der politischen Phantasie. Welche Entwicklungen eintreten werden und welche nicht, ist von vielen unwägbaren Faktoren abhängig. Fest steht jedoch, dass es den großen Block der alten Sowjetunion nicht mehr geben wird und von dem sozialistischen Experiment bald nur noch die Alten sprechen werden. Ein Zurück gibt es nicht.

Wir beiden Autoren haben uns vorgenommen, die Entwicklungen vor Ort auch in Zukunft zu begleiten und in Abständen darüber zu berichten – gern wieder mit einem Buch im Ch. Links Verlag.

Zürich/Taschkent, im August 2011

Anhang

Anmerkungen

Vorwort

1 Eduard Schewardnadse: Als der Eiserne Vorhang zerriss. Begegnungen und Erinnerungen, Duisburg 2007, S. 208.

Ein Koloss am Ende – Der Zusammenbruch der Sowjetunion

1 Vgl. Interview von Thomas Vogel (Schweizer Fernsehen) mit Michail Gorbatschow. Ausgestrahlt am 21.10.2009, in der Sendung »Zehn vor Zehn«.

2 XXVII. Parteitag der KPdSU Sowjetunion zu neuen Ufern? Dokumente und Materialien, Düsseldorf 1986, S. 24.

3 Vgl. Jaroschinskaja, Alla: Lüge 86. Die geheimen Tschernobyl-Dokumente, http://sciencev1.orf.at/news/144299.html (Aufruf 10.4.2011) und http://www.eurozine.com/articles/2006-04-21-yaroshinskaya-de.html (10.4.2011).

4 Die Breschnew-Doktrin war Ausdruck des sowjetischen Anspruches auf Vorherrschaft im Warschauer Pakt. Sie wurde am 12. November 1968 verkündet und sollte den Einmarsch von Truppen des Warschauer Paktes in die Tschechoslowakei nachträglich rechtfertigen. Die Doktrin besagte, dass bei einer Gefährdung des Sozialismus in einem Ostblockstaat die Sowjetunion intervenieren würde.

5 Die OMON (russ. Отряд Милиции Особого Назначения / Otrjad Milizii Osobowo Nasnatschenija – »Einheit der Miliz besonderer Bestimmung«) ist eine Spezialeinheit der russischen Polizei.

6 Vgl. Bischof, Henrik: Georgien. Gefahren für die Staatlichkeit Electronic ed., Bonn: EDV-Stelle der FES 1997, http://www.fes.de/fulltext/aussenpol tik/00023.html (8.3.2011).

7 Der Chefideologe der DDR, SED-Politbüromitglied Kurt Hager, gab dem *Stern* ein Interview, in dem er auf die Frage, inwieweit sich die DDR-Führung dem Perestroika-Kurs der Sowjetunion verpflichtet fühlt, antwortete: »Würden Sie, wenn Ihr Nachbar seine Wohnung tapeziert, sich verpflichtet fühlen, Ihre Wohnung ebenfalls neu zu tapezieren?«

8 »Sowjetische Wahlen mit mehreren Kandidaten«, NZZ-online, 26.3.2009, http://www.nzz.ch/nachrichten/politik/international/sowjetische_wahlen_ mit_mehreren_kandidaten_1.2260663.html (8.3.2011).

9 Zit. nach »Da müssen wir nachschieben«. In: Der Spiegel, 18.2.1991, http://www.spiegel.de/spiegel/print/d-13489177.html (11.1.2011).

10 Helmut Kohl sagte in einem Interview mit der Zeitschrift *Newsweek* im Oktober 1986 über Michail Gorbatschow: »Das ist ein moderner kommunistischer Führer, der war nie in Kalifornien, nie in Hollywood, aber der versteht etwas von PR. Der Goebbels verstand auch etwas von PR. Man muss doch die Dinge auf den Punkt bringen!«

11 Die Fernsehbilder, die Geschichte machten, zeigten Helmut Kohl und Michail Gorbatschow in Strickjacken während der Gespräche über die deutsche Wiedervereinigung im Kaukasus.

12 Vgl. Nachrichtenagentur Ria Nowosti, http://de.rian.ru/opinion/20110202/258251116.html (18.12.2010).

13 Zit. nach Neues Deutschland, 23.12.1991.

14 Zit. nach der Übersetzung des Europa-Archivs, 1992, Folge 8, S.306ff., http://www.1000dokumente.de/index.html?c=dokument_ru&dokument=0020_rue&object=translation&st=&l=de (7.4.2011).

Parallele Entwicklungen
Vom Sowjetmenschen zu neuen nationalen Identitäten

1 Das Bundesinstitut zur Erforschung des Marxismus-Leninismus (Institut für Sowjetologie) wurde 1966 in Bundesinstitut für ostwissenschaftliche und internationale Studien (BIOst) umbenannt. Seinen Sitz hatte es in Köln. Im Jahr 2000 wurde es aufgelöst und die Mitarbeiter in die Stiftung für Wissenschaft und Politik (SWP) integriert.

2 Vgl. United Nations Millennium Development Goals, http://mdgs.un.org/unsd/mdg/SeriesDetail.aspx?srid=605&crid=.

3 Vgl. Statistisches Jahrbuch der Republik Weißrussland, Minsk 2010, S.575.

4 Mackow, Jercy in: Die Welt, 20.4.2001.

5 Ebenda.

6 Jurjew, Oleg: Russland – der alte neue Mensch in der neuen alten Gesellschaft. In: NZZ, 27.5.2010

7 Zit. nach ebenda.

8 Holm, Kerstin: Zweite Enteignung. Der »Homo sovieticus« nach dem Verlust seiner Heimat. In: FAZ, 28.2.1992.

9 Die Schätzungen von Historikern sind hier seit Jahrzehnten unterschiedlich.

10 Vgl. Applebaum, Anne: Der Gulag, Berlin 2003, S.11.

11 Zit. nach Galeotti, Mark: Afghanistan: The Soviet Union's Last War, London 1995.

12 Vgl. Komsomolskaja Prawda, 21.12.1989.

13 Vgl. WHO. Global Health Observatory Database, http://apps.who.int/ghodata/ (17.2.2011).

14 Vgl. http://secarts.net/journal/index.php?PHPSESSID=70082eb54385905639d86d7a227e183d&show=article&id=1176 (20.3.2011).

15 Vgl. Nachrichtenagentur Ria Nowosti, 2.6.2010.

16 Vgl. Kloss, Katherina: Vilnius Kinder der (N)Ostalgie, Reportage vom 25.6.2009, http://www.cafebabel.de/article/30555/litauen-vilnius-kinder-der-sowjet-nostalgie.html (10.4.2011).

17 Vgl. http://ru.publika.md/link_70581.html (1.2.2011).

18 Der Komsomol war die Jugendorganisation der KPdSU.

19 Vgl. Kunze, Thomas: Russlands Unterwelten. Eine Zeitreise durch geheime Bunker und vergessene Tunnel, Berlin 2008, S.64ff.

20 Diese Angaben veröffentlichten das Meinungsforschungsinstitut WZIOM und die soziologische Gesellschaft Baschkirowa i Partnjory im Vorfeld des Jahrestages der Oktoberrevolution am 7.11.2005, www.russlandonline.ru (30.5.2006).

21 Zit. nach Der Spiegel, 10/2011, S.77.

22 Ebenda.

23 http://secarts.net/journal/index.php?PHPSESSID=70082eb54385905639d8 6d7a227e183d&show=article&id=1176 (20.3.2011).

24 BBC Russia am 28. Dezember 2008, http://news.bbc.co.uk/hi/russian/russia/newsid_7802000/7802438.stm (2.3.2011).

25 Liste der 500 Nominierten: http://top500.nameofrussia.ru/vote.html oder ru.wikipedia.org/wiki/Имя_Россия (2.3.2011).

26 BBC Russia am 28. Dezember 2008, http://news.bbc.co.uk/hi/russian/russia/newsid_7802000/7802438.stm (2.3.2011).

27 Brown, Archie (1997): «The Gorbachev Factor". Oxford University Press, http://books.google.com/books?hl=de&lr=&id=aH7BPTrwNXUC&oi=fnd &pg=PR9&ots=bQK2X1S2iv&sig=YS2Int2Qrv8xs127nBz_E7VPipE#v= onepage&q=esteem&f=false (3.3.2011).

28 Das bestätigt eine Umfrage des Russischen Meinungsforschungszentrums WCIOM vom März 2011. Allerdings macht sich ein Generationswechsel bemerkbar. Standen 2001 noch 30 Prozent Gorbatschow feindselig bzw. ablehnend gegenüber, waren es 2011 nur noch 20 Prozent. Gleichzeitig nahm im selben Zeitraum aber auch die Zahl der Sympathisanten um 11 Prozent von 16 auf 5 Prozent ab. Dafür verdoppelte sich die Zahl derjenigen, welche die Person Gorbatschow gleichgültig sehen, von 25 auf 49 Prozent. Anhänger der Partei »Einiges Russlands« und Nichtwähler haben ein ziemlich gleichgültiges Verhältnis ihm gegenüber (51 bzw. 52 Prozent). Ältere Menschen und Anhänger der Kommunistischen Partei betrachten ihn als negative Figur (33 bzw. 42 Prozent). Der Umfrage nach fiel es 73 Prozent der Befragten äußerst schwer zu sagen, was Gorbatschow Positives für Russland geleistet hat. Nur jeder 10. bzw. jeder 20. verband mit Gorbatschow die Einführung demokratischer Freiheiten bzw. die Beendigung des Kalten Krieges. Auf die Frage nach den negativen Amtshandlungen antwortete hingegen fast jeder Dritte mit dem Zerfall der Sowjetunion (31 Prozent); an zweiter Stelle wurde die Antialkoholkampagne (7 Prozent), an dritter der Verfall der gesellschaftlichen Strukturen (5 Prozent) und an vierter die Initiierung der Perestroika (4 Prozent) genannt. Damit wird das Ende der Sowjetunion direkt mit der Persönlichkeit Gorbatschows verbunden. Der Zerfall der Sowjetunion ist für die meisten Russen das Hauptereignis, mit dem sich Gorbatschow aus der Geschichte verabschiedet hat (Vgl. Umfrage des Russischen Meinungsforschungszentrums WCIOM, http://wciom.ru/index. php?id=459&uid=111399 (2.4.2011).

29 Zit. nach Reitschuster, Boris: Gorbatschows zweite Perestroika, http:// www.focus.de/politik/ausland/tid-21521/russland-gorbatschows-zweiteperestroika_aid_604614.html (9.3.2011).

30 The Gorbachev Foundation (Ed.): Mikhail Gorbachev's Decorations, http:// www.gorby.ru/en/gorbachev/awards/ (2.3.2011).

31 Zit. nach Morrow, Lance: Mikhail Gorbachev, Time Magazine, 1990, http:// www.time.com/time/subscriber/personoftheyear/archive/stories/1989.html (2.3.2011).

32 http://ukraine-nachrichten.de/ukrainische-kulturschaffende-fordern-radikale-ukrainisierung_435_gesellschaft_nachrichten (10.3.2011).

33 Vgl. Naselinie Rossii 2007. Pjatnadtsatyi jeschegodnyi demografitschenkii doklad, Moskwa 2009, S.17.

34 Siehe Lettland-Kapitel.

35 Vgl. Kunze, Thomas: Russlands Hinterhof: Turkmenistan – Selbstzerstörung durch Autokratie, in KAS-Auslandsinformationen, Berlin, 2/2006, S. 75 ff.

36 Vgl. Kolsto, Pal: Die neue russische Diaspora, www.uni-koeln.de/phil-fak/soeg/ethonos/inhalte/inhalte6/kolstoe.htm (1.9.2009).

37 Prozentual aufgegliedert, kamen 36,4 Prozent aus Kasachstan, 31,8 Prozent aus Mittelasien, 12,1 Prozent aus dem Südkaukasus und 7 Prozent aus dem Baltikum. Vgl. Kommersant, 30.6.2006.

Das Baltikum auf dem Weg nach Europa

1 Zit. nach: Bühl, Achim (Hg.): Der Hitler-Stalin-Pakt. Die sowjetische Debatte, Köln 1989. Siehe auch: Hass, Gerhard: 23. August 1939. Der Hitler-Stalin-Pakt. Dokumentation, Berlin 1990, S. 40.

2 Stalin, Josef: Rechenschaftsbericht an den XVIII. Parteitag über die Arbeit des ZK der KPdSU (B), in: Stalin: Werke, Bd. 14, – http://www.stalinwerke.de/band14/b14-015.html (6.9.2007).

3 Molotow hatte das Volkskommissariat für Auswärtige Angelegenheiten 1939 zusätzlich zu seinem Amt als Vorsitzender des Rates der Volkskommissare von Stalin übertragen bekommen. Molotow löste damit Maxim Litwinow ab, der als Verfechter der »kollektiven Sicherheit«, also eines Bündnisses mit Frankreich und Großbritannien, galt.

4 Die erstmalige Veröffentlichung in Russland erfolgte 1992: Felschtinski, Ju. (Hg.): Oglascheniju podleschit: SSSR – Germanija. 1939–1941. Dokumenty i materialy. Moskau 1991, Dok. Nr. 33, S. 71. Dokumenty vneshnej politiki, Bd. XXII: 1939. 2 Bde., Bd. 1: janwar–awgust, Moskau 1992, Dok. Nr. 485, S. 632.

5 Litauen sollte demnach ursprünglich von Deutschland besetzt werden; diese Vereinbarung wurde jedoch in einem Geheimprotokoll zum deutsch-sowjetischen Freundschafts- und Grenzvertrag, der am 28. September 1939 geschlossen wurde, geändert. Nun fiel auch Litauen in die »Interessensphäre« der UdSSR, während der deutschen »Interessensphäre« zusätzlich der polnische Bezirk Lublin und Teile des Bezirks Warschau zugesprochen wurden.

6 Zit. nach ebenda, S. 167.

7 Appell von 116 sowjetischen Intellektuellen vom 18.1.1991, http://dearchiv.de/php/dok.php?archiv=bla&brett=B91_03&fn=WEHRT.391&menu=b1991 (Aufruf 2.2.2011).

8 Garbe, Gunnar: Deutsche Russlandpolitik und das Baltikum 1990–1998, Dissertationsschrift, Kiel 2002, S. 123.

9 Ebenda.

10 Zu ihnen gehören neben dem Estnischen u.a. auch das fast schon ausgestorbene Liwisch (in der lettischen Provinz Kurland), Chantisch und Mansisch (im Autonomen Kreis der Chanten und Mansen in Westsibirien), Karelisch (in der russischen Teilrepublik Karelien), Komi (im Ural), Mari (in der russischen Teilrepublik Mari-El), Mordwinisch (in der russischen Teilrepublik Mordwinien) oder Udmurtisch (im westlichen Ural).

11 Garbe, Gunnar: Deutsche Russlandpolitik und das Baltikum 1990–1998, Dissertationsschrift, Kiel 2002, S. 207.

12 Über die Frage, wer 1990 bei den Verhandlungen über die deutsche Einheit wem was versprochen hat und ob der NATO-Beitritt der baltischen Länder sowie der anderen früheren Staaten des Warschauer Paktes einem Wortbruch des Westens gleichkommt, wird seit Jahren gestritten. Die Versionen

der Deutschen, der Russen, der Amerikaner, der Franzosen und der Briten unterscheiden sich. 2009 tauchte aber ein bis dahin geheim gehaltener deutscher Vermerk auf, der über ein Gespräch zwischen den damaligen sowjetischen und deutschen Außenministern, Eduard Schewardnadse und Hans-Dietrich Genscher, vom 10. 2. 1990 festhielt: »BM (Bundesminister): Uns sei bewusst, dass die Zugehörigkeit eines vereinten Deutschland zur NATO komplizierte Fragen aufwerfe. Für uns stehe aber fest, die NATO werde sich nicht nach Osten ausdehnen.« Genscher sagte ausdrücklich, dass die Nicht-Ausdehnung »ganz generell« gelte. Schewardnadse antwortete darauf, er glaube »allen Worten des BM«. (Zit. nach Der Spiegel, 48/2009, S. 47). Genschers US-amerikanischer Amtskollege, James Baker, hatte kurz zuvor schon in Moskau erklärt, das transatlantische Bündnis werde seinen Einflussbereich »nicht einen Inch weiter nach Osten ausdehnen, falls die Sowjets der NATO-Mitgliedschaft eines geeinten Deutschlands zustimmten«. (Ebenda).

13 http://diepresse.com/home/politik/aussenpolitik/466745/Russen-ueber-den-Tisch-gezogen-Gorbatschow-kritisiert-Nato (8. 4. 2010).

14 Vgl. Laser, Claus-Friedrich/Schrader, Klaus: Die baltischen Staaten in der europäischen Arbeitsteilung. In: Die baltischen Staaten, 54. Jahrgang Heft 2-3/2004, Landeszentrale für politische Bildung Baden-Württemberg. Stuttgart. Online unter www.buergerimstaat.de/2_3_04/baltischenstaaten.pdf, S. 142 ff. (4. 3. 2011).

15 Vgl. OECD Economic Survey, Paris 2000, S. 18.

16 Vgl. van Meurs, Wim: Der Weg der baltischen Staaten in die EU. In: Die baltischen Staaten, 54. Jahrgang Heft 2–3/2004 Landeszentrale für politische Bildung Baden-Württemberg. Stuttgart, www.buergerimstaat.de/2_3_04/baltischenstaaten.pdf (4. 3. 2011).

17 Der Spiegel, 14. 5. 2005.

18 Alvarez-Plata, Patricia / Engerer, Hella (20. 11. 2009): The Baltic States: No end to the crisis in sight. German Institute for Economic Research, http://www.diw.de/sixcms/detail.php?id=diw_01.c.343706.de (3. 3. 2011), S. 232.

19 Vgl. Below, Andreas von: Abwanderung aus dem Baltikum, Länderbericht der Konrad-Adenauer-Stiftung, Dezember 2005, http://www.kas.de/estland/de/publications/7744/ (9. 5. 2011).

20 NZZ, 26. 8. 2009.

21 Vgl. Balster, Jan: Die Rentner betteln wieder. In: Eurasisches Magazin, 3. 8. 2009, http://www.eurasischesmagazin.de/artikel/?thema=Baltikum&artikelID=20090809 (1. 4. 2011).

22 Vgl. Balster, Jan: Die Rentner betteln wieder. In: Eurasisches Magazin, 3. 8. 2009, http://www.eurasischesmagazin.de/artikel/?thema=Baltikum&artikelID=20090809 (1. 4. 2011).

23 http://www.zeit.de/wirtschaft/geldanlage/2011-01/euro-einfuehrung-estland (7. 2. 2011).

24 http://diepresse.com/home/politik/aussenpolitik/577034/Litauen_ExPraesident-Brazauskas-gestorben (29. 4. 2011).

25 Ihren Namen leitet die Nehrung vom baltischen Volk der Kuren ab, das erstmals im 9. Jahrhundert Erwähnung in historischen Dokumenten fand. Die Nehrung selbst entstand vor ca. 7000 Jahren.

26 Vgl. Johannsmeier, Birgit: Sehnsucht nach Düne, Haff und offenem Meer. In: N-Ost, 3. 8. 2011.

27 www.aktuell.ru, 17.11.2004 (1.2.2007).

28 Eine entsprechende Vereinbarung gibt es seit dem 20.6.2003.

29 Der Spiegel, 18/2011, S.112.

30 Ebenda.

31 Kaderják, Péter: Unilateral natural gas import dependence: a new supply security issue for Europe. European Review of Energy Markets. (2007) Online unter http://www.eeinstitute.org/european-review-of-energy-market/erem5-article-kaderjak, S.23 (11.3.2011).

32 Johannsmeier, Birgit: Ein neuer Atommeiler für das Baltikum? Deutschlandradio (5.10.2006) Online unter http://www.dradio.de/dlf/sendungen/hintergrundpolitik/550190/ (11.3.2011).

33 Zakaria, Mohamad: Ignalina Nuclear Power Plant. Lund University Master's Thesis. (2001) Online unter www.lumes.lu.se/database/alumni/00.01/theses/zakaria_mohamad.pdf (10.3.2011).

34 Vgl. Art. 52 des Protokolls betr. des Vertrages und die Akte über den Beitritt der Tschechischen Republik, der Republik Estland, der Republik Zypern, der Republik Lettland, der Republik Litauen, der Republik Ungarn, der Republik Malta, der Republik Polen und der Slowakischen Republik im Amtsblatt der Europäischen Union (C 310/297) vom 16.12.2004.

35 Petrova, Alla: Environment minister: Latvia second most energy-dependent country behind Slovakia. The Baltic Course. Online unter http://www.baltic-course.com/eng/energy/?doc=34138 (11.3.2011).

36 Gamillscheg, Hannes: Niemand will Litauens AKW bauen. Frankfurter Rundschau. (2010) Online unter http://www.fr-online.de/politik/niemand-will-litauens-akw-bauen/-/1472596/4893722/-/index.html (11.3.2011).

37 Germany Trade&Invest (4.2.2009): Belarus plant Kernkraftwerk an der Grenze zu Litauen. Online unter http://www.gtai.de/fdb-SE,MKT200902038009,Google.html (11.3.2011).

38 Vgl. Website des Auswärtigen Amtes, Rubrik Länderinformationen, Land Litauen. Online unter http://www.auswaertiges-amt.de/DE/Aussenpolitik/Laender/Laenderinfos/01-Nodes_Uebersichtsseiten/Litauen_node.html (15.7.2011).

39 Vgl. www.aktuell.ru, 10.12.2010 (Aufruf 17.2.2011).

40 http://www.transparency.de/Tabellarisches-Ranking.1745.0.html (17.7.2011).

41 Silins, U. u.a.: Latvija Liktena gaitas 1918–1991, Riga 2006, S.93 (Zit. nach Bongarts, Udo: Charisma aus der Mottenkiste, http://www.lettische-presseschau.de/politik/lettland/317-lettland-auf-der-suche-nach-dem-heilsbringer (3.8.2011).

42 Vgl. Bundesministerium für Bildung und Forschung, http://www.kooperation-international.de/lettland/themes/international/fub/laender/laendergesamtbericht/ (1.5.2011).

43 Spiegel Online, 16.3.2009, http://www.spiegel.de/politik/ausland/0,1518,613677,00.html (8.2.2011).

44 Vgl. FAZ, 3.1.1994 und Garbe, Gunnar: Deutsche Russlandpolitik und das Baltikum 1990–1998, Dissertationsschrift, Kiel 2002, S.207.

45 Interview von Thomas Vogel mit dem lettischen Staatspräsidenten, Guntis Ulmanis, 1994, erschienen in der Schweizer Wochenzeitung »Brückenbauer«.

46 Interview von Thomas Vogel mit Sergej Dimanis, 1994.

47 http://www.bellevue.de/de/immobilien/159/&pagenum=1/Estland%2C+ Lettland%2C+Litauen+-+Drei+Tiger+von+der+Ostsee (9.11.2010).

48 Datenbank der Weltbank, Indikator »GDP (current US$)«. Online unter http://data.worldbank.org/indicator/NY.GDP.MKTP.CD?page=3 (4.8.2011).

49 Interview Thomas Vogel mit Andres Tarand, 1994.

50 Ebenda.

51 http://www.focus.de/finanzen/boerse/estland-vorbildliches-nordlicht_aid_ 520080.html (5.8.2011).

52 Ebenda.

53 Vgl. http://bti2003.bertelsmann-transformation-index.de/176.0.html (2.6.2011).

54 Vgl. http://www.auswaertiges-amt.de/DE/Aussenpolitik/Laender/Laender infos/Estland/Wirtschaft.html?nn=382590 (4.8.2011).

55 Vgl. http://estonia.eu/about-estonia/economy-a-it/e-estonia.html (4.8.2011).

56 http://www.focus.de/finanzen/boerse/estland-vorbildliches-nordlicht_aid_ 520080.html (5.8.2011).

57 Vgl. Hanse Parlament e.v./Haus Rissen Hamburg (Hrg.): Estland im Über- blick. In http://www.baltic-cooperation.eu/mediabig/3141A.pdf (15.5.2011).

Von der UdSSR zu neuen Bündnissen

1 Charter of the Commonwealth of Independent States (with declaration and decisions). Adopted at Minsk on 22 January 1993. Translation, published by the United Nations, Document No. 31139. Chapter I. Purposes and Prin- ciples, Article 2, http://untreaty.un.org/unts/120001_144071/6/8/00004863. pdf (12.9.2010).

2 Stand 2010. Dazwischen liegen Kasachstan (470 Euro), Weißrussland (364 Euro), Aserbaidschan (310 Euro), Armenien (258 Euro), die Ukraine (230 Euro), Usbekistan (223 Euro), Moldawien (215 Euro), Turkmenistan (200 Euro) und Kirgistan (145 Euro), Vgl. www.iwpr.net (2.6.2011).

3 http://www.cis.minsk.by/index.php?id=4 (1.7.2011).

4 Zit. nach http://www.aktuell.ru/russland/politik/gus-gipfel_kasan_wird_1_ 000_jahre_alt_gus_nicht_2899.html, 26.08.2005 (5.8.2011).

5 Armenien hat seit 2003 Beobachterstatus.

6 Zit. nach http://wirtschaft.russlandonline.ru/eaec/morenews.php?iditem=13 (1.8.2011).

7 Die Zuständigkeiten der Organisation überschneiden sich zudem mit denen der GUS und eines weiteren Staatenverbundes, der Organisation für wirt- schaftliche Zusammenarbeit (OwZ). Sie wurde 1985 vom Iran, der Türkei und Pakistan gegründet. 1992 haben sich Afghanistan sowie die einstigen Sowjetrepubliken Aserbaidschan, Turkmenistan, Usbekistan, Tadschikis- tan, Kirgistan und Kasachstan angeschlossen.

8 http://www.guuam.org/ (12.6.2011).

9 Der Organisation schlossen sich Estland, Lettland, Litauen, Mazedonien, Moldawien, Rumänien und Slowenien an.

10 Der Präsident von Russland auf der Münchner Konferenz zu Fragen der Si- cherheitspolitik, 10.2.2007, http://russland.ru/reden/morenews.php?iditem=4 (7.11.2010).

11 Ebenda.

12 Thomas Vogel in der Tagesschau des Schweizer Fernsehens, 10.2.2007.

13 Vgl. Speech by NATO Secretary General Anders Fogh Rasmussen at the Car-
negie Endowment Brussels, 18.9.2009, http://www.ag-friedensforschung.de/
themen/NATO/rasmussen2.html (8.1.2010).

14 1993 schlossen sich Aserbaidschan und Georgien der OVkS an, traten aber
1999 wieder aus. Usbekistan gehört der Organisation nach wie vor formal
an, wurde aber in ihr niemals aktiv.

15 Vorläufer der SCHOZ war die 1996 gegründete Schanghai-Fünf-Gruppe,
die zunächst zur Regulierung von Grenzzwistigkeiten in Mittelasien gegründet wurde.

16 Vgl. Keller, Patrick; Kunze, Thomas: Im Zeichen des NATO-Gipfels. Chancen und Grenzen der Osterweiterung. In: Analysen und Argumente Konrad-
Adenauer-Stiftung, Mai 2008.

17 Russland und China haben in dem Bündnis die Chance, nicht als »Einzelspie-
ler«, sondern als Teil eines bedeutenden Staatenzusammenschlusses wahrgenommen zu werden und so ihren internationalen Einfluss zu vergrößern.
Es ist aber nach wie vor nicht auszuschließen, dass die militärpolitisch mehr
oder weniger »schlafende« Schanghai-Kooperationsorganisation zu einer
Art »Ost-NATO« aufgerüstet wird. Damit würde sie zu einem neuen globalen Akteur auf der weltpolitischen Bühne aufsteigen. 2005 erhielten Indien,
der Iran und Pakistan den Beobachterstatus, den vorher nur die Mongolei
besaß. Weißrussland und Sri Lanka sind sogenannte Dialogpartner. Heute
lebt mehr als die Hälfte der Weltbevölkerung in Staaten, die direkt oder indirekt (als Beobachter) der SCHOZ angehören. Eine besondere Bedeutung
kommt in der SCHOZ dem Iran zu. Die von Teheran angestrebte Vollmit-
gliedschaft böte dem Land eine gewisse Garantie, dass es zu keinem Präven-
tivschlag seitens Israels oder der USA kommt. Irans Staatspräsident Ahmadinedschad hatte die Schanghai-Staaten bereits 2006 offiziell darum gebeten,
»sich der Hegemonie des Westens in den Weg zu stellen«. (Zit. nach http://
www.aktuell.ru/russland/politik/iran_bittet_shanghai_gruppe_um_schutz_
vor_dem_westen_3130.html, 15.6.2006 (21.5.2007).

18 Vgl. Schuler, Kurt; Selgin, George; Sinkey, Joseph: Replacing the Ruble in
Lithuania: Real Change versus Pseudoreform. Cato Institute Policy Analysis,
No. 163 (28.10.1991), http://www.cato.org/pubs/pas/pa163.pdf (30.3.2011).

19 vgl. Abdelal, Rawi: Contested Currency: Russia's Ruble in Domestic and
International Politics (2003), S. 208 f., https://www.princeton.edu/~lisd/publi
cations/bibliography_russian_state_in_transition.pdf (1.4.2011).

20 Vgl. Schuler; Selgin; Sinkey, a.a.O. und Dabrowski, Marek: The Reasons of
the Collapse of the Ruble Zone (1995), http://www.case.com.pl/upload/
publikacja_plik/3460035_058e.pdf (29.3.2011).

21 SZR: Sonderziehungsrechte (englisch: Special Drawing Right – SDR). Die
SZR wurden vom IWF im Jahre 1969 eingeführt. Ihr Wechselkurs basiert
auf einem Währungskorb wichtiger Weltwährungen (Vgl. http://www.imf.
org/external/np/exr/facts/sdr.HTM) (11.8.2011).

22 Vgl. http://www.europarl.europa.eu/enlargement/briefings/pdf/34a1_de.pdf,
S. 19 (11.8.2011).

23 Vgl. Dabrowski, Marek, a.a.O.

24 Vgl. Abdelal, a.a.O, S. 210.

Russland

1 In der Regel trugen sie die Bezeichnung einer anderen, real existierenden Stadt sowie eine Nummer. Bei »Moskau-300« handelte es sich um die Stadt Sarow (Atomindustrie), bei »Tomsk-7« um Sewersk (Urananreicherung) oder bei »Krasnojarsk-66« um Kedrowy (Raketenstützpunkt). Meist lagen diese Siedlungen in der Nähe derjenigen Städte, deren Namen sie trugen. Die Ziffer gab oft die ungefähre Entfernung in Kilometern an. Im heutigen Russland tragen diese Städte zwar keine Codenamen mehr, sie zählen aber nach wie vor zu den Sperrgebieten.

2 Ausländer dürfen beispielsweise nicht nach Sewerodwinsk, Norilsk oder einige Gebiete der Halbinsel Kamtschatka reisen. Unter noch strengerer Abschirmung befinden sich der Autonome Bezirk der Tschuktschen, fast die gesamte Küste des Eismeers oder die Inseln Dikson sowie Nowaja Semlja (Atomtestgelände), Sneschnogorsk, Bolschoi Kamen und Chatanga. Seit 2006 hat sich die Anzahl der Sperrgebiete sogar wieder erhöht. Hinzu gekommen sind z. B. erneut Teile der Regionen Primorje, Chabarowsk sowie der Insel Sachalin.

3 Die bekanntesten Städte sind St. Petersburg (Leningrad), Wolgograd (Stalingrad), Bischkek (Frunse), Perm (Molotow), Twer (Kalinin), Jekaterinburg (Swerdlowsk), Nishny Nowgorod (Gorki), Wjatka (Kirow), Samara (Kuibyschew), Karatschajew (Mikojan), Nabereshnije Tschelny (Breshnew), Rybinsk (Andropow), Lugansk (Woroschilow).

4 Vgl. hierzu Rothacher, Albrecht: Stalins langer Schatten, Graz 2008, S. 32.

5 Zu Jelzins Clan bzw. zur »Familie«, so die Bezeichnung für einen Kreis von ungefähr zehn Personen, die in den 1990er Jahren inoffiziell die Politik in Russland bestimmten, gehörten neben Jelzins Tochter Tatjana u. a. Leibwächter Alexander Korschakow, der Chef der Präsidialverwaltung, Alexander Woloschin, die Minister für Inneres und Verteidigung, der Chef des Geheimdienstes FSB sowie der Oligarch Boris Beresowski. Beresowski, der heute im Exil in London lebt, galt als »graue Eminenz« Jelzins. Eine Trennlinie zwischen staatlicher Verantwortung und privaten Geschäften gab es in Jelzins »Familie« nicht.

6 Jegor Gaidar war der Enkel des Schriftstellers Arkadi Gaidar. Dessen Buch »Timur und sein Trupp«, in dem sich ein 14-Jähriger als eine Art kommunistischer Robin Hood mit einem Hilfstrupp um die Angehörigen und Witwen von Frontsoldaten des Zweiten Weltkriegs kümmert, hatte zur Pflichtlektüre in den sowjetischen und teilweise auch ostdeutschen Schulen gehört.

7 http://www.netstudien.de/Russland/index.htm (7.7.2011).

8 Vgl. http://www.rusempire.ru/istoriya-rossiyskoy-federatsii/politicheskiy-krizis-oseni-1993-goda.html (7.7.2011).

9 Vgl. http://de.rian.ru/politics/20101103/257570663.html (7.7. 2011).

10 Vgl. http://www.russland-aktuell.de/russland/who_is_who/skandal_in_jelzin-familie_das_selbstbildnis_zerbricht_283.html (31.7.2011).

11 Rothacher, Albrecht: Stalins langer Schatten, Graz 2008, S. 9.

12 Vgl. http://internettrash.com/users/murnau/jelzin.htm (7.6.2010).

13 Zit. nach ebenda.

14 Vgl. Rheinischer Merkur, 9.10.2003.

15 Zit. nach Spiegel Online, 8.11.2010, http://www.spiegel.de/spiegel/print/d-74948211.html (19.2.2011).

16 Bis 2003 waren die beiden liberalen Parteien »Jabloko« und die »Union Rechter Kräfte« noch in der Staatsduma vertreten. Danach schafften sie den Wiedereinzug in das Parlament nicht mehr. Der frühere sowjetische Schachweltmeister Garri Kasparow versuchte, mit der Bewegung »Anderes Russland« eine neue Oppositionsbewegung zu gründen, doch er scheiterte, denn von Beginn an war das Bündnis durch die Einbeziehung der verbotenen, linksextremen Nationalbolschewistischen Partei belastet.

17 Programmerklärung der Partei »Einiges Russland« auf dem Parteitag in Jekaterinburg, 2.12.2006.

18 Vgl. Rau, Johannes: Politik und Islam in Nordkaukasien, Wien 2002, S.12.

19 Auf die kritische Frage eines Journalisten bei seinem Besuch in Hamburg im Dezember 2004 antwortete Wladimir Putin: »Seit drei Jahren gibt es keinen Krieg mehr in Tschetschenien – kein Krieg in Tschetschenien seit drei Jahren. Ist schon vorbei. Sie können ruhig nach Hause gehen. Frohe Weihnachten!« (Zit. nach Rheinzeitung, 21.12.2004).

20 Untersucht wurden dabei drei Fälle aus dem Jahre 1999. Die russischen Streitkräfte hätten, so der Gerichtshof, in drei untersuchten Fällen das Recht auf Leben tschetschenischer Zivilisten verletzt. Zwar könne in Kampfsituationen der Einsatz tödlicher Waffen erlaubt sein, doch müsse die Verhältnismäßigkeit gewahrt bleiben. Der Einsatz von Waffen mit breiter Streuwirkung und die fortgesetzte Bombardierung von Zivilisten seien nicht zu rechtfertigen. Das Gericht verurteilte Russland auch wegen mangelnder Untersuchung von Menschenrechtsverletzungen und bekräftigte den Grundsatz, dass die in Tschetschenien verbreitete Straflosigkeit für solche Vergehen für demokratische europäische Gesellschaften nicht zu tolerieren ist. (Vgl. ai-Journal, Mai 2005).

21 Pressemitteilung der Gesellschaft für bedrohte Völker, Göttingen/Strassburg, 12.5.2006.

22 Vgl. Pressemitteilung von Human Rights Watch, Genf, 21.3.2005.

23 Petition von Amnesty International an die EU, 23.2.2003.

24 Die Welt, 12.5.2004.

25 Schepp, Matthias: Ein Bazillus namens Hass, in Der Spiegel, 5/2011, S.92.

26 Ebenda.

27 Ebenda.

28 Vgl. Schewardnadse, Eduard: Als der Eiserne Vorhang zerriss. Begegnungen und Erinnerungen, Duisburg 2007, S.383.

29 Vgl. Population Division of the Department of Economic and Social Affairs of the United Nations Secretariat, World Population Prospects: The 2010 Revision, http://esa.un.org/unpd/wpp/index.htm (29.6.2011).

30 Die Schätzungen von Historikern sind hier seit Jahrzehnten unterschiedlich.

31 Vgl. Applebaum, Anne: Der GULag, Berlin 2003, S.11.

32 Zit. nach Spiegel online, 9.5.2010, http://www.spiegel.de/politik/ausland/0,1518,693752,00.html (16.4.2011).

33 Ebenda.

34 Istoria stalinskowo GULAGa, Otw. Red.: O.W. Chlebnjuk, Moskau 2004.

35 Vgl. Wortprotokoll der Rede Wladimir Putins im Deutschen Bundestag am 25.9.2001, http://www.bundestag.de/kulturundgeschichte/geschichte/gastredner/putin/putin_wort.html (1.8.2011).

36 Vgl. http://de.rian.ru/politics/20110412/258823170.html (8.5.2011).

Weißrussland

1 FAZ, 8.12.2001.

2 Zit. nach FAZ, 28.7.1992.

3 Vgl. »Die wirtschaftliche Lage Weißrusslands«. Institut für Weltwirtschaft Kiel, November 1993, S.10.

4 Datenbank der Weltbank. Indikator »Inflation consumer prices (annual %)«, http://data.worldbank.org/indicator/FP.CPI.TOTL.ZG?page=3&display= default (7.6.2011).

5 http://naviny.by/rubrics/politic/2006/11/23/ic_news_112_262647/ (2.7.2011). Vgl. auch Tonmitschnitt auf http://www.youtube.com/watch?v=g982KGUc rKk&feature=related (3.7.2011).

6 Vgl. http://rutube.ru/tracks/2012621.html?v=301e364a8c56d052d6fc03cc8 be81424 (3.7.2011).

7 Minski Awtomobilny Sawod (MAS) – (Minsker Autowerke).

8 Vgl. http://de.rian.ru/security_and_military/20110303/258481615.html (30.6.2011).

9 Vgl. Forbig, Jörg: Belarus. In: APuZ: http://www.bpb.de/publikationen/KU ZO40,0,Belarus.html (19.6.2011).

10 Auf Platz 2 landete mit 47 Prozent der kasachische Staatspräsident Nursultan Nasarbajew. Vgl. http://www.aktuell.ru/russland/news/lukaschenko_bei _russen_populaer_12565.html (8.8.2011).

11 http://www.aktuell.ru/russland/kommentar/warum_lukaschenko_jetzt_ bleibt_aber_demnaechst_geht_272.html (24.7.2011).

12 http://www.aktuell.ru/russland/news/_buendnisstaat_russland-weissruss land_sehr_unbeliebt_24442.html (25.7.2011).

13 Lukaschenko nahm die Einladung nicht an, da es in der EU zu Protesten gegen ihn kam.

14 May, Marie-Lena; Meister, Dr. Stefan: Testfall Belarus. Konsequenzen für die EU aus den Präsidentschaftswahlen 2010. DGAP Standpunkt, Januar 2011, No.1, http://www.dgap.org/wp-content/uploads/2011/01/2011-01_ Stp_May_Meister_Belarus_www-1.pdf (12.6.2011).

15 Zit. nach Spiegel Online, 21.4.2011, http://www.spiegel.de/politik/ausland/ 0,1518,758685,00.html (30.6.2011).

Ukraine

1 Vgl. Kraft der Vergangenheit. In: Der Spiegel, 19/1992, S.208 ff.

2 Vgl. Goble, Paul: The Ukrainian Security Trap. In: The Ukrainian Quarterly, 3/1994 (Vol.50), S.230.

3 Vgl. Engdahl, William: Die geopolitische Bedeutung der Ukraine heute, http://www.kopp-online.com/news/die-geopolitische-bedeutung-der- ukraine-heute.html (8.8.2011).

4 Vgl. Spiegel Online, 22.11.2004, http://www.spiegel.de/politik/ausland/0, 1518,329112,00.html (29.7.2011).

5 Vgl. President Viktor Yushchenko, The New York Times, 28.12.2004, http://www.nytimes.com/2004/12/28/opinion/28tue1.html?_r=1&scp=4&s q=orange+revolution&st=nyt (29.7.2011).

6 Janukowitsch erhielt 48,95 Prozent, Timoschenko 45,47 Prozent, 4,36 Prozent stimmten »gegen alle«; 1,19 Prozent der Stimmen waren ungültig. Die Stichwahl fand am 7.2.2010 statt.

7 Interview mit Andrej Kurkow, Süddeutsche Zeitung, 24.11.2009, http://www.sueddeutsche.de/politik/orangene-revolution-er-hat-alles-falsch-gemacht-1.136022 (9.8.2011).

Moldawien

1 Vgl. Toth, Jenny: Europas Armenhaus, 26.1.2011, http://www.berlinonline.de/berliner-zeitung/archiv/.bin/dump.fcgi/2011/0126/horizonte/0006/index.html (22.7.2011).
2 Der an die Sowjetunion angeschlossene Teil Moldawiens wurde mit einem Teil der Moldawischen ASSR vereint. Der verbleibende Rest der 1924 gegründeten ASSR fiel an die Ukrainische Sowjetrepublik.
3 Vgl. http://demoscope.ru/weekly/ssp/sng_nac_89.php?reg=9 (17.2.2011)

Die Kaukasus-Republiken

1 Haas, Christian: Turbo-Boots für den Tourismus-Neuling, Focus Online, 16.5.2011, http://www.focus.de/reisen/reisefuehrer/tid-22337/baku-aserbadschan-was-gegen-eine-reise-spricht_aid_627856.html (9.8.2011).
2 Datenbank der Weltbank: Indikator »GDP per capita (current US-Dollar)«, http://data.worldbank.org/indicator/NY.GDP.PCAP.CD/countries?page=3 (9.8.2011).
3 Vgl. Factsheet Kaspischer Raum, Bundeszentrale für politische Bildung, 2007, http://www.bpb.de/themen/OGC1QI,0,Factsheet_Kaspischer_Raum.html (9.8.2011).
4 Vgl. Nabiew, Rizvan: Die Konflikte im Transkaukasus und die Rolle der Öldiplomatie, Berlin Information Center for Transatlantic Security, http://www.bits.de/public/gast/kaukasus.htm (8.7.2010).
5 Schmidt-Häuer, Christian: Selbst die ewige Flamme ist erloschen, Zeit Online, 20.3.1992, http://www.zeit.de/1992/13/selbst-die-ewige-flamme-ist-erloschen (9.8.2011).
6 Platz 134 von 178 bewerteten Staaten. Vgl. Visualising the 2010 Corruption Perceptions Index. Transparency International, 2010, http://www.transparency.org/policy_research/surveys_indices/cpi/2010/interactive (9.8.2011).
7 Vgl. Aserbaidschan: Erdöl dominiert die Entwicklung am Kaspischen Meer Deutsche Bank Research, 5.3.2008 http://www.dbresearch.de/servlet/reweb2.ReWEB?addmenu=false&document=PROD0000000000 221453&rdShowArchivedDocus=true&rwdspl=2&rwnode=DBR_INTERNET_DE-PROD$NAVIGATION&rwobj=ReDisplay.Start.class&rwsite=DBR_INTERNET_DE-PROD (18.5.2011).
8 Vgl. Demografie Aserbaidschan, Die Welt im Bild, November 2007, http://www.ipicture.de/daten/demographie_aserbaidschan.html (9.8.2011).
9 Zit nach: Die Angst vor dem arabischen Funken am Kaspischen Meer, NZZ, 10.3.2011.
10 Offizielle Bezeichnung: georgisch-orthodoxe Apostelkirche.
11 Schewardnadse, Eduard: Als der Eiserne Vorhang zerriss. Begegnungen und Erinnerungen, Duisburg 2007, S. 382.
12 Vgl.: Swanetien – Eine Reise in die Vergangenheit. Tourist Agency Visit Georgia, http://www.visitgeorgia.ge/deutsch/Information/SWANETIEN%20eine%20Reise%20in%20die%20Vergangenheit.htm (Aufruf 9.8.2011).
13 Zum Helsinki-Prozess vgl. das Kapitel zu Lettland.
14 Vgl. das Kapitel zu Aserbaidschan.

15 Vgl. das Kapitel zu Moldawien.

16 Vgl. Rykin, Viktor: Konflikte in Russland und der Gemeinschaft Unabhängiger Staaten (GUS) und Wege zu ihrer Vermeidung, 1998, http://www.bmlv.gv.at/pdf_pool/publikationen/03_jb99_36.pdf (12.2.2011).

17 http://www.spiegel.de/politik/ausland/0,1518,571700,00.html

18 Welt Online, 9.8.2008, http://www.welt.de/politik/article2290187/Russland-greift-Georgien-an-zwei-Fronten-an.html (9.8.2011).

19 http://www.bild.de/news/politik/georgien/zwischen-georgien-und-ossetien-5405974.bild.html (9.8.2011).

20 Zit. nach: Panorama: Neuer Kalter Krieg? Deutschlands riskanter Kurs, ARD Panorama, 28.8.2008, http://www.ardmediathek.de/ard/servlet/content/3517136?documentId=881816 (9.8.2011).

21 Nach russischen Angaben wurden 164 Zivilisten und 48 russische Soldaten, darunter Angehörige der GUS-Friedenstruppen, getötet. (Vgl. http://de.rian.ru/world/20090806/122597525.html, 6.8.2009, 1.8.2010).

22 Zuletzt gab es im Mai 2011 blutige Auseinandersetzungen zwischen Saakaschwilis Sicherheitskräften und der Opposition.

23 Vgl. Informationen über Armenien und die armenische Kirche. Bistum Magdeburg, Pressearchiv 2001, http://www.bistum-magdeburg.de/front_content.php?idart=3689 (9.8.2011).

24 Lewis, M. Paul (Hg.): Ethnologue: Languages of the World, 2009. Dallas, Texas. 16. Ausgabe, SIL International, http://www.ethnologue.com/show_language.asp?code=hye (9.8.2011).

25 Vgl. Geistiges Tschernobyl. In: Der Spiegel, 30/1988, http://www.spiegel.de/spiegel/print/d-13530480.html (9.8.2011).

26 Vgl. das Kapitel zu Aserbaidschan.

27 Vgl. Plathe, Katja; Senkyr, Jan; Marukyan, Liana: Politik und Fußball. Das Länderspiel Armenien-Türkei, Länderbericht, Konrad-Adenauer-Stiftung, 15.9.2008, http://www.kas.de/tuerkei/de/publications/14630/ (9.8.2011).

28 Zit. nach Plathe, Katja; Senkyr, Jan; Marukyan, Liana: Politik und Fußball. Das Länderspiel Armenien-Türkei, Länderbericht, Konrad-Adenauer-Stiftung, 15.9.2008, http://www.kas.de/tuerkei/de/publications/14630/ (9.8.2011).

29 Vgl. das Kapitel zu Georgien.

30 Datenbank der Weltbank: Indikator Poverty headcount ratio at national poverty line (% of population), http://data.worldbank.org/indicator/SI.POV.NAHC/countries (20.7.2011).

31 Datenbank der Weltbank: Indikator Poverty headcount ratio at $2 a day (PPP) (% of population), http://data.worldbank.org/indicator/SI.POV.2DAY/countries (20.7.2011).

Mittelasien: Die »Stan-Länder«

1 Vgl. das Kapitel Von der UdSSR zu neuen Bündnissen.

2 Vgl. Hauptstadt der Gigantomanie, Focus Online, 9.8.2007, http://www.focus.de/kultur/kunst/kasachstan_aid_69287.html (9.8.2011).

3 Vgl. Ekspress K, 1.4.2011, S.1.

4 Vgl. Russland und Kasachstan wollen bilaterale Beziehungen ausbauen« naanoo – international online magazine, 17.3.2011, http://www.naanoo.com/live/russland-und-kasachstan-wollen-bilaterale-beziehungen-ausbauen (9.8.2011).

5 Sultanov, B.: Ethnopolitischer Aspekt der kasachisch-russischen Beziehungen, Almaty, 2007, http://www.analitika.org/article.php?story=20070707035 154933 (9.8.2011).

6 Vgl. Stöcker, Christian: Ein Schwein von einem Mann, Spiegel Online, 25.10.2006, http://www.spiegel.de/kultur/kino/0,1518,444351,00.html (9.8.2011).

7 Peter, Elie; Bauernebel, Herbert: Staranwalt will Borat an Kragen. Blick.ch, 23.11.2011, http://www.blick.ch/people/artikel49814 (9.8.2011).

8 Die OSZE ist eine Organisation, die insgesamt 56 Teilnehmerstaaten hat und sich mit der Lösung zwischenstaatlicher und -ethnischer Konflikte sowie dem Wiederaufbau befasst. Die Vorgängerorganisation der OSZE, die Konferenz für Sicherheit und Zusammenarbeit in Europa (KSZE), trug in Zeiten des Kalten Krieges maßgeblich zur Annäherung der beiden großen Blöcke bei.

9 Vgl. Absturz aus vergrößerter Fallhöhe, FAZ.net, 3.12.2010, http://www.faz. net/s/RubDDBDABB9457A437BAA85A49C26FB23A0/Doc~EE9B3EF14E5 C9450FBB1394118AD43A85~ATpl~Ecommon~Scontent.html (9.8.2011).

10 Neef, Christian: Staatschefs blamieren sich auf der Mammutshow, Spiegel Online, 3.12.2010, http://www.spiegel.de/politik/ausland/0,1518,732638,00. html (9.8.2011).

11 Kunze, Thomas: Ein Jahr danach – Zentralasien im Aufbruch? Beitrag für den Weltreport der KAS, Sonderausgabe September 2002.

12 Fischer, Peter A.: Kirgistan – die Schweiz Zentralasiens? In: NZZ, 2.4.2005.

13 Dies betraf vor allem die ethnischen Kirgisen, die die Mehrheitsbevölkerung stellen, und die Minderheit der ethnischen Usbeken, zwischen denen es auch zu Sowjetzeiten immer wieder Auseinandersetzungen und Unfrieden gab.

14 Datenbank der Weltbank: Indikator GDP per Capita (current US$), http:// data.worldbank.org/indicator/NY.GDP.PCAP.CD?page=2 (21.7.2011).

15 Zit. nach Fischer, Peter A.: Kirgistan – die Schweiz Zentralasiens? In: NZZ, 2.4.2005.

16 Kyrgyzstan Inquiry Commission: Report of the Independent International Commission of Inquiry into the Events in Southern Kyrgyzstan in June 2010, 2011, http://www.k-ic.org/images/stories/kic_report_english_final.pdf (22.7.2011).

17 Ebenda.

18 Ebenda. Vgl. auch: Human Rights Watch, Kyrgyzstan: Where Is the Justice? Interethnic Violence in Southern Kyrgyzstan and its Aftermath. New York 2011, http://www.hrw.org/en/ reports/2010/08/16/where-justice-0. (22.7.2011).

19 Vgl. http://www.un.org/events/tenstories/06/story.asp?storyID=600 (10.8.2011).

20 Eurasianet.org, 23.8.2010: Prison Break in Tajikistan Could Have Political Ramifications. http://www.eurasianet.org/node/61788 (1.8.2011).

21 Eurasianet.org, 7.9.2010: Are Tajikistan's Security Services Breaking Down? http://www.eurasianet.org/node/61868 (1.8.2011).

22 Ebenda.

23 Eurasianet.org, 20.9.2010: Tajikistan: Militant Ambush Puts Spotlight on Security Situation. http://www.eurasianet.org/node/61971 (1.8.2011).

24 Eurasianet.org, 24.1.2011: Tajikistan: From Beards to Mosques, Dushanbe cracking down on suspected Radicals, http://www.eurasianet.org/node/62758 (2.8.2011).

25 Vgl. http://www.2plus4.de/chronik.php3?date_value=17.06.89+%2B%2F-&sort=000-000 (2.6.2011).

26 Zur deutschen Minderheit in Kasachstan vgl. u.a. Stoll, Ferdinand: Kasachstandeutsche. Migrationsstrategien Kasachstandeutscher im Übergang von ethnischer zu transnationaler Migration – aus der Sicht von Kasachstan, Kisslegg 2007.

27 Eigentlich: Dschuma Chodschijew.

28 Vgl. Logvinov, Michail: Zwischen regionalem und internationalem Terrorismus – der Weg der Islamischen Dschihad-Union. In: Uwe Backes; Alexander Gallus; Eckhard Jesse (Hg): Jahrbuch Extremismus & Demokratie, Bd.21, Baden-Baden 2010, S.180ff.

29 Vgl. http://derstandard.at/1254310413496/Drohnenangriff-Weiterer-Extremisten-Anfuehrer-getoetet (30.6.2011).

30 Vgl. Böhm, Peter: Comeback der Islamisten, http://www.suedwind-magazin.at/start.asp?ID=236723&rubrik=2&ausg=200612 (27.6.2011).

31 Saparmurat Turkmenbaschi: Ruhnama, Aschgabat 2001, S.18.

32 Ebenda, S.9, 22, 27.

33 Interview mit Saparmurat Nijasow. In: Die Welt, 27.8.1997.

34 Ebenda.

35 Gurbanguly Berdymuchammedow, Spiegel Online, 3.5.2010, http://www.spiegel.de/spiegel/print/d-70327219.html (10.8.2011).

36 Saparmurat Turkmenbaschi: Ruhnama, Aschgabat 2001, S.226, 268.

Nachwort

1 »Es waren wirklich Idioten«, Interview mit Michail Gorbatschow, in: Der Spiegel 33/2011, S.102

Die statistischen Angaben zu den einzelnen Ländern stammen aus folgenden, im Juni 2011 aufgerufenen Quellen:

– Website des Auswärtigen Amtes Berlin, Rubrik Länderinformationen: www.auswaertiges-amt.de/DE/Laenderinformationen/Uebersicht_Navi.html

– Länderdatenbank der Weltbank: http://data.worldbank.org/country

– Exchange Rates UK: www.exchangerates.org.uk

– Coinmill.com – The Currency Converter: http://coinmill.com/)

– Wikipedia – The free Encyclopedia. Genutzt wurden jeweils die englischsprachigen Einträge zum Staatspräsidenten und Regierungschef aller 15 ehemaligen Sowjetstaaten.

Statistische Übersichten

Internetnutzer auf 100 Einwohner in den Ländern der ehemaligen Sowjetunion

(Stand 2010)

Land	1998	2003	2008
Armenien	0,13	4,58	6,21
Aserbaidschan	0,04	–	28,00
Estland	10,80	45,32	66,21
Georgien	0,10	2,56	23,78
Kasachstan	0,13	2,00	11,00
Kirgistan	0,07	3,91	15,70
Lettland	3,32	26,98	60,63
Litauen	1,97	24,45	55,00
Moldawien	0,26	7,41	23,39
Russland	0,81	8,30	32,00
Tadschikistan	–	0,06	8,78
Turkmenistan	–	0,43	1,49
Ukraine	0,30	3,15	10,60
Usbekistan	0,02	1,91	9,08
Weißrussland	0,07	16,22	32,10
zum Vergleich: Deutschland	9,88	53,68	75,33

Quelle: United Nations Millennium Development Goals
http://mdgs.un.org/unsd/mdg/SeriesDetail.aspx?srid=605&crid=
http://mdgs.un.org/unsd/mdg/SeriesDetail.aspx?srid=608&crid= (in absoluten Zahlen)

Lebenserwartung in den postsowjetischen Staaten

(Stand 2009)

Land	Jahr der Erhebung	Männer	Frauen
Armenien	2008	70,4	76,9
Aserbaidschan	2009	70,9	76,1
Estland	2008	68,7	79,5
Georgien	2008	69,3	79,0
Kasachstan	2009	63,6	73,6
Kirgistan	2008	64,5	72,6
Lettland	2008	67,0	77,8
Litauen	2009	67,5	78,6
Moldawien	2008	65,6	73,2
Russland	2008	61,8	74,2
Tadschikistan	2008	68,5	74,1
Turkmenistan	2007	58,0	67,0
Ukraine	2008	62,5	74,3
Usbekistan	2007	63,0	70,0
Weißrussland	2009	64,7	76,4

Quelle: Statistisches Jahrbuch der Republik Weißrussland, 2010 (Статистический ежегодник Республик Беларусь 2010), S. 575; Vgl. auch Statistisches Jahrbuch Armenien 2010 (Статистическии ежегодник Армении 2010), S. 36

Bildnachweis

Johann C. Fuhrmann/Norbert Beckmann-Dierkes: S. 73, 80, 91, 94, 155, 156, 157

Stephan Malerius: S. 76, 136

Viktor Timtschenko: S. 145

Thomas Kunze/Thomas Vogel: S. 11, 31, 33, 41, 42, 85, 101, 115, 121, 149, 166, 177, 182, 189, 193, 203, 204, 214, 218, 222, 226, 229, 240, 241, 246, 252, 256, 262, 285

Daniel Pabst: S. 262

Christopher Volle: S. 8/9

Archiv der Autoren: S. 98, 171, 235

Archiv des Verlages: S. 23, 49, 146, 185

Angaben zu den Autoren

Thomas Kunze, geb. 1963 in Leipzig, studierte Geschichte, Germanistik und Pädagogik an der Friedrich-Schiller-Universität Jena und der Karl-Marx-Universität Leipzig, Dr. phil., Hon.-Professor an der Al-Chorezm-Universität und der Präsidialakademie Taschkent (Usbekistan). Seit 2002 ist Kunze für die Konrad-Adenauer-Stiftung tätig, er war u. a. deren Repräsentant in Moskau sowie Chef der Europa/Nordamerika-Abteilung in der Stiftungszentrale in Berlin. Seit 2010 vertritt er die Stiftung in Mittelasien (Sitz: Taschkent/Usbekistan).
Autor zahlreicher Bücher, darunter Biografien über Nicolae Ceauşescu und Erich Honecker. Im Ch. Links Verlag erschienen zuletzt: »Russlands Untergrund. Eine Zeitreise durch geheime Bunker und vergessene Tunnel«, 2008, und »Ostalgie international. Erinnerungen an die DDR von Nicaragua bis Vietnam« (Hg. mit Thomas Vogel), 2010.

Thomas Vogel, geb. 1959 in Zofingen (Schweiz), studierte Germanistik, Politologie und Publizistik an der Freien Universität und an der Humboldt-Universität in Berlin. Danach arbeitete Vogel als Politik-, Wirtschafts- und Gesellschaftsredakteur u. a. beim *Luzerner Tagblatt* und beim *Sonntags Blick*. Von 2003 bis 2009 war Thomas Vogel Auslandskorrespondent des Schweizer Fernsehens, seit 2009 ist er Redakteur der Nachrichtensendung »10 vor 10« beim Schweizer Fernsehen in Zürich.
Autor zahlreicher Filmberichte und Reportagen zur internationalen Zeitgeschichte und Politik. Zuletzt erschien im Ch. Links Verlag: »Ostalgie international. Erinnerungen an die DDR von Nicaragua bis Vietnam« (Hg. mit Thomas Kunze), 2010.